JN331732

Medical Missions : The Twofold Task

医療宣教

二重の任務

ウォルター・R・ランバス［著］
堀　忠［訳］
山内一郎／神田健次［監修］

関西学院大学出版会

ウォルター・ラッセル・ランバス

1854.11.10〜1921.9.26

医療宣教

——二重の任務

ウォルター・R・ランバス著
堀　忠訳・山内一郎／神田健次 監修

はじめに

関西学院創立者ウォルター・R・ランバス博士の著書"Medical Missions: The Twofold Task"の初めての翻訳本が、関西学院創立百二十五周年記念事業の一つとして出版されることを大変喜ばしく思います。ランバス博士逝去の前年一九二〇年に出版された原書には、ランバス博士の信仰、専門知識、そして未来への希望が込められています。その全体をとおして、世界における医療や公衆衛生の改善とともに、病に苦しむ人々に奉仕したいという神の愛が動機となった熟練した医療従事者の必要性を訴えています。

米国マディソン郡にあるパールリバー教会のランバス一家を記念した碑には、ランバス博士について"World Citizen and Christian Apostle to many lands"(世界市民であり、世界各地へのキリストの使徒)と刻まれています。これは、「関西学院は、キリスト教主義に基づく『学びと探究の共同体』として、ここに集うすべての者が生涯をかけて取り組む人生の目標を見出せるよう導き、思いやりと高潔さをもって社会を変革することにより、スクールモットー"Mastery for Service"を体現する、創造的かつ有能な世界市民を育むことを使命とする」という関西学院のミッションステートメントの基礎ともいえるでしょう。カナダ人宣教師で後に院長となられたC・J・L・ベーツ博士によって"Mastery for Service"が提唱された時、ランバス博士は既に関西学院を去られた後でしたが、この著書は"Mastery for Service"の精神を実によく表しています。

医療宣教の必要性に関する記述は説得力があります。疾病と非衛生的な状況がもたらす影響について統計を用いて説明し、世界で熟練した医療従事者や設備がどれだけ必要であるかを強く説いています。また各分野で求められている人を、アフリカ、アジア、その他地域で活躍している宣教師の名前を例にあげて具体的に示しています。さらに、女性や子どもたちが対等な人間として扱われていない文化圏の問題について当時としては珍しく取り上げ、これらの人々を救うためには女性の医療従事者が不可欠であると、一章を費やして説明しています。

ランバス博士は、未来の医療宣教師に向けて、医療の最新かつ高度な訓練の他に、強い信仰と謙虚さ、ユーモアのセンスのほか、いくつかのスキルも"mastery"（練達）するよう勧めています。医療環境が十分に整っていない状況では、ケアのために賢明な工夫が必要だからです。また、効果的で思いやりのある"service"（奉仕）を提供するために、受入国の歴史、文化、社会情勢、現地の人々の置かれている状況や考えをできるだけ学ぶこと、患者や医療スタッフ、現地の人々と会話ができるよう外国語を少なくとも一つは修得することを奨励しています。この著書全体をとおしてランバス博士のキリスト教信仰の核心に触れることができるとともに、誰もが神に愛されている存在として治療と敬意を享受するに値すること、文化や人種、宗教に関わらず、一人ひとりが「兄弟・姉妹」とみなされるべきであると記しています。

一九〇〇年代初期の古い価値観で記載された部分もありますが、それ以上に二十一世紀に生きる私たちにひらめきと深い洞察を与えてくれます。ランバス博士は、私たちが目指す「"Mastery for Service"を体現する世界市民」のモデルとして、自らの能力を磨き、世界の兄弟・姉妹たちと神の愛をわかちあうことによって、他者のために惜しみなく努力を積み重ねていくよう示唆しています。関西学院コミュニティ、そしてより広い社会において、この著書をとおして、自らのミッションを追求する多くの人が勇気を得られることを願ってやみません。

関西学院院長
ルース・M・グルーベル

凡例

1　人名について

人名に関する脚注に用いた主な辞書・文献およびその略語は下記の通り。

DAB　*Dictionary of American Biography*, 20 Volumes（1932-1933）and Supplementary volumes（1944 and 1958）

ANB　*American National Biography*, 24Volumes（1999）

DNB　*Oxford Dictionary of National Biography*, 60 Volumes（2004）

WWH　*Women in World History-A Biographical Encyclopedia*, 17 Volumes（1999）

DWB　*Dictionary of World Biography*, the 19th Century, 2 Volumes（1999）

LCL　*The Loeb Classical Library*, Harvard University Press

キリ人　『キリスト教人名事典』　日本基督教団出版局（一九八六）

女性人名　『世界女性人名事典――歴史の中の女性たち』　紀伊国屋書店（二〇〇四）

岩波　『岩波＝ケンブリッジ　世界人名事典』　岩波書店（一九九七）

Africa　Sundkler, B. et al., *A History of the Church in Africa*, Cambridge University Press（2000）

Asia　Moffett. S. M. *A History of Christianity in Asia*, Volume 2. Orbis Books（2005）

Korean　Rhodes, H. A.（ed.）*History of the Korean Mission- Presbyterian Church U.S.A. 1884-1934* YMCA Press, Seoul

（1934）
Muslims　Vander Werff, *Christian Mission to Muslims*, William Carey Library,（1977,　reprinted in 2000）
『奥地紀行』　イザベラ・バード、金坂清則訳『中国奥地紀行1・2』東洋文庫、平凡社（二〇〇〇）
日本語、英語以外の文献、ウェブサイト上のデータベースやホームページについては、そのいちいちは省略した。
日本語表記については、『キリスト教人名事典』に項目のある人物については、一部の例外を除いて、その表記を用いている。

2　地名について

『世界地名大事典3　中東・アフリカ』竹内啓一編、朝倉書店、二〇一二。

『世界地名大事典9　中南アメリカ』竹内啓一編、朝倉書店、二〇一四、ほかを参照した。

地図、地誌等は多岐に渡るためいちいちは省略した。

地名については、現在の地名あるいは表記と異なるものが用いられている場合が少なくない。原文の記載に従いつつ、今日一般的に用いられている地名あるいは表記を併記するか、あるいは脚注に補った。たとえば、下記の通り。

奉天（瀋陽）
フォルモサ島（台湾）
スタンリー湖（マレボ湖）

スンガリア（脚注として）新疆ウイグル族自治区北部にあたる

3　敬称等について

Mr. は「氏」、Miss は「さん」とする。Mrs. は原則的に「さん」とするが、文脈上（夫婦関係が前提とされている場合など）「夫人」とする場合がある。

Rev. は「牧師」、一部のイギリス人に対する Sir は「卿」とする。

本書では医師（M.D. Medical Doctor）に対する敬称も、いわゆる博士（Ph.D. Philosophy Doctor）に対する敬称も、等しく Dr. が用いられている。ここではいずれも「博士」と訳する。

4　脚注に用いた聖書関係の略語

イザヤ	イザヤ書
エレミア	エレミア書
ホセア	ホセア書
マタイ	マタイによる福音書
ルカ	ルカによる福音書
ヨハネ	ヨハネによる福音書
使徒	使徒言行録

ローマ　ローマの信徒への手紙
第一コリント　コリントの信徒への第一の手紙
第二コリント　コリントの信徒への第二の手紙
ヘブライ　ヘブライ人への手紙
フィリピ　フィリピの信徒への手紙
ヤコブ　ヤコブの手紙
KJV　King James Version

聖書本文の日本語訳は『新共同訳聖書』による。

目次

関心と、贈与と、そしてとりなしの祈りとによって、多くの地における宣教の大義を推進してこられた、ウィリアム・C・アイヴィー夫妻*に。

そして、二重の任務にその生涯を捧げてきた、英雄的な医療宣教師たちに。

* Ivey, William C. Ivey Memorial Hospital（南星病院。第七章第二節参照）設立にあたっての寄付者のひとり。

序文

本書の目指すところは、医療宣教師とその活動を、彼の属する高い水準に据え直すことである。それは単なる職業ではなく、召命である。彼は地の果てにまで赴いて、苦しみを解き放ち、健康の水準を引き上げ、萎縮した能力を回復し、人間の創造力を増強させ、信仰と世俗の間隙に橋を架け、現代においては「科学的精神の及ばない知の領域は存在しない」ことを教える。将来においては、人間の肉体と霊魂への共感的なミニストリーによって教化されないような、そのような必要性（need）* の領域は存在しなくなるであろう。

本書は、（宣教主事としての）宣教局の責務という不断の圧迫のもとに書かれた。著者は本書を送り出すことに大きな躊躇を抱いているが、これもまた愛の働きである。本書の使命は、それが多くの若い男女に、神の臨在のうちに、必要性への、また失われた一匹を探し出し救い出した、かの偉大な医師（イエス）の力によって生きる人生に向かって行く機会と喜びへの確信をもたらすために用いられるようにとの、心からなる祈りとともにある。

ウォルター・R・ランバス

＊本書におけるこの語の使われ方については、解説を参照されたい。

推薦のことば

ランバス監督の著書『医療宣教』に、若干のご紹介の言葉を寄せるようにというお求めによって、私は偉大で、大いに必要とされている奉仕に対する賞賛を示す良い機会を与えられました。その奉仕については、監督は以下の諸頁に十分かつ明瞭に、そして興味深く、その必要性、医療宣教団の目的と成果について、医療宣教師に求められる資質について、お示しになっておられます。一九一五年の中国における観察に基づき、医療宣教活動の持つ最大の重要性について、個人的な証言を果たすことができますことも、私の喜びであります。その活動は、すべてのキリスト教的宣教努力の究極の目的を最も効果的に推し進める力だけではなく、人々を西欧的な教育、科学、文明への道に導き、よって宣教団の活動する諸国の進歩と福祉を推進する力をも示すものであります。

活動する宣教地において医療宣教師たちに個人的に親しく接する機会のあった知的で共感的な観察者であれば誰も、これらの献身的な男女の人格と精神とに心を掻き立てられずにはいられないでありましょう。また、職業的・宣教的な働きに対する要求を通じた、情熱と精神との最も繊細な特質の発達に、友人たる人々に捧げる大きな奉仕に、そして奉仕への喜びに、印象付けられずにはいられないでしょう。

私は、医療宣教の領域に進もうとする皆さんについて、ここに述べられたほかの資質に加えて、ランバス監督が医療宣教団のより良い体制と最高の徹底した職業的訓練を衷心から願っておられることに、最も強い賛意を表明したいと思います。監督は、「医療の科学性を犠牲にし、効果の基準を引き下げるよりは、むしろ必要とされている数よりも病院や医療宣教師の数を減らすほうがよいだろう。キリスト教のどの側面を提示するにあたっても、あらゆる部門で活動を特徴付ける高い基準、誠実さ、徹底した方法が維持されなければならない。それ以下にしか行わないということは、事業の顔の真ん中に究極的な失敗を書き付けるということだ」と言っています。

現地の若い男女に、医学教育のよりよい機会を、彼らの故国で提供する必要性もまたこの有益な労作の著者が強く主張しているところであります。著者は言います。「あらゆる宣教地における肉体的・霊的な救済は、最終的には外国人にではなく、その地の息子・娘たちにかかっている。近年、これら東洋諸国は変動と急激な変化を経てきた。これらの地においてキリスト教会の指導者となるべき、多数の才能ある献身的な若い男女を呼び出し教育するということ以上に、キリスト教的西洋に対する魅力的な誘いはない。医療活動には、この線に沿った特別な促しが生じている」。

特に興味深いのは、医療宣教団にとっての「さまざまな宣教地からの挑戦」についての著者の論述であります。中国について語る中で、著者はこの国が「信仰と生活を賭けた最大の事業にとっての挑戦である。中国は体も巨大であるが、制度的・人種的永続性を作り出す練達した資質においても、それに劣らず偉大である。年を経て老いたとはいえ、なお力を使い尽くしてはいない」。

ランバス監督は医療宣教に関する文献において最も価値ある、時宜にかなった貢献をされ、それによってこの重要な課題に関心を持つすべての人々の感謝を獲得されました。そしてこの著作の公刊によって積極的関心を寄せる人々の数は大いに増すであろうと、私は固く信じることができるのであります。

ウィリアム・H・ウェルチ*

---

* Welch, William Henry 1850–1934 病理学者。（キリ人、岩波）

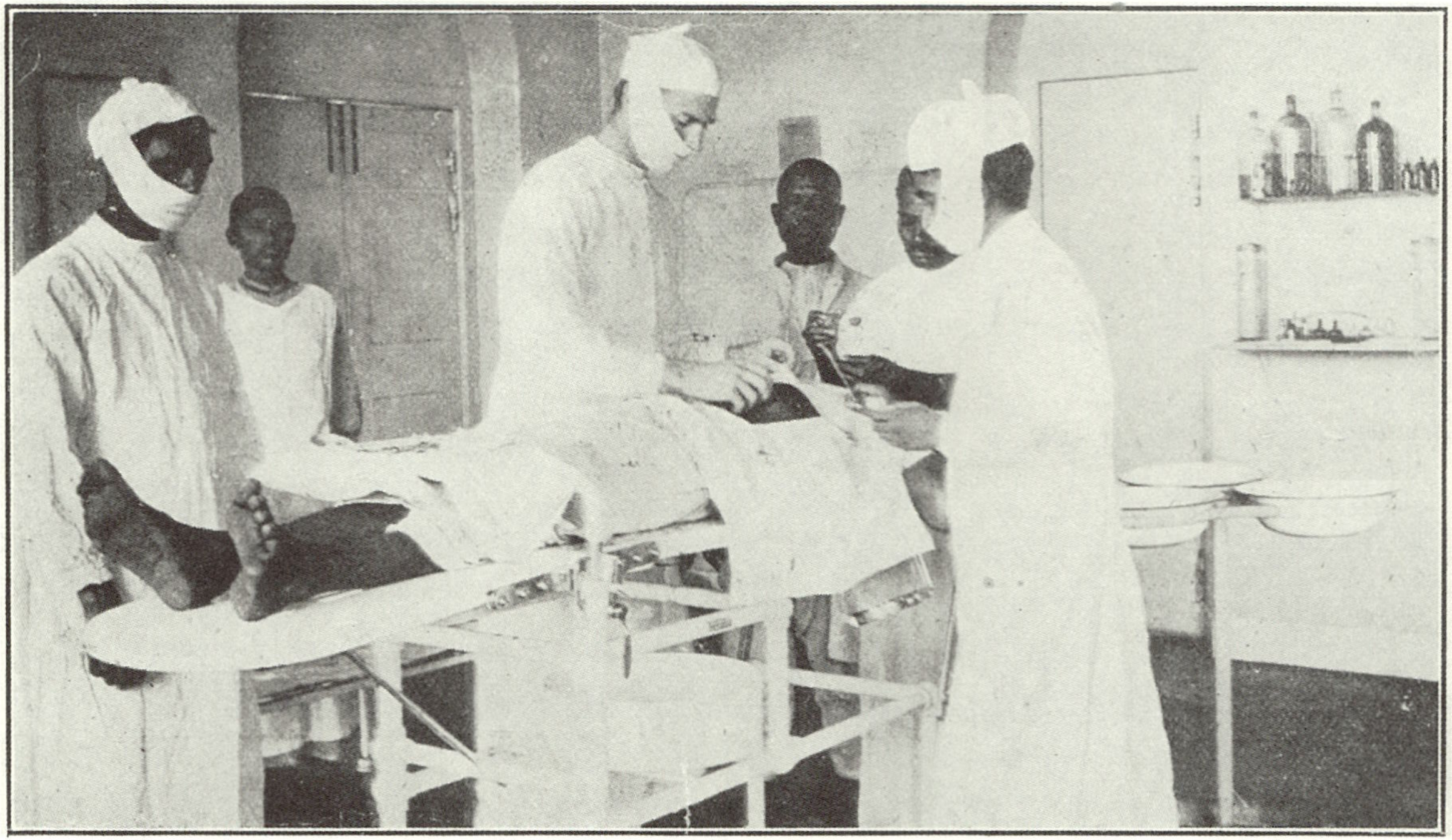

医療宣教師の近代的手術室

インド、ミーラージュ*の長老派病院**の手術室

* Miraj インド南西部、マハーラシュトラ（Maharashtra）州の古都。　** Presbyterian Hospital

第一章　必要性

「私の希望するところは、少なからぬ人たちにとって、チャンスへのまぼろしが奉仕への召命へと変化することである」

R・フレッチャー・ミュアヘッド博士[1]

「働き手を送って下さるように、収穫の主に願いなさい……（畑は）色づいて刈り入れを待っている[2]」

小アジアの未開の村、貧しい隊商宿が見える。蝋燭がパチパチと音を立てる薄暗い光のなかで、ふたつのシルエットが三つめの上にかがみこんでいる。ひとりはイェールのヘンリー・S・ウェスト博士[3]。アメリカン・ボード[4]の宣教師で、馬の背に乗っての長く厳しい旅の途上で、その村にさしかかっていた。もうひとりは血を見ると失神せんばかりの、臆病な従者である。第三の、同じ宿を取ったあわれな異邦人は、絞扼性ヘルニアの苦しみに死なんばかりであった。

どんな躊躇があり得ようか。照明はみじめなほどに乏しく、助手は適性を欠いており、手許には麻酔薬もなく、敗血症が生じる可能性は大きい。医師は言葉が話せない。彼は任期の一年目だったのである。もし患者が死んだとして、この不利な状況というものを、そこの陰の中で後ろに立って暗い表情で睨みつけているトルコ人たちに誰が説明できるだろうか。だがウェストは聖なる隊伍のもとに来たのだ。さらにいえば、かれはイェールの人間だ。イェールはすべてを見ている。そして最後に、この人は死の苦しみにある同じ被造物ではないのか。躊躇はなかった。皮切、素早い剥離、絞扼された臓器の解放、熱湯に浸した布での圧迫、いくつかの縫合と簡単な包帯とで仕事は終わった。

十八年にわたる奉仕がそれに続いた。十九人の青年医師たちが彼のもとで学んだ。その仕事ぶりはよく行き届いたものだったので、医学部教授団による試験を終えた際には、友好的でない政府も、そこになんの欠点もないことを認めざるをえないほどであった。馬の背に乗っての、多くの困難で危険な旅があった。高地から、僻遠の山地から、患者が彼のクリニックに押し寄せた。彼は千四百回の眼科手術と百五十回の開腹術を実施した。多くの贈り物や謝礼が支払われたが、それらは医師の私的な財布には一セントたりとも入らなかった。このような人生はキリスト教の弁証と医療職の信頼性、そしてその祖国の名誉とを確信させるものである。偉大で傑出した男女の同僚大学人たちが、ヘンリー・ウェストのようなキャリアを選択している。このような奉仕の有する豊かで戦略的な価値を理解するために、大きな想像力は必要ない。それは無限なるものの力によって起こされるキリスト教徒の人間愛の思想である。それは今日新たに認められつつある、世界におけるキリスト教的事業の一局面である。北米の最良のキリスト教徒学生の多くが、このような生涯にわたる事業の提供を受ける機会、そのために要求される選抜や訓練、教育機関やなされるべき仕事の一般的背景、このような奉仕と外国宣教事業のその他の分野との関連性、その他の多くの疑問に関する情報を求めているということは、驚くにあたらない。本書の目的はそのような広範な疑問に答えることであり、今日の医療宣教事業について、率直かつ知的に現状を提示することである。第一章の導入的な記述においては、このような事業の持つ必要性についての検討を試みたい。

第一節　人間的悲惨の極み

医療宣教は、絶望的な必要性に満ちた世界への「偉大な冒険」である。「病める者を癒せ」、それは十二人に対して、七十人に対して、そして私たちに対しての明確な命令であり続ける。それは同時に、キリスト教徒への信任状のひとつでもある。私たちに与えられた信任状は宣教的な信仰生活であり、ある種の恵みでもある。それは使者たちを、癒しと助けを必要としているところへ、地の果てまでも遣わすものである。その精神は重荷が最も重く、必要性が最も大きいところへと使者たちを促す。それゆえ医療宣教団は、人類が最も深い悲惨のうちに置かれ、人々が全く無視されて苦しみ、死んで行くところで、個々の人々、共同体、人種の立場に立って働いているのである。

このような、医療的援助を最も必要とする状況に置かれている人々は、あらゆる非キリスト教世界、そのなかでも特に熱帯・亜熱帯地域に見出される。シリア、アラビア、ペルシャ、インド、タイ、ビルマ、中国、韓国、太平洋・インド洋諸島、アフリカの大部分、メキシコの熱帯地域、中央アメリカ、南アメリカ内陸部である。これらの地域の大部分は、コレラ、天然痘、ペスト、レプラ（ハンセン病）、マラリア、赤痢、眠り病や黄熱病の猛威の元にある。同時に、資格ある医師たちの配置は不均衡であり、病者には知的なケアが不足しており、病気の予防手段も欠けている。この地球上の居住可能な部分で、より以上の衛生と予防医療を必要としている場所、知的な努力がより大きく豊かな結果をもたらすことであろう場所は、ほかにはない。

四年にわたる旅行と観察をもとに、イザベラ・バード(5)は次のように述べている。「キリスト教諸国におけるような、死にいく人の苦しみの緩和は、異教徒には知られていない。彼らは死を、架空の悪魔の勝利と考えているのである。鐘や太鼓、歌や叫びの中にあって、死に行く人の渇きは和らげられることもなく、鼻は香草と粘土の混ぜものか聖なる川の泥で塞がれ、わが異教徒の兄弟・姉妹は、いつまでも続く、凄まじく、恥ずべき行進のなかで、キリストの居ない墓へと進んでいく」(6)。

非キリスト教諸国における死者の数は、一年でフランスの、二年でドイツの、三年以下でアメリカの人口を凌ぐであろう。その多くが自然死であるとはいえ、痛みが緩和されず、病があらゆる不快さの中に置かれ、死があまりにもたびたび、最も恐るべき状況の中に置かれているのだということを、忘れてはならない。

しかも、これがすべてではなく、このようなすべての悲惨の中にあって、非キリスト教徒の民衆の間には、同情的な関心、緩和の試みが驚くほど欠落していることを、忘れることができない。長年にわたる現地人との接触と個人的な観察から、ヨハネス・ヴァルネク(7)はアニミズムの人々について次のように述べている。「インド洋諸島、ニューギニア、南洋、アフリカ、異教世界のどこに行っても、人間性、慈悲心、愛や優しさに出会うことはないだろう」(8)。

著者自身の観察から、一例を採ってみよう。コンゴ川が北西に大きく曲がるところに流れ込むアルウィミ川の流域の異教は、描ききれないほどに暗く、絶望的で、惨めなものである。私は、病者が無視され、弱者が抑圧され、不運な者がからかわれ、老人が耐え難い厄介者とみなされているのを見た。役に立たなくなると、老人たちはほとんど通行不能な森の深みのなかで死ぬままに放置される。それはひとつには、男たちが獲物を求めて狩に出て女たちが畑を耕しに出ている間に来るかもしれない、サスライアリの残酷な噛み付きから彼らを救うためであり、ひとつには生きている者たちを彼らの世話から解放するためである。

熱帯地方に住む現地の人々の一部に活気や生命力が欠けているのは、必ずしも気候のせいばかりではない。彼らは医薬や外科手術によって救われることのないままに、病気によって苦しめられており、そのことが抵抗する力を弱めているのである。多くの場合、彼らには衛生や、清潔や、栄養の重要性についての基礎的な知識が欠けている。彼らは肉体的な苦痛以上に、生命力を侵す恐怖に捉えられている。中国人が「幸福の響き(9)」と呼んだ「喜び」の福音は、単に喜びをもたらすだけではなく、希望と共に生命力の増大をもたらし、これらの苦難に対してより良い健康とより高い生活を築く支えをもたらすものである。ここに私たちは、人々の健康を回復する宣教医師の働きが、より良いモラルと信仰的生活の基礎として、沼地を干拓し、建物を建て、道路を開削し、橋を架け、そのほかさまざまな多くの近代化の物質的基礎を備え付ける技術者の働きと同様の重要性を持つという真実を、知ることができるのである。

第二節　非キリスト教世界に見られる諸疾患

宣教地に特有ないくつかの疾患について述べよう。中国、インド、アラビアのコレラは、数十万人に及ぶ人々を連れ去っていく。日本、中国、アマゾン上流のベリベリ(10)。中央アフリカとウガンダにおいて人口を減少させつつある眠り病。コンゴ川、ニジェール川、ザンベジ川支流域の出血熱や、その他の致死的熱性諸疾患。揚子江および上記の諸河川の沖積層諸渓谷におけるアメーバ赤痢。これらの他にも、悪性貧血、鉤虫症、眼疾患（翼状片）、さまざまな種類のフィラリアによるリンパや血液の諸疾患、これまで述べたほとんどの国に蔓延しているレプラを付け加えることもできるであろう。このリストの上に、きわめて頑固な難治性の潰瘍、巨大化する腫瘤やさまざまな変形が付け加わる。現地の医師たちはこれらのひとつをも治すことができない。これらに向けて内科医や外科医による研究の、調査の、治療の、また痛みからの解放の、そして悲惨を軽減し生命を救護することに協力しようと望む、訓練された看護婦によるケアの、広範な領域が広がっている。以上に述べた特定の諸疾患に加えて、私たち自身の国にもある一般的な諸疾患もまた多い。そしてそれ以上に、これらの地域においてこそ、男性にも女性にも、身体と同様、魂へのミニストリーが欠けているのである。

この領域において現在検討されている最近の研究の中には、医療宣教の立場から見て、中国、インド、アフリカのような広い地域におけるいくつかの主要な疾患に言及している点で、関心を寄せるべきものがある。東洋での注意深い調査に長年にわたって従事したJ・R・マクディル博士[11]の意見によれば、中国で優勢な諸疾患は結核、梅毒、腸管寄生虫であり、これらは人口の三分の二を侵している。博士は統計が得られるならば、マラリアをもまたこのグループに見出すであろうと考えている。腸管寄生虫は中国においてもおそらく、インド、アフリカ同様に一般的である。W・H・パーク博士[12]は、十二歳の少年の体格と声調を示した二五歳の鉤虫症の男性を診察している。

結膜の下で眼球の周囲を移動するフィラリア・ロア[13]は、アフリカだけのものではない。北京協和医学院病院[14]の眼科外来では、ある患者が二日前に自分の眼から針で取り除いたこの虫のひとつが入った小さなビンを見せていた。

先に述べたこれら三つの諸国の諸区域には、マラリアが浸透しており、赤痢での死亡率が高く、眼疾患が非常に一般的であり、チフスと腸チフスが国を荒廃させ、レプラが流行している。キリストに先んずること五百年、孔子の弟子のひとりは、レプラであった[15]。ほかのある地域では、脾臓の腫大、悪性貧血、食道狭窄と甲状腺腫がまったく一般的である。著者は中国北部、長城に沿った騾馬車の旅でひとつの経験をした。夕暮れ時になって小さな村にさしかかると、そこでは習慣通りに大部分の人々が、戸外で手に器と箸を持って夕食を食べていた。大人にはそれぞれに、ふたつの頭があるように見えた。そのすべての情景があまりにもおぞましく奇怪であったので、自分の感覚を疑おうとしたほどである。地面に飛び降りて、人々の方に向かって行き、その頭に触れて、あごの下の甲状腺腫[16]がとても大きくかつ突出していたために、そのような錯覚を生じたものであることがわかった。

ジョージ・L・マッカイ博士[17]は、フォルモサ島（台湾）のマラリアは、最も許しがたい人間の敵であると述べている。それは住民たちの間で恐るべき破壊を働いており、彼が観察した多くの症例は、暑い季節に、発作が始まって数時間で死亡したという。迷信深い原住民《ユンツーミン》たちは、「病気は、不運にも道に置かれていた贋金で取引した患者が引き起こしたのだとか、それは僧侶や魔術師が路傍に置いたのだとか、自然界の暑熱と寒冷の間の闘争だとか、あるいはふ

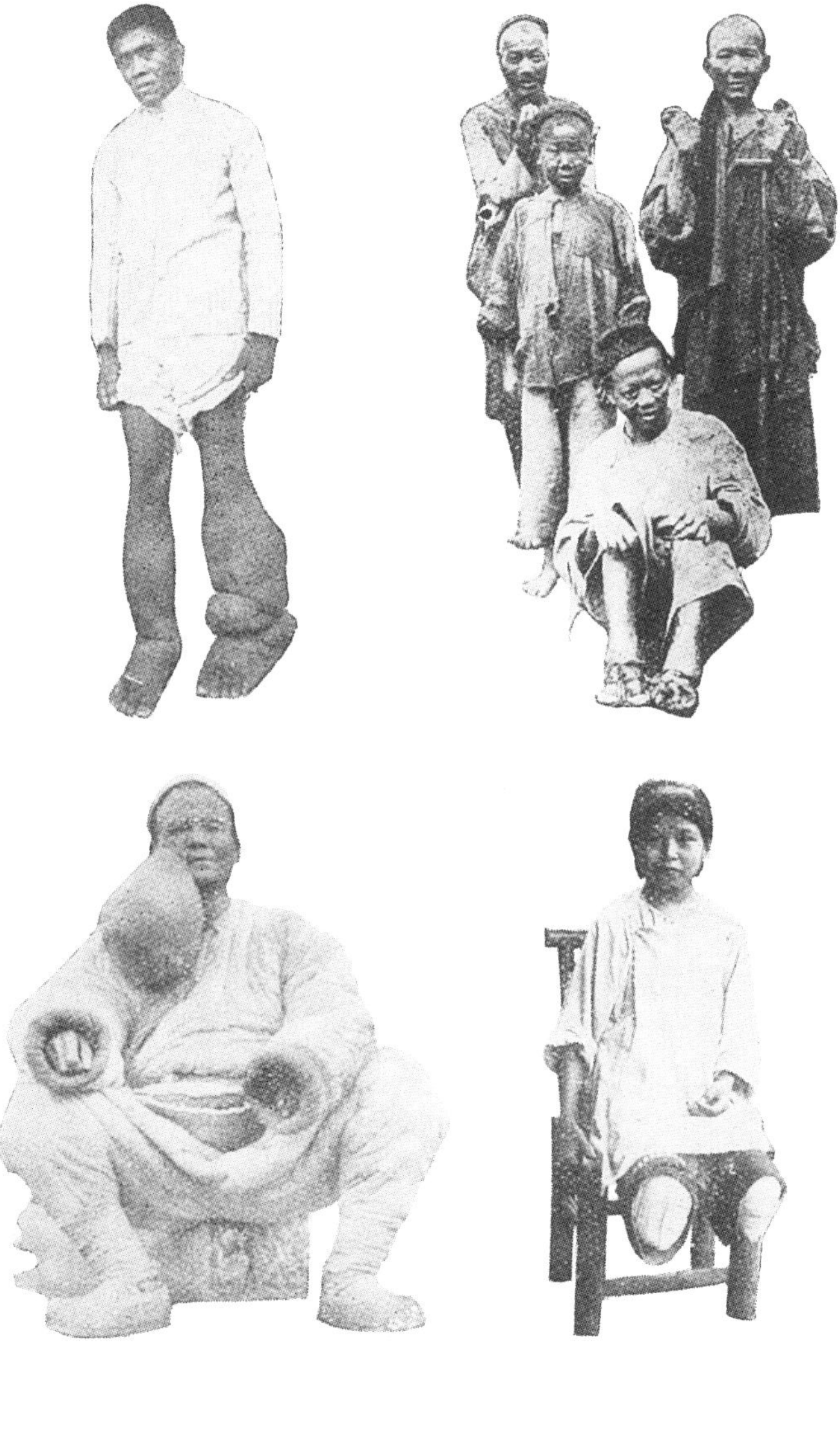

宣教医師にはなじみのある症例

象皮病、放置された腫瘍、レプラ患者のグループ、両足の切断

たりの悪魔が居て、ひとりは自然界の陰性原理に属していて患者をあおいで寒気を起こさせ、ひとりは陽性原理に属していて炉を吹いて熱気と発熱を作り出すのだと思っている。しかしこれらの悪魔の名前に言及することは、彼らの不興を招くので、人々は決して『寒気と発熱』という名前を使わず、『悪魔の熱、乞食の熱』、そのほか、別の無害な名前で呼ぶのである……。フォルモサ島では、町の住民の半分が一度にマラリアで倒れることも稀ではない。私は二十人、三十人の家族のなかでひとりも働くことができなくなっているのを見たことがある。このような状況の中で、現地人の説教師たち（native preachers）には、犠牲者たちの只中にいて彼らの生活を知っていながら、まさに彼らが訓練されてきたその医薬によって、人間性を害する数え切れない儀式を行い、それによって彼らの主なる神の福音を称えるということが可能なのである」。

非キリスト教諸国において、その窮状に特に胸を打たれる、ある集団に言及しておく必要がある。それは、望みのない精神疾患の人々の集団である。いくつかの国々では、彼らは神々に愛され、預言の霊を持った者としての特権を享受している。北アメリカの先住民やアフリカのある部族ではその通りなのだが、それは例外に属する。著者は中国で、精神錯乱の発作中に自殺を企てた若い儒学者の往診を求められたことがある。のどの開いた傷を縫合し、家族には食事についての指示を与えた。後日戻った時には、宣教医師の入室は拒絶された。患者は自分の家族に飢え死にさせられたのである。彼らは仏教徒で、おそらくはウシさえも世話したのであろうが、錯乱した兄弟には緩やかな飢えによる死を望んだのだった。

A・ヒューム・グリフィス博士(18)は言う。「メソポタミアのモースル(19)において精神錯乱者を扱う通常の方法は、彼が明らかに無害な時には自由に徘徊させて親切に扱うが、一旦興奮の症状を発すれば、野獣扱いにして暗室に入れ、鎖で壁につなぐ。しかしモースルには古いモハメッドの一族(20)に属する精神疾患の専門家がいて、錯乱の治療に多大な名声を持っている。彼は自宅の中庭にいくつもの深い井戸を掘っており、それぞれの井戸の横には大きな桶がある。桶の底には穴が開いていて、井戸とつながっている。哀れな精神病者は日の出から日の入りまで、井戸から水を汲んで穴の開いた桶に注ぎ、桶を満たせば去ってもよいと教えられる」。

非キリスト教世界におけるレプラ患者の姿には、最も強く心を打たれる。人口三千万人のテルグ人[21]の地域には、数百人のレプラ患者のための避難所が一時はひとつもなかった。彼らがケアを受けることができる最も近い拠点、マドラス[22]は三百五十マイル離れていた。インドの最近の国勢調査は、レプラ患者は十三万五千人と、明らかに増加していることを示した。一九〇九年、東京の帝国（内務省）衛生局[23]は、日本の二万八千家族にこの疾患が存在すると言明している。中国には正確な報告が存在しないが、おそらく概略の数字として、二十万人か、それに近いであろう。レプラを拡散させるとりわけ好適な要素は、貧しい食事、過密、不潔、湿った気候、レプラ患者の隔離に失敗することである。

不幸なレプラ患者に対する扱いは、しばしば残酷にして単純である。いくつかの場所では寛容にされるが、他所では過激な方法が適用される。何年か前には、中国である地域の高官が、一円のレプラ患者たちを招いて祭りを催した。その親切にひきつけられた疑うことを知らない犠牲者たちが大勢集まってきた。食事の最中に建物に火が放たれ、炎を逃れた人々は外で兵士たちに撃たれて倒れた。中国南部、北海[24]のホーダー博士[25]は、その地域の当局者が彼の在職中に三百人のレプラ患者を死に至らしめたことについて、責任ある証言をしている。一方、すでにいくつかの施設が日本政府によって、最も救いのないこの疾患の犠牲者たちのケアのために開設されている。この事実は、この国が文明化における進歩というものに寄せている、大きな信頼を反映するものである。

スペインとの戦争[26]が終わったとき、私はキューバで五人の中国人レプラ患者たちが、シエンフエゴス[27]近くの病院に隣接した、屋外トイレのようなところに押し込められているのを見かけた。それは、使われなくなったパン焼き窯だということがわかった。その床の上、灰の中に、貧しい病者たちが集められ、故郷を遠く離れて死を待っていた。韓国、釜山のアーヴィン博士[28]が書いていたことを思い出す。そこでは、博士のアピールに応えて療養所が開設されていた。「寒い天候の中、彼らは十分に冷たくなって、暖炉のところに這ってくるのだ。積もった塵が、彼らの健康や快適さや外観に付け足すことはなにもない。彼らの衣服は、もしそれが衣服と呼べるとしても、とても貧しいからだ。彼らはまことの賤民であり、嫌悪され、すべての人々から締め出されている」。

病気そのものだけではまだ足りないかのように、中国ではこんな憎むべき治療薬が投げ与えられる。「砒素錠は、中国産の砒素酸原料を開かれたカエルの腹に入れて作られる。傷を縫った後、カエルを堅く練った粘土のボールに包み込む。ボールを赤く熱した石炭の中に置くと、中のカエルは砒素を含む灰になる」。この残滓から錠剤が作られ、何百錠もが処方として服用されるようになる。

非キリスト教諸国では、目の見えない、聞こえず話せない、そしてあらゆる障がいを持った人々が、同じように悲惨な虐待の中に置かれているのである。

第三節　救済のための固有の資源の欠如

上記のような諸疾患のカタログは、それ自体十分悲しむべきものではあるが、状況をより悲劇的なものにしているのは、病気や外傷を扱うための固有の資源が明らかに欠如していることである。

非キリスト教諸国固有の臨床家たちにおける、外科的な原理と実践についての無知とまったくの救い難さは、緊急事態に向かい合ったときに顕著になる。痛みを消し去ってショックを予防するための麻酔剤を持たず、駆血帯や動脈の結索で出血を抑制する知識もない。そのような場合に彼にできることといえば、本当に焼灼鏝——赤熱の鉄——か、膏薬——炎症や、壊疽さえ引き起こすような内容の——を、傷にあてがうことだけである。傷を包帯するに際しての無菌法も、骨折を固定するに際しての適切なアイデアも、四肢を動かさずにおくために副木を作ることも知らない。解剖の知識がないまま、骨折端をできるだけ良好に再接合させようとするが、四肢はしばしば曲がったり短縮したりしてしまう。同様に、脱臼はしばしば硬直する。腫瘍は切除されないまま成長し続け、多大な苦痛と、最終的には死を引き起こす。私は、背中の一部からはじまって籠に入れて運ばなければならないほどの大きさの腫瘍になった中国人を知っている。籠の取手は肩にかけた紐に結び付けられていたのだった。「外科の領域において、いまだ理髪師が偉大な実践家である」ところで、どんな救済が期待できるだろうか。とりわけ専門的な知識や、最も科学的に考案された器具を使用する技術がこのような症例の場合求められる。

現地の「医師」の無知の典型は、中国から報告されている。多くの中国人は消化不良に悩んでいる。ひとつには彼らが食べ物を良く噛まないからであり、また茶と米を混ぜ、それが発酵を生ずるからである。先ほど触れたレプラの治療薬の後でなら、消化不良になにが用いられるか、ほとんど予測できるかもしれない。患者は医師に、この病に対して碾き臼を砕いて食べることを勧められた。砂嚢のなかの砂利がニワトリの消化を助けているという理論からである。彼は六十ポンド食べたが良くならず、あきらめた。つぎには別の半可通がシナモンの樹皮を食べるように勧めた。彼は四十ポンド平らげて気分が悪くなって止めた。中国人の忍耐力と胃の丈夫さについては、疑問の余地がない。

病者のための看護と食事についての知識の完全な欠如が、回復の可能性を損なっている。不眠と神経過敏は打ち勝ちがたいものだが、キリスト教国の最小の病院にも見られる快適さにも欠けていることが、生命力を損ない生命を失わせる結果になっている。

これまで述べてきた状況に、疾患の原因と治療に関係する怪しげな諸理論を付け加えるならば、現地の臨床家が五里霧中の内にあることも、驚くにはあたらない。彼には症候についてのいくらかの知識はあるが、科学的な診断法、予防法や治療手段についてはほとんどまったくなにも知らない。このことが、いかなる外科手術の実施に対しても、逃げ腰が行き渡っていることを説明する。その一方、中国人と韓国人による針の使用法は、「怖いもの知らず」ということの実例である。その結果、時には致死的であったり感染を引き起こしたり、また長い鉄の針を関節や、腹部や、身体の重要な臓器に刺しこむことで、苦痛を悪化させる。ついに、彼らには病理学的プロセスへの無知から、疾患と戦うための手段が欠けているのである。現地の臨床家たちには、細菌検査のためのいかなる器具もなく、実際にこの問題に関するいかなる考えもない。

東方の医学体系は、それを体系と呼べるとして、実際的というよりはより古風な哲学に基づいたものである。中国の医学教授団の考えによれば、「人体の枠組みには熱と寒のふたつのシステムが浸透しており、これらの構成要素のひとつが過剰になると、それに続いて病気が生じる。心臓は夫、肺は妻であって、これらふたつの主要臓器が協調して働けなくなると、悪いことが起きる」。

フォルモサ島からのマッカイ博士の記述は、心臓と肝臓が異なった脈の状態を作り出すと考えられていること、現地の医師たちが「心臓には七つの開口部があり、そこから風と悪い原理が入ってきて、脈拍に変化を生じさせる。疾患は一年の季節にしたがって変化するのであり、春には肝臓に、夏には心臓に、秋には肺に、冬には腎臓によって引き起こされると考えている」ことを示している。

臨床家たちがこのような理論を持ったままで、どうして非キリスト教諸国の健康が改善されようか。彼らがだまされやすいのは、真の信仰の不在のために、なにごとにおいても、いかに不条理なことをも信じてしまうからである。彼らの思考は子どもじみており、原因と結果の連続を理解できない。アニミズムに基づく彼らの悪霊への恐れは、思考停止と運命論に行き着く。彼らの倒錯した真理は、無知と、法則と自然の逆転に由来しており、その結果、すべて奇跡的な事柄が拡大され、すべて現実的な事柄が縮小される。

私たちとは異なった文明秩序の下に生きている人々の、粗野な観念と実践に関して多くを語ったが、はるかな古代に彼らの医学を研究しはじめた人々に対しては、敬意を抱くことが必要であろう。I・T・ヘッドランド博士[30]はこう書いている。「中国人は前二七〇〇年に疾患の治療のための薬草について研究し始めた。そして数世紀にわたって用いられた通常の医薬、私たちの母や祖母が使っていた収斂剤そのほかの家庭的治療薬を発見している。中国医学は、私たちの医学に医学校や系統的教育というものがなかったならば、そのようであったであろうところに留まっているのである」。

彼らが時代についていくことができなかったのは、知性に欠けていたからというよりは、彼らの哲学体系、宗教的信念の性質、キリスト教の自由主義的影響の不在のためである。ベイコン[31]やハーヴィー[32]が、そして彼らの理論化や実験の方法が中国に知られていたならば、結果は大きく異なっていたかもしれない。実際に、一二世紀頃活動した中国人外科医の華佗[33]は、勇敢で有能な臨床家であったことが知られている。彼の著作は焼かれ、彼は死に定められた。彼が皇帝を頭蓋の開頭手術で救おうと提案したためである[34]。

ヘッドランド博士は『今日の中国 China's New Day』に、このように書いている。「眼、耳、鼻、喉、歯にはじまって小児病の治療まで、また同様にラクダ、牡牛、野牛の疾患まで、私たちは臨床医学のあらゆる局面に関する著作を見出すことができる。これらの著作のいくつかは本当に百科事典的である。そのひとつは、五百年ほど以前に、ある皇子によって編集されたもので、百六十八巻からなり、二千百七十五の異なった事項について千九百六十の記述があり、七百七十八の規則、二百三十一の図表、二万千七百三十九の処方が書かれている」。ヘッドランド博士はいう。「処方は人生のすべての病を治療するに十分なものである。にもかかわらず、中国人は頭痛があるとカブの皮をこめかみに貼り付けて痛みを外に出そうとするし、喉が痛めばのどをつまんで両脇で、また中央で、青黒くなるまで上げ下げする。対抗刺激で内部の痛みを治療しようというのであり、彼は依然として喉が痛いが、今度は外側が痛いのである」。

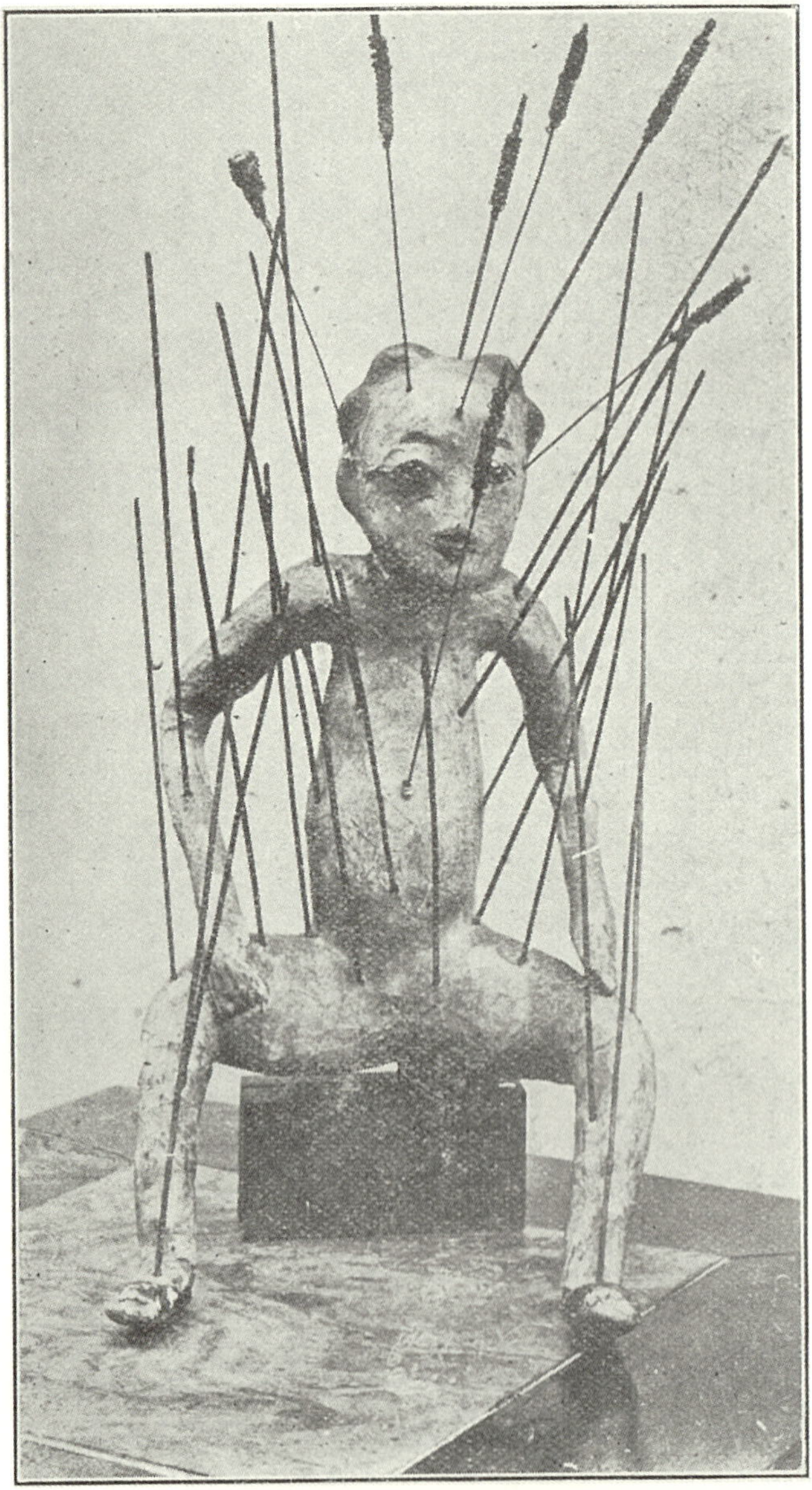

中国人医師の古い学校の人形

古い学校で中国人医師たちが使っていた人形。針は、穿刺が致死的にならない位置を示している

外科手術に際しての痛みを予防し、癒すための薬物の発見と実際的応用は、世界へのまたとない恵みである。クロロフォルムは化学物質としては大西洋の両側で以前から知られていたが、麻酔薬として最初に試され用いられたのは「麻酔薬の父」と称されるジェームズ・W・シンプソン卿[35]によってである。彼はエディンバラの自宅にしつらえた実験室での試験中に、あやうく命を落とすところであった。チャールズ・ダーウィン[36]は、同じ町でふたつの大手術に立ち会ったことがあった。そのひとつは子どもに対するものであったが、彼はすぐに姿をくらませてしまった。「私は二度と立ち会わなかった。どんなに強く誘われても、私は行かなかっただろう。これは、クロロフォルムの祝福の日が来るはるか以前のことである。このふたつの症例のことは、まったく長年にわたって私の心に付きまとって離れなかった」。

しかしシンプソンには、はるか昔の先行者があった。エジプトの医師たちは手術の前に患者を無痛化する手段を持っていた。おそらくインド産の大麻の製剤を使っていたのであろう。[37]このような製剤がホメロスの英雄ユリシーズの悲嘆を和らげるために与えられたというのも十分にありえることである。中国の年代記には三世紀の医師の記録があり、マ・ヨ[38]を用いて患者の麻酔を行っていたというが、おそらく同じ薬物であろう。ある日ひとりの中国人医師が、私たちの蘇州病院に来た。胸部にできた小さなキャベツほどの大きさの腫瘍を切除するためである。彼は私になにか傷みをとるためのものがあるか、不安げに尋ねてきた。彼は私に、使ってみていくらかうまくいった局所麻酔剤を教えることができるという。私たちは彼にエーテルを使ったが、術後と回復期に彼は琥珀色をした固形の「カエルの眼液」でできた混合物を取り寄せた。それに、ある種の木の根から出た白い瘤[39]をいくつか加え、一クォーターの水に溶くのである。人差し指をその溶液に五分浸すとかなり無痛になり、針で痛みなしに穿通できるほどであった。おそらくカエル自身の分泌物で、捕まえてエサにする昆虫を無感覚にさせるためのものだったのだろうが、それにしても中国人が見出したということは注目すべきである。公開実験は印象的であったが、私の結論では最近発見されたコカインがより使いやすく、明らかにより清潔である。

病気や痛みを扱うに際しての、現地固有の（医療）資源の不足に関する考察から話題を転じる前に、歯科について一言述べておく必要がある。医学のこの分野は、目下検討中のすべての地域で絶望的なほどに不足しているのである。一例として、熱帯アフリカでは歯科医療はまったく知られていない。アフリカ人はその良く目立つ白さのゆえに、優れた歯を持つという名声を有しているが、この観念は主として肌の漆黒の色彩との対比によるものである。実際には彼らは歯痛と、そのほか虫歯の合併症にとても苦しんでいる。到着した日の翌朝に来たウエンボ・ニアマ(40)での最初の患者は、私たちが到着した日の翌朝に来た。部族長の妻で、露出してしまった神経に何日も苦しんでいた。彼女は私が嘉定(41)の城壁都市を訪れたときに見た、彼女の姉妹たる中国人の歯痛の女性よりはずっと感受性が高かったといえる。左の臼歯が完全にやられてしまっていたので、抜く必要があった。鉗子に気づくと、その中国人女性は、そのような拷問器具を口の中には入れさせないと宣言して両手で顔を覆い、奥に逃げ込んでしまった。私は二週間後に戻って、友人に彼の妻のことを尋ねた。彼は目をまたたかせながら、良くなったと言っている、と応えた。私がほほに開いた穴はどうしたのかと聞くと、彼女は戸惑った。彼が説明してくれた。私が去った後、通りからいかさま医師が呼び入れられて彼女の歯を診察し、中に虫が居るとまじめそうに告げた。虫がのたうって痛みを起こしているのだ。彼女は長い鉄の針の刺入を受け入れた。それはハット・ピンほどの大きさで、彼女の頬を貫き、歯根の中に導入された。彼は針の根元に油を満たした少量の綿を置き、火を放った。一週間のたうたないところをみると、赤く熱された針は虫を殺したのだ。この症例では、現地固有の技法は外国の歯科に優るものと数えられた。

フォルモサ島で長年を過ごしたG・L・マッカイ博士は、歯科医ではなかったが、放置された歯に由来する多くの急性疾患を見て以来、巡回診療に歯科の器具を持っていくことが変わらぬ習慣となった。彼は片手に聖書、もう一方の手に鉗子を持って村に到着することがまれでなかった。救いを求める患者たちを並ばせると、彼らは彼の技量に深い信頼を持っていたので、彼は助手と四十本から五十本の歯を抜き、この歯科の患者会衆に福音を聞くよう招いた。彼をとりわけ満足させたことは、彼らの注意が今や鉗子から聖書に向き直っていたことだった。

フィールドで宣教歯科医師を求めているのは、現地人だけではない。彼の奉仕は海岸から遠く離れた宣教団それ自体によっても、より強く求められている。少なくともひとりの宣教師が帰国を余儀なくされたのは、虫歯と膿瘍がリュウマチ、消化不良、神経症と自家中毒を引き起こしたためであった。

第四節　医療宣教団の未開拓宣教地

一九一〇年のエディンバラ世界宣教会議の第一委員会は、総計一億二千二百万人に及ぶ巨大な人口(42)が、キリスト教宣教団にもその他の人々にも、足を踏み入れられたことがない地域に居住していると報告している。計算されたわけではないが、それは「開拓済み」の領域の居住者の数よりはるかに大きい。そこにはまだキリスト教宣教団の先駆けも届かず、その居住者に向けての宣教計画も提出されていない。これらの苦しんでいる多くの人々のための医学的な救済も、当然ながら存在しない。福音宣教団はこれらの国々のいくつかへの入国に困難を見出しており、その多くで猜疑と反対に直面していることを感じている。だがそこにこそ、医師にとってキリスト教のメッセージに触れるための扉を開かせるというチャレンジが与えられているのだ。さらにいえば、キリスト教宣教団によって開拓されたものとみなされている非キリスト教国の多くの領域も、医療宣教の観点からみればなお、未開拓なのである。

いくつかの、最も無視されている領域について見てみよう。モンゴルは、G・H・ボンフィールド博士(43)によれば、ドイツの六倍の広さ、人口は五百万人で、無知かつ低俗である。領域全体に十の宣教団があるにすぎない。東には満州（中国東北部）があり、西は中国領トルキスタンとスンガリア(44)である。シベリアはその北端二千マイルに沿って広がっている。アジアのこの部分から、当時の最も偉大な将軍であったフビライ汗は百万平方マイルにわたって征服地を拡大し、西暦一二八〇―一三六八年には中国にモンゴル人王朝が建てられるにいたった。彼の後継者たちは「広大で人口に富んだ帝国を支配し、多くの民族と言語とを包摂し、太平洋から西はポーランド、ハンガリーにまで、シベリアから南はインド洋にまで広がった」。

この民族には強い男たちを生み出す基盤があるが、ラマ教は人々を滅ぼし、女性らしさを損ない、家族生活を毒し、不道徳な僧侶制度に縛りつけた。ラマ僧の数は男性の六十パーセントを超えるといわれている。独身の誓いのもとで、彼らは見せかけの貞潔さえも守らない。彼らの権力は倒されねばならず、さもなければこの国が滅びてしまう。この国は医療宣教に開かれた領域であり、国内にアクセスすることはできるにもかかわらず、外モンゴル全域にも、東モンゴルにも、まだひとつも存在していない。中国本土についていえば、大英帝国とアイルランドの医師たちは軍人も含めて全員が、四川省ひとつで用いられることができている。領域はそれほど広く、人口はそれほど密集しているのである。

アルメニアと、メソポタミアに向けて、そしてさらに広がる広大な領域における医療宣教の必要性は、四年前よりもさらに緊急なものになっている。医師と看護婦たちは、過労と赤痢とチフス、それに暴力さえも加わって、死んでしまった。とりわけアルメニアにおけるその必要性について、夫人を失うとともに自らの生命も危機に瀕したクラレンス・D・アッシャー博士[45]は、こう書いている。「私の病院が建設されたとき、それはニューイングランドとニューヨークとペンシルヴェニアとニュージャージーのすべてをあわせたほどの広大な地域におけるただひとつの公的病院であった。今は廃墟となり、この地域では四度、公的病院もなくなり、アメリカ人医師もいなくなった。ほとんどのアルメニア人医師、多くのトルコ人医師も死んだ。少なくとも二百マイルごとにひとりのアメリカ人医師と病院が、そして地域を訪れ必要とする症例を病院に送るために、大まかに言ってもうひとりが、存在すべきである。病院に責任を負うそれぞれの医師は、相談できる協力者と助手を持っていなければならない」。世界大戦の終結後に生じた新たな状況とともに、メソポタミア、アルメニア、シリアとアラビアに、拡大され広く開かれた宣教地に向けてのあらゆる展望が生じている。

ペルシャは、フランス、スペイン、イタリアにオーストリア―ハンガリーの半分を合わせた領域を有するが、そこにはいまだアメリカとイギリスの諸協会を代表する二十五人の医療宣教師がいるだけである。九百五十万人の人口に対して二十五人の医師。病院や療養所の欠如は精神を病んだ不幸な貧者たちを救いのない状況に置き去りにしている。悪霊を追い出さなければならないという理論の下に、鎖につながれ、さらし台に架けられ、打たれることから逃れることができれば、どんなに幸せなことだろう。一八三三年にアサヘル・グラント博士[46]と彼の妻がボストンから船出したのは、この領域に向けてであった。好戦的なクルド人に占められた深い山々を貫き、テントのほかに覆うものもなく、夜には箱や梱包で防備を固めたのだった。この献身的な夫妻は、働き、忍耐し、ほかの英雄的な働き手たちが建物を建てるための基礎を築いた。しかし、すべてはあまりに少なく、領域はあまりに大きい。

アフリカに戻って、医療宣教の未開拓領域、北部ナイジェリアを一瞥してみよう。ニジェール川上流域に属するウディ[47]は、野天の炭田で名高い。海抜千二百フィートの高台に立ち、周囲一帯のすばらしい眺望に囲まれ、大きな人口の中心地である。「それは最も心をかき立てられる経験であった」と、タグウェル主教[48]は書いている。「突き出た崖の上に立って、多くの人々が住む一帯の巨大な広がりを見下ろし、その地域のことごとくで、何世紀にも渡ってこの大地を覆ってきた暗黒に、いまだ一条の光も貫いていないままであることを知るのである。私は英国教会宣教協会[49]に宛てて電報を打たざるをえなかった。『Udi緊急（電）、ただちに拡大（を）』」。ニジェール宣教団の領域は三百万人の人口を有し、その大部分は福音化されておらず、いたるところが開かれている。人々は宣教師たちに耳を傾けている。成果は迅速かつ具体的である。しかし北からは、暗雲に脅かされている。モハメッド教徒[50]の進出である。デニス[51]

執事長は言う。「かくも明確に神に与えられた得がたい機会を、遅滞なく育てていかなければならない。『時は過ぎ行くがゆえに、遅滞は危険である』[52]」。

スーダン連合宣教団の主事カール・クム博士[53]は、以下のことを付け加えて、この証言を補強している。ウディの政府の医師ひとり以外には、デニュー（Denue）[54]以南の北部ナイジェリア全域に、ひとりの医師をも見出すことができない。大陸をまっすぐに横切って、三千マイルにわたって延びる多数の強力で自立した諸部族の住む地域に、いかなる種類の宣教団も存在しない。さらに南に向かえば、フランス領赤道アフリカには医療宣教団の悲劇的な不在がある。ここには数百万人の人々に手が届かないでいる。イギリス領・ドイツ領東アフリカでは、数百の部族に手が差し伸べられておらず、ベルギー領コンゴにおいてさえ、その千五百万人の人口を考慮に入れれば、その力は哀れなほど貧弱である。アルバート湖[55]の北西領域では、巨大な地域がほとんどまったく福音化されていない。アフリカ内陸宣教団[56]はここに八つの拠点を建設したが、それらは互いを支えあう距離に達せず、医療宣教師の不在が目立っている。

インドとその必要性についてあまりコメントしてこなかったのは、イギリス政府の尊敬すべき統治のゆえであり、またデュフェリン夫人[57]病院群[58]が存在し、また比較的多数の男女の医療宣教師たちが、その領域で現に働いているからである。しかしこれらすべての要因にもかかわらず、小児の死亡率は恐るべきものであり、ペストとアジア・コレラの流行が繰り返され、しかも医療支援に絶対的にアクセスできない人口の割合は大きい。このことは、「パルダ（女性隔離）[59]制の影」でゼナーナ（女性部屋）[60]の囚人となっている四千万人の女性たちに特によくあてはまる。隔離と放置、不道徳と病気が、恐るべき荒廃をもたらしてきた。インドでは読み書きができる女性は千人のうち七人にすぎない。この状況について、ラドヤード・キプリング[61]はこういっている。「アザミからイチジクは採れない。幼児結婚、寡婦の再婚禁止、刑罰的監禁以下の、妻に対する終身的禁固、理性的存在としてのあらゆる教育からの排除、これらが続く限り、この国はステップを上がることができない。基礎が腐敗している、完全に腐敗している、ひどく腐敗しているのだ。男たちは自らの権利と特権について論じ立て、私の見た女たちはそんな男たちに耐えている。神よ、男たちを許したまえ」。

私たちが見るのは人間生命の価値の下落であり、女性に対する侮辱なのであって、この国の福祉の将来は彼女たちの向上と純潔とにかかっている。生き続けることの重荷が過大となって、病気と死が介入してくるときまで、「押しつぶされるような貧しさと苦い苦しみのうちに」過ぎ行く人生である。こういった状態はあらゆる回復力を失わせ、地上に流行病が広がったときには抵抗力が残っていない。シャーウッド・エディー(63)は、彼自身の国を語ったS・K・ダッタ氏(64)のことばを引用している。「村々は飢饉と疫病に消し去られたが、人々はなお、このような悲劇が予防できないのかどうかと問うために、立ち止まろうとはしない。ペストの地域で病気が最高潮に達したとき、何人かは逃げようと試みる。しかし大部分の人々は静かにその運命を待つのである。村人たちは仲間たちの顔を見つめて、次に倒れるのはどちらだろうと考えている。何千人もの子供たちには、生きる機会が一度として与えられなかった。何百人もの女たちが苦しみに疲れ果てて早死した。早い結婚、無視、彼女を取り巻く非衛生な環境に殺されたのだ。個々の霊魂の永遠なる価値を信じるものとして、私たちの誰ひとり、このような人間生命の浪費に無関心でいることはできない」(65)。

第五節　医療宣教団の典型的宣教地

医療宣教団が必要とされる典型的な宣教地として、中央アフリカをとりあげたい。本章で言及してきた一般的なすべての必要性を反映して、この地域には三つの大きな破壊的要素が働いており、それら三つのうちのどれが最も破壊的であるかを決定することは困難である。魔術医師、眠り病、そして中毒性飲料。魔術医師は肉体的にも精神的にもほとんど無限の苦難を引き起こしている。彼は巧妙かつ大胆、秘密的で破廉恥である。彼はその詐術において、ほとんど彼自身が悪魔の特別の代理人に見えるほどである。行為が悪魔的であるため、彼は暗闇を愛する。ジャングルのアフリカ蜘蛛のように、彼は不注意な人にワナを仕掛け、無知で信じやすい人びとを捕える。巧妙に真理を倒錯させ、犠牲者の弱点を見つけて、悪霊たちを怖れる人たちをえじきにする。「ムカンダ」、すなわち「白い人の本」は無教育な現地人の大きな尊敬を受けている。彼にとって、それは神秘に包まれており、「白い人」にとってそれは声を出すのであるが、彼にはその声が聞こえないのであり、それは霊を持っているのである。私は長老派の讃美歌集が、魔術医師の家の屋根柱の支柱に草のひもで吊り下げられているのを見たことがある。彼はそれが彼の持つ最大の医薬だと主張していた。

西海岸で四十年を過ごした偉大な権威者としてナッサウ博士[66]の語るところによれば、フェティシズムと魔術によって毎年数千人の現地人たちが命を失っている。この魔力を最も速やかかつ確実に打ち破り、ンガンガブカ（ngangabuka）、即ち魔術医師の力を打ち倒すことができるのは、アフリカ中で、科学的、同情的、かつ霊的な医療宣教師だけである。

魔術医師が千を要求するならば、眠り病は千の十倍を要求する。リヴィングストン[67]はツェツェ蠅（glossina morsitans）[68]について、雑誌に興味深い記述を提供している。「それは通常の家蠅よりもそう大きくはなく、ミツバチとほとんど同じ茶色である。虫体の後半部には三つあるいは四つの黄色い線が横切っている。そして羽はこの部分からやや下に向かって突出しており、とても油断がなく、通常の気温のときには手でとらえようとしても、あらゆる試みから機敏に逃れてしまう。朝や夕方の涼しいときにはそれほどには敏捷ではない……われわれは今回の旅行中、いちどもわれわれの家畜に多数といえるほど止まっているのに気が付かなかったが、その虫刺によって四三頭の元気な牡牛が失われた」。

インドにおける腺ペストのワクチン接種

これはglossina palpalis（ツェツェ蠅の亜種）によって人々の間に恐るべき荒廃がもたらされる数年前の記述である。この種はmorsitansほどの地域的広がりを持たないが、川の流れに沿った「蠅ベルト」ではよく見かけられ、その生存のためには「広い水面、森林地帯、柔らかい土壌の存在」を必要とする。その巧妙な方法は記憶に値する。短く、鋭角的に攻撃を仕掛け、露出した部位を捜してその槍状の口吻を皮膚に突き刺す。虫刺は蚊のそれよりも刺激的ではないが、それがトリパノゾーマ（原虫）の宿主であった場合には、犠牲者にとって致命的でありうる。それは血液を通って最終的には脊髄周囲の髄液に到達する。パトリック・マンソン卿[69]によれば、ツェツェ蠅は一般に草原や三千フィート以上の高地には見られないが、セネガンビア[70]から西海岸の低地に広がり、コンゴ盆地の水路を上って近年、ウガンダの湖沼地域一帯に導入されたという。「眠り病の時期以降……ウガンダの被災地域の人口は以前の三十万人から六年間で、眠り病によって十万人に減少した」。

アルコール飲料のアフリカへの輸入は、もたらされる死者の数が魔術医師やツェツェ蠅によるものほど多くはないとしても、第一のものより非道徳的であり、その道徳的かつ身体的な性質への悪しき影響を考慮に入れるならば、第二のものより致命的である。アブサンとラム酒の行くところ、ひとびとの精神と肉体が文字通り破壊されないところはない。ベルギーの機関車のデッキのうえで、ある日私はフランス人知事と一緒になった。彼は西海岸のフランス植民地総督府のあるダカールから、当局者たちの会合に招集されて帰国する途上だった。討議されるその主要な議題は、アフリカの現地の人々に対する中毒性飲料の邪悪な影響についてであった。アブサンの使用にストップがかけられるべきことが決議されていた。数年前にベルギー人当局者たちによって実現されたことである。「それがラム酒となるとあなた」と、知事は肩をすぼめて言った。「アメリカ人たちがそれを輸入している限り、私たちに何ができるでしょう。私たちがスピリッツの使用を禁止しても、それはほかの植民地に運ばれて、海岸線を伝って私たちのところに徐々にしみこんで来るのです」。現地人を酔わせるためには五セントで十分であることを私に信じさせるために、彼は私を機関車の海側に連れて行き、二マイル先の海岸を指さし、一瞥しつつ尋ねた。「そこの村が見えますか。十年前には八千人が住んでいました。今ではたったの六百人です」。「眠り病ですか?」と、私は質問した。「いえ」、彼は語気を強めて応じた。「ラム酒」。そして白人の呪いによってもたらされた放蕩と病気と死についての恐るべき証言が、それに続いた。

C・H・パットン博士[71]は、その『アフリカの誘い Lure of Africa』のなかで適切にもこう言及している。「アフリカ人ほど、強い酒によって早くかつ完璧に非道徳にされる人種はない。植民地政府の側の利害さえもが通商の抑制を命令はするが、なお腰の定まらない経過がこれに続く……植民地総督たちは現地人の人格や健康にアルコールがもたらす破壊的な効果について理解しており、よろこんで通商から排除しようとはするが、財政的考慮が立ちはだかる。南ナイジェリアではスピリッツが歳入の五十パーセントをまかなっている。ラム酒の関税率は二百パーセント、ジンは三百パーセントである。それでもなお、これらの致死的飲料はほとんど信じがたい量が出荷されているのである」。著者はさらに、最も極悪な通商の罪を犯す国々としてオランダ、ドイツ、グレート・ブリテン、合衆国を付け加えておきたい。イギリス宣教局[72]は、一九一六年の四月に終わる一年間に、英領西アフリカでは三百八十一万五千ガロンのスピリッツが輸入されたと報告している。パットン博士が、この悪が西海岸の諸部族の存続を危うくしている、おそろしく巨大な悪であると述べているのは正しい。すべての宣教組織、文民統治当局が、そしてまた自分の国境内では禁止に向けて憲法修正を通過させたアメリカ政府が、このことに注意を向けるべきであり、より弱く依存的で、医療援助にわれわれが宣教団を派遣しようとしている人種の扱いにおいても、同一の高所に立つべきである。

世界の諸領域とそれが必要としているものが、われわれの前に示されている。それは大きなひろがりであり、深い淵である。それは召命であり、一方ではその背後に人間性の叫びがあり、他方ではその上に神のみ声がある。「召命とは知られるに至ったその必要性であり、その必要性に応答する能力である」と言ったのは、アイオン・キース・フォークナーであった。[73] われわれに与えられた健康と福音の恵みが、われわれにその人種への負債を負わせてはいないだろうか。われわれには重荷が負わされているのではないだろうか。私たちにまといつくその重荷とは、より恵まれない人々の打ち砕かれた肉体であり、彼らの新しく大いなる生活への可能性なのではないだろうか。ここに、もうひとつの重荷がもたらされる。「神があなたを置いたこの状況は、あなたを外国のフィールドにとどめ置くために神が示されたものであったということを、証明してみせるという重荷」が。

注

（1）R. Fletcher Moorshead　宣教師、中国名・慕維廉。（『奥地紀行1』五七頁以下）

（2）前半はマタイ九・三八、後半はヨハネ四・三五が念頭に置かれているが、いずれもKJVの正確な引用ではない。著者の聖書引用については、解説を参照されたい。

（3）West, Henry Sergeant 1827–1876　宣教医師。（DAB）

（4）The American Board of Commissioners for Foreign Missions（ABCFM）。一八一〇年に設立された、当時アメリカ最大の外国宣教組織。

（5）Bishop（neé Bird）, Isabella Lucy 1851–1904　旅行家、探検家。（DNB, WWH）

（6）バード『イザベラ・バード　極東の旅2』（金坂清則訳、平凡社、二〇〇五）一三七頁以下の引用・要約と見られる。

（7）Warneck, Johannes 1867–1944　ドイツの神学者、宗教学者。スマトラで活動。（キリ人）

（8）Aruwimi　アフリカ中央部、コンゴ民主共和国の北東部を流れる川。
（9）happy sound
（10）ビタミンB1（チアミン）の欠乏によって心不全や末梢神経障害をきたす一群の風土的疾患。日本の脚気心もこれにあたる。
（11）McDill, John R.　本書第二章第三節・第七章第三節にも登場するが、生没年等の詳細については不明である。
（12）Park, William Hallock -1927　医療宣教師。中国におけるランバスの同労者。
（13）filiaria loa　寄生虫の一種。目に寄生し、“eye-worm”とも呼ばれる。インド、アフリカで見られるとされる。
（14）The Peking Union Medical College　一九〇六年開設。
（15）『論語』「雍也第六」に、高弟のひとり伯牛が病み、孔子が「窓越しに」これを見舞ったと言う記事がある。一世紀前後から、伯牛がレプラであったという解釈が一般的になったとされ、現代日本の註解者の多くもそれを踏襲している。一方、現代の医学史家は、この記事から伯牛の病気をレプラとする根拠は見出せないとしている。
（16）ヨウ素の欠乏による甲状腺腫と思われる。
（17）Mackay, George Leslie 1844-1901　台湾へのカナダ人宣教師。（キリ人）
（18）Hume-Griffith, A.　十九世紀末にバグダッドで医療宣教活動に従事。（Muslims 一六四頁）
（19）Mosul　イラク北部の都市。
（20）Mohammedan family
（21）十六―十八世紀にインド南東部のタミル・ナードゥ（Tamil Nadu）州、アーンドラ・プラデーシュ（Andhra Pradesh）州とその周辺に定着した、独自の言語を話す人々。
（22）Madras　タミル・ナードゥ州の首都。州の北端に所在。

（23）Imperial Medical Department　一九三八年に設置された厚生省の前身。
（24）Peihai　当時の広東省西南部の都市。一九六五年以降は広西チワン族自治区に属する。
（25）Horder, Edward George　一八八六年に中国に派遣された宣教医師。北海に北海普仁病院を開設。
（26）1898年の米西戦争を指すと思われる。ランバスがキューバ伝道に関与するようになるのも、この年以降とされる。
（27）Cienfuegos　キューバ中央部南側、シエンフエゴス県の県都。
（28）Irvin, C. H. 医療宣教師。1893-1911 に釜山で活動。（Korean　一二八―一二九頁、六四一頁）
（29）acupuncture　著者は中国医学における針治療が、経絡にではなく実際の臓器に直接針を刺すものであるとの誤解に基づいて論じている。
（30）Headland, Isaac T. 1859-1942　宣教師。
（31）Bacon, Francis 1561-1626　哲学者、政治家。（DNB　キリ人、岩波）
（32）Harvey, William 1578-1657　医師。血液循環の発見者。（DNB　岩波）
（33）華佗 Wha-to（148-208　現代の表記では Hua Tuo）は後漢末期の伝説的名医。著者がこれを十二世紀の人物とした理由は明らかでない。
（34）この物語は『三国志　第七十八回』に見られる（『完訳　三国志』全八冊、第六冊四三―六二頁。小川環樹ほか訳、岩波書店、一九八八年）。
（35）麻酔薬としてのクロロフォルムの発見者であれば、スコットランドの産科医 James Young Simpson（1811-1870）を指すと思われる。（DNB）
（36）Darwin, Charles Robert 1809-1882　自然学者、地理学者。進化論の提唱者。（DNB　岩波）
（37）「バビロニア、古代ギリシャ、古代エジプトの時代に、芥子、大麻、ヒヨス、マンダラゲなどを歯痛や手術の痛みに用い

た」吉矢生人（編）『麻酔科入門　改訂第7版』2頁、永井書店、一九九九年。

（38）ma-yo　華佗の用いた処方は麻沸（マ・フォ　ma-fo）散として知られる。この音韻の変化は中国語の方言に良く見られるものという。

（39）不明。植物の根から取られる鎮痛作用のある生薬ということであれば、附子《ぶし》あるいは白芷《びゃくし》か。いずれも麻沸散に含まれるとされる生薬である。いずれも今日の『日本薬局方』に収載されている。

（40）Wembo-Nyama　中央アフリカにあるクレーター台地。

（41）Kading　現在の上海市付属嘉定区（Jiading District）。

（42）推定の根拠は不明である。この前後の数字には、当時の世界人口を考慮しても、計算が合わないものがあるように思われる。

（43）Bonfield, G.H.　宣教師。中国名・文晶理。

（44）Sungaria（現代の英文表記ではDzungaria）。新疆ウイグル族自治区北部にあたる。

（45）Ussher, Clarence D. 1870–1955　宣教医師。アルメニア人ジェノサイド（1915–16）の時期に当該地区で活動。

（46）Grant, Asahel 1807–1844　医療宣教師。ネストリウス派に向けての宣教に派遣された。（DAB）

（47）Udi　アフリカ西部、ナイジェリア南東部の町。

（48）Tugwell　英国国教会主教。アフリカ西部の宣教地を視察している。（Africa　二五一頁）

（49）Church Missionary Society

（50）Mohammedan　著者はイスラム教、イスラム教徒を一貫してモハメッド教徒あるいはモスレム（Moslem）と呼称する。著者のイスラムあるいは一般にキリスト教以外の諸宗教に対する研究の水準や理解の態度が、今日のそれとは相当に異なるものであったことを反映していると思われる。本書では著者の用語に従って、モハメッド教徒、モスレムと訳する。

詳しくは解説を参照されたい。
(51) Dennis, Thomas J.　西部アフリカの宣教師。執事長。(Africa　二五二頁、七四三頁)
(52) For it is passing, and delay is perilous.　この一文の出典は不明である。
(53) Sudan United Mission
(54) Kumm, Hermann Karl Wilhelm 1874-1930　宣教師。スーダン地方で活動。(キリ人)
(55) ナイジェリア東部を南北に区切る大河のことであれば、Benue 河のことをさすと思われる。著者が意識している地域の範囲は、この記述からは判然としない。
(56) Lake Albert ウガンダとコンゴ民主共和国の間にある湖。
(57) Africa Inland Mission
(58) Blackwood, Hariot Georgina Hamilton-Temple-, marchioness of Dufferin and Ava) 1843-1936　インド総督フレデリック・ハミルトン＝テンプル＝ブラックウッド(在任 1884-1888)侯爵夫人。(DNB)
(59) Lady Dufferin System of Hospitals　1880年代に、インド総督夫人であったデュフェリン夫人の提唱に基づいて作られた一連の病院群。
(60) 宗教的・社会的な女性隔離制度。アフガニスタン、パキスタン、インド北部のヒンドゥー教上流カーストの社会で見られる。
(61) inmates of the zenanas
(62) Kipling, Joseph Rudyard 1865-1936　作家、詩人。インドのボンベイに生まれる。(DNB　岩波)
(63) Eddy, George Sherwood　宣教医師。(Muslims)
(64) Datta, Surendra Kumar 1878-1948　ＹＭＣＡ指導者、独立運動におけるインドのキリスト教徒コミュニティーの代表者。『インドの希望 The Desire of India』(1909)などの著書がある。

（65）ダッタ『インドの希望』からの引用。

（66）Nassaw, Robert Hamil 1835–1921 アフリカへの宣教師。ランバス『アフリカ伝道への祈りと足跡』（中西訳）にも言及がある。（著者はNassauとしているが、誤記あるいは誤植と考えられる）

（67）Livingstone, David 1813–1873 探検家、宣教師。（DNB 岩波、キリ人）

（68）palpalisとmorsitansはいずれもツェツェ蝿科（Glossinidae）の亜種。

（69）Manson, Sir Patrick 1844–1922 医師、寄生虫学者。（DNB 岩波）

（70）Senegambia 一九〇二年から一九〇四年にかけて存在した、アフリカにおけるフランス植民地の行政単位。

（71）Patton, C. H. アメリカン・ボードの主事。一九〇四―一九二九年在任。

（72）British Board

（73）Keith-Falconer, Ion Grant Nevill 1856–1887 アラビア学者。アラビアへの最初期の宣教師。（DNB キリ人）

第二章　宣教師自身

「病人をいやしなさい」[1]

「私はこのことを自らの神聖な信念として、躊躇なく表明することができる。すなわち、人々を福音の調べと、そのほかさまざまな恵みの影響の下に来たらせ、それに触れさせるにあたっての媒体として、医療宣教団の活動が提供する諸施設に比較できるものは、いまだ存在しないのである」。

ピーター・パーカー[2]博士

第一節　道を切り拓く者としての医療宣教師

彼がキリスト教の偉大な開拓者であることは、すぐに見て取ることができる。彼がある新しい地域に入る最初のキリスト教徒の働き手というわけではない場合にも、彼の働きはキリスト教の使信に対して最も力強く門戸を開かせるのである。それは先入観を取り除き、疑惑を和らげ、真のキリスト教精神の通訳を務める。シリアのジョージ・E・

ポスト博士[3]の例を取り上げてみよう。清廉さと熟練とによって、彼は最も頑迷で非寛容な何人ものモスレム[4]からの信頼を獲得した。パルミラ[5]から来たあるベドウィン[6]が、血族間の抗争で撃たれた。地元の医者をハキム（hakim）というが、彼はボロ切れを脇から入れて傷をドレナージ[7]しようと試みた。しかしそれは中に滑り込んでしまった。翌日もう一本入れて同じ結果になった。彼はボロ切れがこぶしの大きさになるまで、この仕事を続けたのだった。溢れるばかりの化膿が生じ、肺や、脊柱までもが露出してしまった。患者は宣教師に治療されたが、現地の人々には彼が奇跡を行ったかのように見えた。しかしこういった偉大な働き手の誰もが持つ謙虚な性格によって、医師は言った。「私が起こした奇跡ではなく、ただ近代科学が起こした奇跡であるに過ぎません。そして近代科学はキリスト教が起こした奇跡なのです」。

あるいは、長い砂漠の旅の途上でペルシャ人の一団に出会ったキリスト教徒の女性旅行者の例を挙げよう。彼らの何人かが、病み、痛んでいた。彼女が薬箱の中の簡単な治療薬で彼らを楽にさせたとき、彼らは丁重に謝意を表した。「われわれにはイエスのようなハキムはいません」。その日、モスレムたちの心に通じる多くの扉が開かれた。

巨大な辺境諸帝国の外辺に立つ宣教師たちは、恐れを知らない獅子の心と、共感に満ちたやさしい魂を持つ男女であって、静かに、しかし着実に、非キリスト教世界の要塞そのものに向かう道を獲得しつつある。W・J・エルムスリー博士[8]は書いている。「これまで救いのなかった苦しみからの解放の証人として、そして彼らが丁重に私の足に、戸口の靴にキスしようとして、そのいずれをも文字通りに涙で浸したことを見たものとして、そしてとりわけ尊大な富豪[9]が、私がモスレムに対して医薬を拒まなかったことを神に感謝して、いやしむべきキリスト教徒の服の裾にキスしようと身をかがめ、人々が私の訪れを祈りのたびごとに神に感謝すると言っているのを見たものとして……私はもっと多くの医療専門の兄弟姉妹と、キリストのためのこのような働きをなす喜びを分かち合いたいと願っている」。エルムスリーは英国教会宣教協会によって、キリスト教的貢献の門戸を開くためにカシミールに遣わされたのだった。すでに二度、福音的宣教団は熱狂的な現地人たちによって追い払われてしまっていた。しかし彼は「インドにおける異教最大の根拠地」のひとつに向けて、福音の門戸と足場とを確実なものとした。

　イザベラ・バードがこのように書いたのは、数年前のことである。「私は旅行者として、医療宣教団には、彼らのあるべき場所にもたらされるならばどこででも、祝福がもたらされるであろうことの最強の証言者でありたいと願っています。中国西部の開拓地において、現在、ひとりの医療宣教師には二十人の福音宣教師にできる以上のことさえも可能でありましょう。そして世界には現在、ひとりしかいないところに五十人の医療宣教師のための場所があるのだと申し上げたいのです」。

　東方世界の中で、医療宣教師にとって中国以上に大きく、実り豊かな奉仕の圏域を見出すことはできない。彼は偏見を消散させる者、道を切り拓く者、多くの都市と人々の心に基礎を築く者である。中国における計り知れない必要性と機会とが、広東のノイズ(10)博士、錦州のダヴィッド・グランド(11)、奉天（瀋陽）のアーサー・ジャクスン(12)、南京のルーシー・ゲイナー(13)のような偉大な医師たちの精神に鼓吹され、選び抜かれた精神の男女を引き付けてきている。彼らが学んだことは、「真理の蝋燭」は「慈善の燭台」である(14)ということ、あらゆる形の慈善の中で医療的な慈善が最も必要性の高いもののひとつであって、異教徒の地において不当な扱いを受け難いということである(15)。

　ヘンリー・M・スタンリー(16)は赤道下で、低地コンゴからスタンリー・プール(17)（マレボ湖）まで、花崗岩と鬱蒼たるジャングルと深い森を貫いて道路を切り拓き、ベルギー領コンゴの現地で、人々は彼をブル・マラディ(18)、すなわち道を切り拓く者と呼んだ。医療宣教師も、そのように名づけられるであろう。

　無知、利己主義、手のつけられない偏見、年を経た古めかしい習慣、宗教的熱狂、そして敵意にまで達する人種的不和がいくつかの国では強固な壁を形成する障害物になっている。しかしそれらは、打ち破られ、打ちたたかれ、地に崩されてきており、無知と偏見は払われ、敵意は深い尊敬と恒久的な友情に変容し、非キリスト教徒に取り巻かれる状況の中に新しい生活の秩序が打ち立てられつつある。

第二節　医療宣教師の立場

西洋における指導的諸機関を代表するこれらの男女宣教師の専門的な立場とはどのようなものであろうか？　私はためらいなく、こう答える。彼らは世界的な医学専門家たちと対等同格のメンバーである、と。長年にわたって広東の長老派病院[19]の責任者であったジョン・G・カー博士[20]は、「尿路結石の手術経験症例――千三百回――において、ウィリアム・トムソン卿[21]に次ぐ第二位であった」。合衆国の多くの外科医で、これらの手術の一回の手術料は、宣教師としてのカー博士のサラリーの一年分をしのぐであろう。しかしこれらの手術のほとんどは無償で行われ、もし贈り物があったとしてもそれは施設の維持費に回されたのだった。

シリアのベイルート医科大学[22]で外科の教授になったニューヨークのジョージ・E・ポスト博士は、どの国においても最も偉大な外科医のひとりであった。知的で、熟練し、誠実で、地中海沿岸のあらゆる宣教師たちにとっての力強い支柱であった。病院と大学における働きに加えて、彼はアラビア語で多くの本を書いた。シリア、パレスティナとエジプトの植物誌、鳥類、植物、外科学、薬物学についての教科書、そして聖書のコンコルダンスである。

マリー・ピアソン・エディー博士[23]は、一八九三年にアジアのトルコに、六つの学位を手にして医療宣教師として戻った。最初、政府は認可を拒んだ。彼女はほぼ一年に渡って断固として持ちこたえ、成功を勝ち取り、そして門戸が開かれた。バアルベク[24]での三週間、彼女とたったひとりの現地人女性信徒の助手だけで、五百人の新患を治療し、四十回の眼科手術を施行した。彼女の旅行中、彼女を待つ群衆は五時前からこう叫んでテントを取り囲んだ。「なぜハキムはこんなに遅くまで寝ているのだ」。

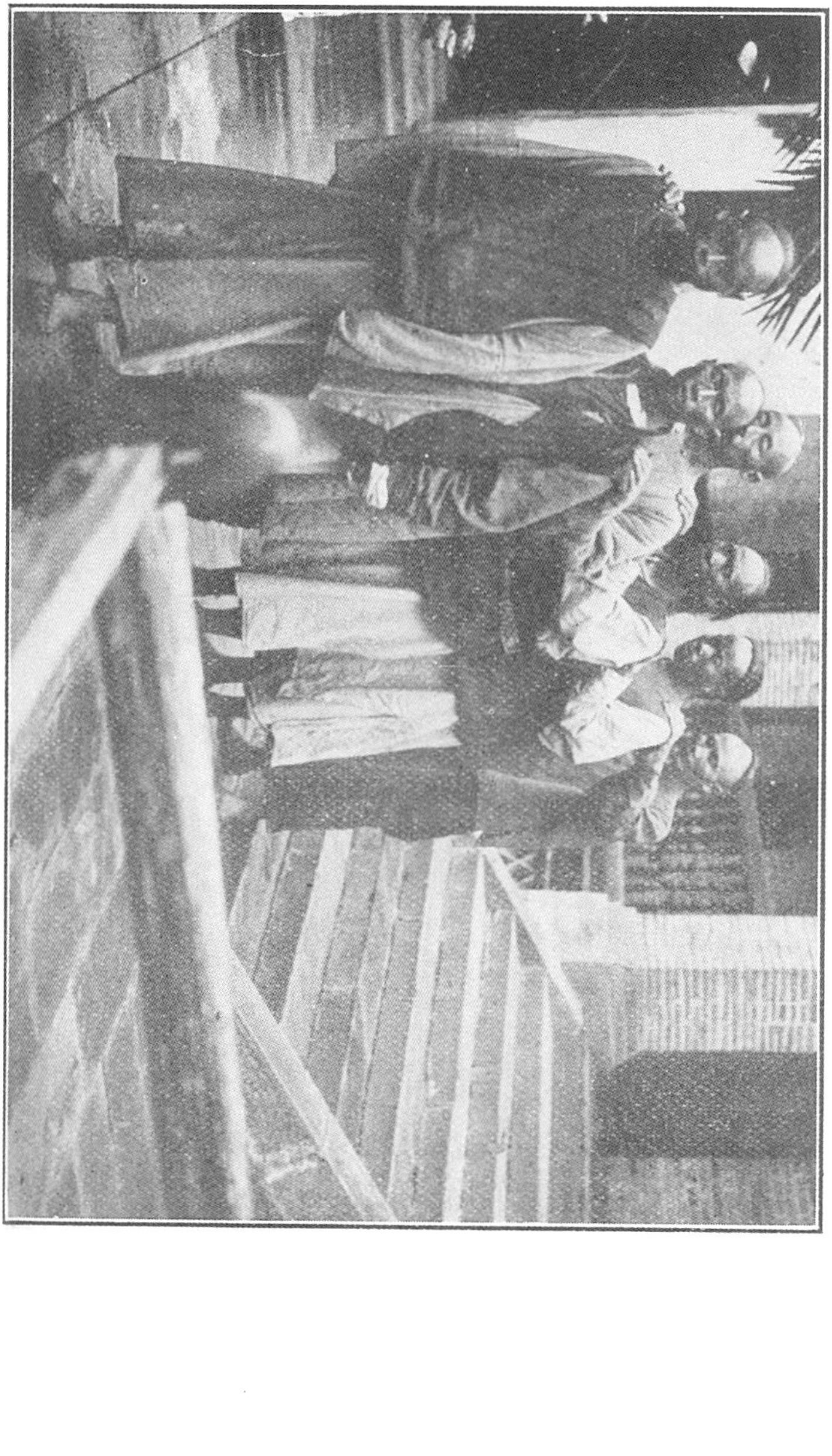

病院へと進む目の見えない人々

視力喪失を癒された男性が、目の見えない友人たちを病院へと導いていく

このような能力を持つ男女が、共同体や、時には彼らの赴く一国全体に特別な影響を持つようになったとしても、驚くにはあたらない。ペルシャのシャーは三回に渡って、ハメダーンのG・W・ホウムズ博士[25]に自らの個人的医師になるように、強く求めた。彼はプリンスの最高権力、「獅子と太陽勲章」[26]を授与された。Wm・S・ヴァンネマン博士[27]は「すべての著名人に、医学における『プリンスの冠』、そして『支配者』、貴族と呼ばれた」[28]。しかし、常に優先されたのはタブリーズ[29]の寄る辺ない貧者であり、富者は多忙のゆえに謝絶された。今日インド、アフリカ、その他の諸国に多くの宣教医師、宣教外科医師がいて、その病院には現地の皇女たちや政治家たちが遠方から治療を求めてやってくる。そして遠くからも近くからも、その個人的な影響力を知ることができるのである。

スピア博士[30]はペルシャを縦断した旅行談のなかでこう述べている。「これはジョゼフ・コクラン博士[31]についての、ひとつの長い証言である。彼は私たちのパスポートであり、守りであった。盗賊団の首領が医師に会うために、一日歩いてやって来た。おとなしい小男が首領の目をきっぱりと見つめて言った。『ではおまえたちが最近の暴力事件にかかわった悪党かね？ おまえたちの話は聞いている。お前たちの名前は国中の鼻つまみだ。やめた方がよくないか？』男は青くなって、ただちに、とてもおとなしく出て行った」。

近東および極東の、人口の多く集まる地上の荒廃した場所で、恐れることなく労苦するこれら男女の人々こそが、あらゆるところでキリスト教への、そしてより高度な文明への扉を開きつつあるのであり、やがてはどこの国においても、彼らの専門職にとっての栄誉となっていくことであろう。

もちろん、彼らの熟練は仕事の性質そのものから急速に生じてくるものではある。宣教医師の潜在的な能力はどのようなものであれ、必ず緊急時に現される。彼は常に予期できない事態に直面しており、自らのうちにあるあらゆる隠れた能力を呼び起こすことを強いられる。多くの医療宣教師は、かたわらに訓練された助手もなく、もしこれが母国での診療であれば欠かすことができないとされる設備もほとんどなしに、突然緊急の症例を往診するよう招かれていることを告げられる。彼らの中の何人かの生活にあっては、これはほとんど毎日起ることであり、彼らの成長を推し進める要因となっている。

隠れた能力の多様さ、予期せざる事態に直面して正しく対処する才能は、すべての外国宣教の働き手に求められる主要な資質のひとつであり、その実践の中で彼らは偉大な男女になる。何の医学的訓練も受けていない宣教師たちが、しばしば医療上の助力のために呼び出される。そのような場合に彼らが示す自信、工夫や才能には驚くべきものがある。ある夜、韓国のW・G・クラム牧師(32)のところに使いの者がきた。急いで、息せき切って、喧嘩で刺された女性の命を救ってくれと要求する。彼は外科医ではないことを根拠に断ったが、使いの者はあきらめずに言う。もし彼女が死ねば、復讐によってもうひとりの命が失われるだろう。彼はためらいながら、ついて行った。そして家に入ると、女の右脇に恐ろしい刺し傷があり、開いた傷口から腸が飛び出しているのが見えた。彼は一瞬肝をつぶして後ずさりし、自分には何もできないと宣言したが、彼女の友人はこの患者の必要性を強調した。彼は自分で、おそらく妻が用意したのであろう針と糸と清潔なタオルと、一瓶の石炭酸を見つけてきた。湯を沸かすように指示し、彼は家に行って、これらの品々を持って戻り、針と糸を消毒剤に漬け、両手を消毒し、タオルを熱湯から出して絞り、腹膜を洗い、注意深く元に戻し、傷口を縫って、彼の能力でできる限りに包帯を施した。女性は良好な回復をとげ、当惑したことにクラム氏の名声は国中に行き渡った。この種の勇気と常識がある人であれば、医療宣教にも成功を博することができるであろう。

科学者、その他宣教地を訪れた人々の証言は一致して、医療宣教団を一般的に高く位置づけている。彼らの明らかに大きな部分が職業的にもエリートとして位置づけられるべきだというのである。このような高い位置づけは、ひとつには彼らの選択したトレーニングと技量の基準によるものであり、ひとつには発展しつつある活動の性質によるものであり、またひとつには彼らを導き、そのすべての働きに高い質を与える霊の働きによるものである。

真の偉大さが、言葉や名前にではなく行為のうちにこそあるという真理は、ほかと同様、宣教師たちにもあてはまる。それは生活に、人格に、動機や目的の中に刻み込まれたものであって、それ自体が意識されることはない。確かに誰しも自分の実力を推し量ることができなければならないが、同様に限界を知ることができなければならない。自尊心は謙遜と完全に両立する。偉大さを誇るとき、偉大さは消え去る。「人の魂を損なうための悪魔の最も巧妙なワナは、公の奉仕の機会を個人的目的に用いさせる誘惑である」、と書くイギリス人作家はさらに、『偉大でありたいという不幸な望みから、主なる神よ、われらを救いたまえ！』という、モラビア礼拝書[33]のこの一句以上に、公職にある人間の口にしばしば上るべき祈りはない」と付け加える。善良であり、真実であり、能力の許す限り有用でありたいと祈るのは正しい。しかし偉大な達成を自己目的として追及するとき、彼らは決して偉大ではありえない。人はひと働きで偉大になれるわけでもなく、自分自身の英雄的な練達と、静かに、しかし重力のような確かさで働く倫理的・精神的な諸力によって、そのように育っていくのである。

医療宣教の歴史における傑出した人物は、実に謙虚な男女たちであった。実際、シリアのポスト、中国のカー、彼らのような医療宣教師の最も美しい性格のひとつは、自らの能力や働きに対する控えめな評価であった。結局においてこのような人々は、それが自分自身の成果ではなく、彼らを通じてなされた神の全能のみわざであることを知っていたのだ。それこそが、彼らがそこに遣わされたところの人々に自らを託した、きわめて謙虚で単純な信仰であった。最も有名なひとりは、このように書いている。「私自身の人格や能力についていえば、私は平均的な才能の努力家、平凡な常識人に過ぎない。勤勉と忍耐において、なにか顕著といえるほどのものがあったとすれば、ひとつの道筋に沿って、ひとつの目的に向かって、堅実に働くということである」。オクスフォード大学その他でのすばらしい成功と傑出した業績について、ハロルド・ショフィールド[34]博士の友人はこのように言っている。「ほかの人々が失敗から学ぶ謙虚さを、彼は成功から学んだようだ」。彼はあらゆる分野での業績において栄誉を勝ち取った。一年から

中国の救急車

上海、聖ルカ病院*のヘンリー・W・ブーン**博士創案による救急車

* St. Luke's Hospital　1866年開設。　** Boone, Henry W. 不明。

三年に及ぶいくつもの研究助成金が彼のために割り当てられ、総額は七千ドルに及んだ。それには、動物学と地質学に対するギリシャ語聖書賞(35)が含まれている。これらのことすべてにもかかわらず、彼は常に謙虚で、誠実で、心が広かった。

J・C・ヘボン(36)博士は、いかに無意識に、そしていかに真実に偉大であったことか！　時として、公に声を上げることには慎重であったが、彼は日本の国民の生活のなかに入り込み、聖書の優れた翻訳によって正義の基礎を置き、天皇自身の手で勲章を授かり、半世紀近くにわたって宣教した一般の人々の心のなかに「よき医師」として刻み込まれた。この謙虚な宣教医師はある意味において、「日本における近代医学の父」でもある。彼も、あるいはまた中国の寧波から来て最初の帝国大学教授のひとりとなった同じく長老派宣教局のベスン・マカーティ(37)博士も、ここで将来成長するであろうことのすべてを現実化したというわけではない。彼らは深く、隠されたところの基礎を築くことに満足していた。他の人たちが上の建物を建てる、そして世界がそのすべてに驚嘆する。長年フィリピンで外科医として働き、『熱帯外科 Tropical Surgery』の著者でもあるジョン・R・マクディル博士は、一九〇〇年の義和団事件の間の北京において日本の医療部隊が「他のいかなる国のものよりも優れていた」ことを認めている。この記録は日本人による西洋医学研究の成果であり、間接的には医療宣教団の活動の結果でもある。

第三節　医療宣教師の卓越した貢献

このような人々は私たちに、偉大な人生とは偉大な愛——人生の中に飛び込んでくる衝動、高い特権の意識でもある愛に、強いられるものであるということを思い起こさせる。このような人生には常に義務の意識が生じるが、それを超えてはるかに高く達するものは、ヴィジョンと深みとを与え、キリストに従う宣教を現実のものとする、高い特権の意識である。

彼が奉仕する人々の生活における医療宣教師の偉大な貢献を可能にするのは、このキリストに従う宣教の意識である。彼の卓越した貢献はイエス・キリストの精神の例証である。誰が、医療宣教師以上にその精神を例証できる立場にあるだろうか。宣教師にいかに才能があり高度な訓練がほどこされていても、彼の力を測る物差しとなるのは、彼が身につけている愛、生きるものすべての救い主の奉仕の精神なのである。

それは、キリストに従う人間をして、キリストのような神を体現させる。非キリスト教徒は神の存在は信じているが、キリストの神を知らない。神はあまりに遠く、おぼろげだ。キリスト教徒も神の存在を知ってはいるが、しばしばその神を信じず、神に従わない。神が非現実のものに見えるからだ。宣教師は、もし彼が本当にイエスの精神を身につけていれば、キリストを人類の「偉大な兄弟」として現すことができる。キリストの生涯と肉体とによって、新たな真理と新たな奉仕の力とがもたらされた。福音の説教さえも、聞く人が多いときも少ないときも、時機にかなったときもそうでないときも、人格のうちに刻印されたキリストの力ほどには、非キリスト教徒に対して強調しえるところは少ない。ロバート・E・スピア博士は、ジョゼフ・コクラン博士の伝記において、この輝かしいペルシャへの宣教師について、こう言っている。「彼となんらかの親しく個人的な関係を持った人は誰も、彼の人格から刺激を受け、理解し、それによって強められた。彼の同労者たちにとって、ほかの人々にとってそうであった以上であり、何事においても彼がどのような人物であったかということにこそ、彼が何事をなしたかという以上の重要性があった。彼自身の霊感力はキリストの霊そのものであったからだ。彼を強いていたもの、彼を彼のような愛の人になさしめたものは、キリストの愛であった」。

このことは、真理について以下に言われていることの実例ではないだろうか。「人を納得させようとするならば、彼の生活をほっておいて良いものだろうか」。話をすることはたやすいが、生活の否応なしの事実には抗しがたい。

思考には行動が伴わなければならない。そうでなければ、高い目的を持った高貴な行為も、新しい理想を掲げたより高い生活も、すべてのものが惨めな失敗に終わるだろう。日本への最初の医療宣教師の伝記作家をして、彼について書かしめた義務の感覚と間断なく高みを目指す意識とは、このようなものであった。「彼は常に自らの人生を神のうちに求めようとしていた。無知や、高慢や、尊大な人々に対して、彼は高圧的な傲慢さの代わりに、むしろ明敏な魂の医師としての態度を保って臨んだ。ヘボンにとっては、生活とは『愛のエネルギー』であった」[38]。医療宣教師のなしうる貢献の卓越性は、彼の身につけている神の愛の物差しなのである。

第四節　医療宣教師の二つの使命

キリスト教の栄光は、失われた人々に対する宣教の使命にかかっている。大いなる主は私たちに言われた。「人の子は、失われたものを捜して救うために来たのである」[39]と。罪は人を彼の最悪へと引きおろし、キリストは彼の最善へと昇らせる。彼のうちには最善なものがないというのであれば、キリストは願いと望み、理想と愛とを創出し、空虚な人生を満ち溢れる人生に、不完全な人生を神の子のそれに似たものへと、創り変える。

今日の世界が最も必要としているものは、肉体と霊魂の両方を考慮する奉仕の業である。キリスト教は肉体の健康と健全さに大きな重きを置く。それが生ける神の聖霊の宿る宮だからである。人々は生まれながらの権利を自覚していないかも知れないが、彼らは神の似姿に造られ、神の子としての存在を回復すべく定められている。世界は心広く、勇敢で、高い精神を持った人々を求めている。彼らの共感はあらゆる国境に覆い重なり、そのためにキリストが死んだ人々の上に、惜しみなく与えられるであろう。それがいかに遠く離れた場所、堕落した人々に対してであっても、彼らは肉体の医薬と霊魂の医薬を備えた人々、身体的損傷を防止し回復する専門家であり、愛の権威によってこう繰り返して言うことのできる人々である。「たとえ、お前たちの罪が緋のようでも／雪のように白くなることができる。たとえ、紅のようであっても／羊の毛のようになることができる」[40]。

　働きも働き人も、最初の医療宣教師イエス・キリストに、高次の模範を見出さなければならない。「イエスはガリラヤ中を回って、諸会堂で教え、御国の福音を宣べ伝え、また、民衆のありとあらゆる病気や患いをいやされた」[41]。彼の宣教の使命は、足の不自由な人、傷つけられた人、耳の聞こえない人や目の見えない人に対すると同様に、病める人間存在に対するものでもあった。彼は人の霊魂を回復すると共に、その肉体をも復権させることができた。ナザレでの宣教をまさに始めるにあたってのこれらのみ言葉の、なんとすばらしいことか。「主の霊がわたしの上におられる。貧しい人に福音を告げ知らせるために、／主がわたしに油を注がれたからである。主がわたしを遣わされたのは、／捕らわれている人に解放を、／目の見えない人に視力の回復を告げ、／圧迫されている人を自由にし、主の恵みの年を告げるためである」[42]。彼は単純に病気を治したのではなく、切り縮められた可能性を回復させた。彼はすべての人々に福音を告げ、彼の告げる福音を通じて人を完全なものにさせようとしたのだ。医師であること、教師であり説教者であることは、彼においてはこのように美しくつながりあっていたので、それらは命を与える奉仕における三位一体となった。肉体は、彼の不思議なタッチによって、聖霊の宮となり、精神は神の思考の器、そしてその人の霊魂は燃えて、燃え輝く主の灯《ともしび》[43]となった。

　彼の奇跡は疑いなくその神的な本性と権能を証明するものであったが、イエスは奇跡によって神性を証明する方法を採らなかった。彼は何事も、証明しようとはしなかったのである。彼は父なる神を現し、人生を生きるために来た。共感の人生を生きるなかで、彼は神の真実の本性と使命についての完全な証明を与えた。彼の癒しの奇跡は人間に対する共感と愛によってもたらされた。彼が人間の体に触れ、人間の必要に応えたときにはいつでも、奇跡はほとんど光となって燃え上がるかのように見えた。

医療宣教師として、人類に対する二つの使命についてのこの偉大な模範に付き従った男女について、なんと高貴なカタログを書き綴ることができることか！　U・H・ニクソン博士(44)を例に取ろう。彼はテキサスで利益の上がる仕事を放棄し、家を売り払い、財産を処分して、教会の呼びかけで家族を伴ってメキシコのモンテレー(45)に赴いた。彼はすばらしい同僚、偉大なキリスト教徒にして医師であった。病院の彼の病棟では何百人の人々が治療を受け、礼拝堂では何千人の人々が彼の話を聞いた。あるとき、タンピコ(46)から黄熱病がやって来た。宣教局主事への週間報告が、流行の猛威を語っている。ニクソンの妻子も倒れた。看護婦たちも死んだ。黄熱病はほとんどすべての家庭で犠牲者を出した。そして彼自身が病気になったという電報がそれに続いた。結局、さようならと鉛筆で書かれた白紙の処方箋の入った封筒が、最後のメッセージとなった。本当に鉄のように、迅速で断固として義務に応えたことは、バルカンの軍病院で奉仕し、チフスで死んだ同僚たちと同様であった。

ある夕方、テネシー州のナッシュビルで自宅に帰る途中、私は病院の門に通りかかった。そこには病棟外科医がしばらく立っていて、私と目が合った。何事か常ならぬことが起ったように見え、私は立ち止まって話を聞いた。ブレーキ係が貨物列車の車輪に轢かれたのだという。鉄道外科医が呼び出され、患者を診察し、ベッドサイドから戻ってきて望みはないと言った。「だが彼はキリスト教徒ではない。あなたが、彼に死ぬと言いに行ってくれるつもりなのですか」と、若い外科医のC・B・ハンソン(47)が尋ねた。「あなたが言いに行きなさい。私にはできません」、それが彼（鉄道外科医）の答えだった。彼は席をけって病院から出て行った。この病棟外科医は患者のところに戻って手を取り、目を見つめ、もう三時間も生きられないと告げた。若いブレーキ係は、最初は信じられないようだったが、本当のことがわかって、自分の罪を告白し神に魂を委ねるあいだ、ハンソンに彼の傍らに跪いて祈るよう願った。昼下がり、急速に寝台を横切って沈み込んだ暗い影にもかかわらず、そこには偉大な光が、二人の男と天使たちの心の中に入ってくる喜びが感じ取られた。このように単純に、真剣に語られた物語は、私を捉えた。この人物には医療宣教師たるべき魂が備わっているように感じられ、私は彼にそう告げた。彼はメキシコに行って、倒れたニクソンのあとを継ぎ、秀でた能力によって仕事をすすめ、大勢の人の心を慰め、多くの人々をキリストへと導いたが、彼自身はペラグラに倒れて、忠実な勇士としての生涯を閉じた。

このような二重の福音を告げ知らせて生きている男女、その使命が主の描かれたものにかくも近く、その働きがかくも正確に主の命令に従順である男女が、豊かな希望に満たされていることに、何の不思議があるだろうか。一般に宣教師は、世界中で最も楽観的な働き手であり、その快活さはよく知られているところである。それは積極的なキリスト教信仰の持つ楽観性であり、身を隠すことのなく戦場に立つキリスト教信仰であって、悪との戦いにおいては軍旗を掲げる軍隊のように厳しい。勝利を得つつある人間的な信仰から、正義の最終的勝利へ、不動で不滅な不死の希望へ、真理の権能と持続性への跳躍は、希望に満ちたものである。のみならず、それは神の働きそのものと本性に根ざしている。物事がいかなる結果になろうとも、偉大な宣教師たちは常に、自らを神意の線に沿ったところに置き、神の意志を行うべく決意している。ブレント主教(48)は言う。「私たちがある仕事のために神に招かれ、神の顧みと導きを受けているということを確信できれば、私たちの責任はただそれに伴う活動に参与するということだけになります。結果については、働くものの関与するところではありません」。医療宣教師についても同様である。

あるいは、ヴィジョンと、英雄的行為と、奉仕の精神を備えたかくも多くの男女が、至高者に対する奉仕のかくも豊かで全面的な機会を通じて、彼らの想像力を捕らえ、献身性に挑戦し、人間愛に問いかける、このような仕事に飛び込もうとしていることに、なんの不思議があるだろうか？

第五節　医療宣教師の動機

ヘンリー・ウェストやマリー・ピアスン・エディーやケニス・マッケンジー[49]やそのほかの、医療宣教の豊かな奉仕にその人生の力を注ぎ込ませた多くの男女にとっての動機とは、結局のところ何だったのだろうか。何が中心的、指導的な力だったのだろうか。それは目的に単純さと力強さを与える、宣教生活における神聖な愛である。このような、強く促す愛がなければ、どのような人も自己の信仰の真実さと活力に疑問を抱くことだろう。アフリカにおける医療宣教師で探検家であったデイヴィッド・リヴィングストンは、彼の回心についてこのように書いている。「神の恵みに対する神への深い義務の感覚は、幾分ながら、常に私の行動に影響を与えてきた。キリスト教によって鼓舞された愛の熱情の中で、私は直ちに、人間的悲惨の軽減のために人生を捧げることを決めた」。この原動力は、人類の偉大な父なる神のみ心の中心にあるものである。神は、愛するがゆえに与える。与えるにあたって、神はなにものも差し控えない。神は最もよきもの、ご自身をさえ差し控えない無限の犠牲の精神を持った愛する御子を下さった。

神を見失うとき、私たちは他者をも見失う。儒教は不可知論的な教説であって、神については知らず、人間の諸関係だけを扱っている。「ユダヤ教には互いに協調するふたつのポイント、神と人間があって、これらが曲線の二つの焦点であった。キリスト教ではそれらが三つに、神と人間と他者になる。キリスト教の持つこの特徴によって、人はその本来の場所、神と隣人の間に置かれる。そして彼は一方から恩恵を受け取ることができるが、それを他者に対する奉仕のエネルギーへと転換しなければならないことを教えられる」[50]。それは他者があまりに遠くにあるからではなく、私たちの利己心があまりに近くにあるがためである。利己心はひとりの人とその人の必要を見えにくくするだけでなく、すべての人々とそのより大きな必要を見えにくくする。私たちには、あらゆる部族や国民が重荷に打ちひしがれているのを、家で静かに座って見ていることができるだろうか。豪華な遺産を持ちながら、「人類のあらゆる希望と戦いの局外に」立っていられるだろうか。自己の利益だけを求めて他者の利益に目を向けない利己主義は、倫理的・精神的な自殺である。「教会における宣教的な企ては、私たちの時代の重要な社会運動であるが、それが進まないのは、私たちの多くが、世界のために費やすべきものを自分たち自身のために費やしているからだ。利己主義は霊魂の喪失だけでなく世界の喪失をもたらす」。だが世界が倒れるとき、私たちもともに倒れるのだということを、覚えておかなければならない。

第六節　誰が後に続くのか

身震いするような喜びは、そのために生きるに値し、同じく死ぬにも値するような事業に生涯にわたって自分自身を投げ込むことのできる人になら、誰にでも訪れる。偉大な目的を捕らえてこの上なく不屈となる、そのような宣教の意識を持ったとき、人はかつてないほど偉大になる。それは彼を、最善のところに飛躍させる。彼は不滅になる。だが、目的が彼を捕らえているのでなければならない。神と人類の至高の要求に適おうとするならば、彼は目的に取りつかれていなければならない。それは人生をなにごとか、最大限の可能性に適ったものにする。そのような人は、世界が自分によって生かされているという信念に安住することがない。彼は、世界によって生かされており、人生は神のご計画に関係するものでなければならないと確信している。

神のご計画は人の必要性をめぐって立てられている。神を信じる人なら誰もがそれを分かち合うのである。その分け前はとても小さいが、とてもリアルである。それは地球上のどこか見えにくいところなのかもしれないが、それも計算されている。あなたの運命は単純に、古びた杭を取り除けて同僚を救い上げるというだけのことなのかもしれない。他の誰かには、人類を向上させる何か偉大で建設的な仕事があるのかもしれない。ある人は細かいことの中に埋もれ、ある人は大事のうちに打ち立てられる。しかしそのすべてが、助けとよき喜びのために手を貸し、声を上げ、人生を生き、奉仕を捧げることなのである。

神のご計画が私たちをどこに導くかは、大きな問題ではない。ずっと大きな問題は、私たちの人生が神のご計画に記された仕事と場所との中に正しく位置づけられているかどうかということである。リヴィングストンにとって、それはアフリカにおける医療宣教の先駆者、探検家としての働きであった。彼は神の使命に則っており、彼もそのことを知っていた。ロンドン宣教協会の理事会に宛てて、はるか暗黒大陸の内部からこう書き送っている。「私は皆さんの配置にしたがってどこにでも行く——それが『前に』でありさえすれば」。宣教の意識が彼を離れることはなかった。そこには優しい心と鉄の意志が混ざり合っていた。それはある場合には、友人たちの嘆願にさからって野獣たちのさまよう森を抜けていった、ある夜の乗馬行に実例を見ることができる。クロサイの角に腹を突かれたかわいそうな現地人を救うためであった。もうひとつの場合には、困難が増大し、兄弟のチャールズ[51]が、困難な仕事から手を引いてアメリカに落ち着くよう提案したときの彼の返事から浮かび上がってくる。「私は心も魂も宣教師だ。神には独り子がおられて、宣教師にして医師であられた。この奉仕にこそ、私は生きたいと思うし、死にたいと願う」。

世界史には、男女が偉大な任務を引き受け、偉大な決断をしなければならないときがいくつもあった。今がそのひとつである。医療宣教への要求がこれほど緊急を要したことは、かつてない。これまでこのように機会が殺到することはなかったし、引き続く出来事、人類に積み重なる必要性、そして神の摂理から来る、このような責任への圧力が増大することもなかった。

ヘンリー・チャーチル・キング[52]議長は「偉大な決断の自然な誕生のとき」について語っている。「それは軽く過ぎ去ってしまってよいことではない」、と。確かに誰にとっても、深く根ざした確信と、はるか彼方を思い描く決断が生まれるときがある。それは仲間である人々への奉仕の義務の意識から、緩やかに灯っていくものなのかもしれない。あるいは、それは世界の必要性と、神の啓示の閃光のような輝きの下に来るのかもしれない。それがまさしく訪れたときには、人はそれを、義務の大きな領域に向けて人生を根こそぎにする神のなさりようとして、受け入れなければならない。

人生を奉仕で満たせという呼びかけは、常に神の呼びかけである。それは義務に対する内面の声かもしれないが、しかしそれも神の呼びかけなのである。なにかの扉が開かれるとすれば、それは摂理の声である。それが宣教医師の緊急の必要であれば、それは教会の声である。それが助力を求める人間性の叫びであれば、それは従わざるを得ない命令的な要求となる。「私がここにおります、私を遣わしてください[53]」と、デイヴィッド・リヴィングストンは言った。だからこそ、医療宣教師——医師、外科医、看護婦、衛生技師、体育指導者、医学教師——として奉仕しようと、一群の男女が、肉体的回復の任務がかくも著しく、かつ緊急に必要とされている諸国に向かって、進み出てきているのである。彼らの隊列に、続くものは誰か？

注

（1）マタイ一〇・八、ルカ一〇・九。
（2）Parker, Peter 1804–1888　医療宣教師、外交官。中国名・伯駕。（DAB　キリ人）
（3）Post, George Edward 1838–1909　医療宣教師。（DAB）

（4）Moslem 第一章注五〇参照。

（5）Palmyra　シリア、ホムス県パルミラ郡の中心地。

（6）Bedouin アラビア語に由来する一般名詞で、砂漠の住人を指す。通常アラブの遊牧民族に対して用いられる。

（7）膿汁や分泌物を、傷口に挿入された管や布を通じて持続的に体外に排出させようとする外科的技法。

（8）Elmslie, William James　医療宣教師。（Muslims　七六頁）

（9）Moolah

（10）Noyes, Henry V. 1836-　医療宣教師。中国名・那夏礼。妹の Noyes, H. N. とともに、広東で活動。

（11）Grand, David　長老教会の医療宣教師。錦州で活動。

（12）Jackson, Arthur 1884-1911　医療宣教師。奉天（瀋陽）の医科大学で活動。（キリ人）

（13）Gaynor, Lucy　医療宣教師、女性。南京で最初の医学校を設立。

（14）the "candle of truth" is a "candlestick of mercy"　出典は不明である。

（15）エリオット・I・オズグッド『中国の壁を破って Breaking Down Chinese Walls』（原注）。
Elliott Irving Osgood 1871-1940　医療宣教師。中国名・鄔斯固。

（16）Stanley, Henry Morton 1841-1904　探検家、ジャーナリスト。（DNB　岩波）

（17）Stanley pool（Pool Melebo）　コンゴ川中流に位置する。

（18）Bulu Maradi

（19）Presbyterian Hospital

（20）Kerr, John Glasgow 1824-1901　医療宣教師。（DNB　キリ人）

（21）Thompson, Sir William　不明。

(22) John R. Motto 博士は、事実上この医学校が、レバントに医療専門職を作り出したとしている（原注）。ベイルートが独立国としてのレバノンの首都となるのは一九四一年以降である。
(23) Eddy, Mary Pierson 医療宣教師。（Muslims　一二九頁）
(24) Ba'albek　レバノンの旧い都市。首都ベイルートの北東約八十五キロメートルに位置。
(25) Hamedan　イラン西部、ハメダーン州の州都。
(26) Holmes, G. W.　不明。
(27) Order of the Lion and the Sun　詳細不明。
(28) Vanneman, Wm. S.　不明。
(29) Tabriz　イラン北西部、東アゼルバイジャン州の州都。
(30) Speer, Robert Elliot　世界宣教運動の信徒指導者。（キリ人）
(31) Cochran, Joseph Plump -1905　医療宣教師。一八八二年からウルミア(Urumia)のウエストミンスター病院(Westminster Hospital)で活動。
(32) Cram, W. G.　宣教師。平壌で活動。（Korean　一六七頁）
(33) モラヴィア派教会は15世紀のボヘミア宗教改革に起源を持ち、メソジストをはじめプロテスタントの宣教運動に先駆的な役割を果たした。この引用の正確な典拠は不明。
(34) Schofield, Robert Harold Ainsworth 1851-1883　宣教師。中国内陸宣教会。
(35) Greek Testament Prizes 学部学生と卒業生それぞれに贈られる、ケンブリッジ大学の二つの優秀賞。
(36) Hepburn, James Curtis 1815-1911　医療宣教師。主に日本で活動。ヘボン式ローマ字で知られる。（DAB　キリ人）
(37) McCartee, Divie Bethune 1820-1900　医療宣教師。（キリ人）

(38) W・E・グリフィス『J・C・ヘボンの生涯 Life of J. C. Hepburn』九―一〇頁(原注)
Griffis, William Elliot 1843-1928 教育者、牧師、作家。(DAB キリ人)
(39) ルカ 一九・一〇
(40) イザヤ 一・一八
(41) マタイ 四・二三(原注)
(42) ルカ 四・一八―一九(原注)
(43) 箴言 二〇・二七
(44) Nixon, U. H. 不明。
(45) Monterey メキシコ北部最大の都市。
(46) Tampico メキシコ東海岸の港湾都市。
(47) Hanson, C. B. 医療宣教師。モンテレーで病院運営に当たった(W・R・ランバス、保田正義訳「ブラジル・メキシコ・アフリカ」、『関西学院キリスト教教育史資料VI ウォルター・ラッセル・ランバス資料(3)』関西学院キリスト教主義教育研究室、一九八五に記述がある)。
(48) Brent, Charles Henry 1862-1929 米国聖公会主教。エディンバラ世界宣教会議に出席。(キリ人)
(49) Mackenzie, John Kenneth 医療宣教師。一八七五年から杭州、一八七八年から天津で活動。
(50) ロバーツ『信仰のルネッサンス The Renaissance of Faith』一〇〇頁(原注)
Roberts, Richard 不明。
(51) Livingstone, Charles 1821-1873 宣教師、旅行家。デイビッド・リヴィングストンの弟。(DNB キリ人 岩波)
(52) King, Henry Churchill 1858-1934 神学者、教育者。(DAB Suppl.1)

(53) イザヤ六・八

第三章　医療宣教団の目標と展望

「医療宣教団は、肉体を癒し、心を照らし、魂を救う、個々人に対するイエス・キリストの使信全体を体現している」

ヘンリー・T・ホジキン博士[1]

「ここで、すべての業務が召命としての本質を有するべきだとしても、特に抜きん出た召命というべきものがふたつある。それはキリスト教徒のミニストリーと、病者に対するミニストリーである。理想的な医師にあっては、主におけると同様、それらの召命は混ざり合っているのである」

ハワード・A・ケリー博士[2]

本章においては、いくらかの避けがたい重複を伴いつつ、医療宣教団の活動の目的と範囲について考えたい。

第一節　目標と展望の輪郭

医療宣教団の最大の目標のひとつは、悩める罪びとたちに向かってキリストを指し示すことである。この目標を取り下げることは、高い召命を世俗的な職業、単なる慈善、純粋で単純な科学としての癒しの技法に貶めることである。医療宣教の領域には、個々人の苦痛を和らげ病気を治療するための、あらゆる適正で可能な方法が含まれる。家庭や病院での病者の世話、国家や共同体の健康を守ること、そしてこれらすべての経路を通じて、あらゆる場所であらゆるときに、機会が与えられるならばいつでも、キリストを知らしめることである。福音伝道的であれ、教育的であれ、産業的であれ、文学的あるいは医学的であれ、すべての宣教の唯一の至高なる目的は、神の御子であり、世界の救い主としてのイエス・キリストを示し、真理を宣言すること、慈善の奉仕者となること、毎日の生活、そしてキリスト教的人間の兄弟愛と神の王国の拡大を促進する、有効で価値のあるあらゆる方法によって、その証人となって福音を宣教することである。

ジェームズ・L・バートン[3]博士は言う。「医療宣教団は、その本来の目的と目標をいささかも失ってはいない。彼らは、失われた子どもたちの群れに愛の招きの手を差し伸べ、共感を寄せるキリストの慈愛を代表している。同時に、彼らは東洋の人々の間に新しい職業を導入し、東洋の地に根付いた近代的な学校と病院を作りだし、これらの国々に根付いているかに見える疫病や災害が押し入ってこないような障壁を、建設しようとしているのである」[4]。

医療宣教の働きは予防的、治療的、救済的かつ建設的なものである。医師は最初に、病める人間を癒すためにすべての努力を傾ける。次には、彼は個々の人々の疾患を予防し、疫病の流行を抑制し、最終的にはそれらを、彼の住み活動する共同体の中からのみならず全世界から一掃するために、近代医科学を適用するためのより広い領域に飛び込んでいかざるを得ない。この地平において、彼の仕事は世界的なものとなる。しかしさらにその彼方、より高次の段階において、彼は罪と道徳的退廃から純粋で実効的な奉仕の生へと向かう、人類の救済へと動き始めた霊的な力の代表者となっている。ここに、彼の建設者としての働きが始まる。彼は人々に間における、神の国の不可欠な構成要素である社会秩序の建設者となる。それは哲学者たちのユートピアでもなければ、ユダヤ教的な観念にしたがって地上

満州（中国東北部）における肺ペストとの闘い
家々を巡る探索隊

に降りてくる天国でもない。それは人間の意識にもたらされた聖なるいのちと、そのいのちを生きる力である。そのいのちとは、人々が神こそ御父であり、彼らは、再び見出され活力を与えられて神の子どもになることができるということを理解するまで、浸透し、変化させ、持ち上げるものである。「宣教師が民衆にもたらすことのできる、そしてキリスト教に実際的側面を付与するすべての文明的影響力、そのような宣教師のすべての努力は、それがひとつの偉大な目的に従うときには、神の委任のもとに置かれているのであり、宣教事業のなかに必ずやその場所を得ることであろう」[5]。

医療宣教師ほど、世俗的なことと信仰、物質的なものと精神を結びつけ、それらの力を結び合わせて偉大で同一の目的に向けて働くことを求められる人はいない。キリスト教の機能とは常に信仰的なものの領域を拡大することであって、縮小することではない。キリスト教の特質とは生活と離別することではなく、そのすべてが発酵するまで、持続的に力強く浸透し働くように、婦人が三度の食事に応じて仕込んでおくパン種に似たものなのである。「あなたがたは地の塩である」[6]。イエスは弟子たちが世界から取り去られるようにとは祈らなかった。彼らがこの世の務めにとらえられている間、御父が彼らを悪から守ってくださるように願ったのだ。罪と恥、病と死とは、この世に常にあって、人間と同様の広がりを持っている。救われるべき人間は、その存在のあらゆる瞬間において贖われる必要がある。医療宣教師は、死者と死すべき人間の間を行き来する。彼はあらゆる面から、生命に触れるのである。彼は精神的な力と同様に物質的な力も扱うが、それらのすべてを通じて周囲を照らす光、浸透するパン種、保存する塩として生命へと向かう生命の救済者とならなければならない。彼にあっては、相互に分離された世俗的なものと信仰的なものは存在しない。人間性に対する彼の尊敬が、彼の日常の仕事を神聖な宣教へと高め、変容させるのである。

福音は世界の言葉で私たちに示されており、自然と人間のすべて、同様にまたすべての人間のうちに含まれている。司教座聖堂参事フレマントル師[7]は、世界は罪の束縛の中に置かれ、贖いを受けていることを教えている。「常に希望があった。最後には、被造物それ自身が、腐朽への束縛から自由にされるであろう」。この束縛からの解放のうちに、人は病める肉体の重荷から自由にされ、その原初の力強さを回復し、人間的な活力に達する機会を与えられるのである。このような回復をもたらす仕事に与ることを欲しない人がいるであろうか？　このような使命のなんと称えられるべきことか。

エネルギーの保存は近代科学の最大の発見のひとつである。自然と人間の救済には、論理的には身体的な力と道徳的なエネルギーの保存が伴い、持続すべきものである。すべては回復と建設の時代の回路へと向けられなければならない。誰もが、これらのうちのひとつの、あるいはそのすべての過程に関与することを、大きな特権と考えるだろう。医療宣教師は、片手を物質的な力、もう一方の手を精神的な力の上に置いて、宇宙の回復に向けた神的な計画の中に入ろうとする類い稀な幸運を有している。彼は、その上に精神的な上部構造物が置かれるところの身体的ないのち、そこにもたらされる基礎の上に、男らしさそして女らしさを打ち立てるために招かれているのである。ときにはそれは、貧しい打ち砕かれた人間の再創造であることもあるが、よりしばしば、それは彼が働きかけるべき隠された力の崇高な素材なのである。感覚的な生活は精神的な生活に取って代わられ、見えるものは見えないものに、死すべきものは不死のものに取って代わられるのである。

第二節　福音宣教機関としての医療宣教団

医療宣教師は、第一には宣教師であり、第二に医師なのであって、彼の活動は本来人間的というよりは霊的なものである。結局のところ、いかに多くの賜物があろうとも、それを通じて福音が宣べ伝えられ、真理が証され、教会生活が表現されるところの、キリスト的奉仕のミニストリーはただひとつなのである。「キリスト教徒の真の弁証は、教会の救済の働きである」。イエス・キリストのみ名のうちにあるものにとって、このミニストリーとはキリスト教信仰の戦いに勝利すること、勝利を得て、私たちが征服者以上のものとなるその隊列の先陣に、主を見出すということである。

私たちが単に身体的・物質的な方面に不適切な強調と情熱を置く誘惑に陥らないよう、著明な宣教師の著書から引用しておく。

医療宣教団が本来の位置、宣教地におけるキリスト教会の思いと考えに立とうとするならば、人間的な問題に対する疑うべくもない奉仕であっても、言葉によって、行いによって主イエス・キリストを知らしめるという至高の使命から注意をそらせるほどの重要性を、そこに与えてはならない。病気を治す働きが低く見られていいというわけではないが、キリスト教と慈善は別の領域のものだと考える見方も同様に誤りである。本国では宣教局によって、宣教地では医療宣教師によって、目的が明示され絶え間なく実践されることを通じて、医療宣教団は、キリストの福音と主の栄光の王国に向けての全人類の救済を推し進めるという、主要な注意が置かれるべき宣教活動の領域を提示していなければならない。

ここで誰も、医療宣教が副産物に属するものとは考えないようにしよう。キリストの時代から今日まで、聖なる治癒の技法は、無関心や公然たる敵意を示す民衆から、真理の理解を勝ち取る、最も力強い手段のひとつであった。医療宣教師は彼の静かな職業的実践によって、講壇から語る聖職者や宣教師同様の力強さで、また時にはより雄弁に説教するのである。医療宣教師も、その診療所や病院も、副産物などではなく、東洋のキリスト教化のための就中第一の抵抗しがたい力なのである。(8)

医療宣教師の霊的な機能は、福音伝道者のそれに似ている。彼は、同労の兄弟と同じく、真実の宣教師である。そのどちらもが、人類救済の偉大な業のために招かれ、受け入れられているのであり、また宣教地における自らの存在の目標、キリストの偉大な目的を代表する働きを怠るならば、いずれもが同様にその名前にふさわしくない。医療宣教師の精神的な影響力が及ぶ範囲と同様に、時間と精力を惜しむべき限界も存在しない。

救済の事業において、医療宣教団は先頭には立たないとしても、福音伝道のすぐ近くに並び立っている。それは福音伝道のひとつのかたちなのであって、人間の救いにおいて大いに神に用いられている。彼らは開拓から建設までの時期を歩んできた。個別に関係しているというばかりではなく、共同体の全体としてそうなのである。医療宣教師たちは一般に、彼らが生活し働いているいたるところで高く尊敬され、共同体内での影響力を持っており、教育、衛生、行動様式の改革や社会的文化的生活の進歩のためのすべてのことを支援している。彼らの働きは、近代人の必要性に自らを適応させるキリスト教の最善の実例となりつつある。働いているのはキリスト教なのである。しかし教育も改革も、治療であっても、それらは重要なことであるとはいえ、人々にキリストを知らしめるという唯一の偉大な目的を曖昧にするものであってはならない。医師もまた、彼の患者に対する関係性は、キリストを提示するための得難い機会とともに、相応する責任をも、もたらすものだということを記憶しておかなければならない。個人としての人間へのアプローチにおける福音的伝道者の困難は、彼には当てはまらない。彼らは人々を「全体として」扱い、そして直接的かつ人格的な接触に入っていく。敵意は除かれ、分離の障壁は破壊される。医師と患者の親密な関係は信頼感を生み出し、友情へと成熟する種が蒔かれる。これ以上に良く開かれた接近の道があるだろうか。医師は患者と、治癒と同じく神聖な賜物である友情を分かち合っている。

ケニス・マッケンジー博士は一八八七年三月四日、天津からの手紙で、福音伝道の働きにおいて医療宣教師が活動しなければならない理由を以下のようにあげている。

第一、彼は自分の患者に最大の影響力が持てる。

第二、彼の助手たちが、神のみもとで、たいてい彼が教えるとおりに育つ。

第三、彼が参加しなければ、キリスト教化の機関としての医療宣教団の十分な働きは発展しない。

第四、彼自身の霊的生活が、それを必要としている。


すでに指摘したように、医療宣教団は熱狂主義を武装解除する上で、他のいかなる奉仕の諸部門にも勝る影響力を保っている。アフガニスタン辺境のペネル博士(9)は、混雑したバザールに、モスレムの家庭に、熱狂的モハメッド教徒の敵対的部族に、キリスト教の影響力を持ち込む医療宣教師の能力の、卓越した実例である。ジョゼフ・コクラン博士がペルシャで重病になり、生命が絶望的になったとき、何が起きたであろうか。商人や行商人、官吏や兵士、山地の粗野なクルド人さえもが、道でこのサヒブ(10)の従者を押しとどめて、医師の健康に関することを問いただした。モハメッド教に熱心でキリスト教を憎んでいた人々も、彼に問いただし、そのひとりはようやく涙ながらにこう言った。「神が彼に代えてわれわれを取り去られますように」。このような奉仕の働きのあり方に、人間の本性は抵抗し得ないのである。その前にあって、すべては屈服する。摩擦が火花を生じるように、論議は論議を生み出す。しかし陽光が温かさを生み出すように、愛は愛を生み出し、真実の共感はあらゆる頑迷な心を和らげる。

福音のために道を照らす宣教団病院の影響力は、ほかのいかなる宣教地とも同じく、ペルシャにおいても明らかに示されている。「宣教団のいかなる機関も、非文明的・半文明的な政府との接触に際して、かつてそれほどまでの影響力を持たなかった。平和と善意を推進し、社会・経済的状況を改善し、福音の純粋な真理についての知識を広め、その精神を行動に具体化し、およそ偏見を打破して進歩の道を切り開くにあたって、それほどに大きな役割を果たせる人は誰もいない。それは、どの地においても真理であるが、おそらく最も注目すべき実例はペルシャ中央部の英国教会宣教協会である。キリスト教会の最初の核は、医療活動を通じて集められ、病院の近くに形成された」[11]。東洋諸国における病院、診療所、目の見えない人々や救いのない人々のための療養所やホームの欠如が、医療宣教団の慈善的活動を発揮させてきたことは疑いようがない。大戦前に近東に存在していた伝道的・教育的活動のすばらしい好機が、大部分において医療宣教活動の結果であったということも、おそらくは本当である。

　中国における九年間の医療実践の中で、著者は宣教団の同僚たちとともに、キリスト教病院の牽引的な力と、他のいかなる機関も接触していない文字通り数千の村々への、奉仕の手の広がりとを知った。「医療活動の影響力はほかのあらゆる宣教活動の境界を越えて広がっていく。中国人援助者の一団を伴う伝道者の誰も、ひとつの診療所を訪れる患者たちに代表される数の村々を訪問することはできない。その働きには地理的な境界もない。伝道者は熱狂的な群集にその場を追い出されるかもしれないが、そのような力も、病人が宣教病院に入ろうとしているところで押しとどめることはできない……聖別された伝道者たちも、かつてはアヘン中毒者たちの列伍の中から来たのだった。そして医師の伝道によってアヘンの悪魔の苦しみから救われた。何千人もの人々が、病院にいる間にキリストの最初のほのかな光をとらえ、今日では謙虚に主のみ跡を追っている」[12]。

　商人の息子ヤハン・カーン[13]は、父と共に中央アジアからヒンドゥスタンに下ってきた。バンヌ[14]のペネル博士の病院で、彼は初めて福音書の物語を聞いたが、最初は不信心者の言葉に汚されないように聴く耳を止めていた。父が死んで、彼は医師に雇われるようになり、聖書を読み始めた。彼が禁じられた本を読んでいると聞いたモスレムが、彼を襲った。ペネル博士は叫び声を聞いた。「ああ、医者先生！　ああ、医者先生！」。走り出て、彼はヤハン・カーンがふたりのモハメッド教徒に打たれているのを見つけた。彼らは、彼のターバンを首の周りに締め付けて叫びを押し殺そうとしていた。しかしこの体験が、彼にキリストを公然と告白する決心をさせたのだった。このことを友人たちに告げる望みに燃えて、彼は恐るべき危険に向き合いながら再びアフガニスタンの故郷を訪れた。製本されたパシュト語[15]とペルシャ語の福音書のコピーを袋状のズボンに入れていたので、スパイとして逮捕された。最後には、彼は家に着いて、母親と兄弟たちを喜ばせた。モスクの公共の祈祷には出席せず、彼は勇敢にも村人たちに自分がキリスト教徒であることを告げた。彼らは彼の命を要求して騒ぎ立てた。その夜、彼は逃げ出してバンヌに戻り、キリスト教徒の少女と結婚した。彼女は「ゼナーナ宣教会[16]のひとつで、調剤師と助産婦の訓練を受けていた」。ペルシャ湾の宣教団へ助手として来るようにという求めがあり、彼らはそれに応えて外国に宣教師として赴いた。「カラク[17]地域の諸部族の間での大きな働きに加えて、ヤハン・カーンは粗い切石で造った美しい小さな教会を建てた。『聖名教会』[18]を、友人T・L・ペネル博士の記念として」。

北海ハンセン病病院[19]は活力を与え変容させる福音の力のすばらしい例証である。ウ・ワンシャン[20]の父は農民で、レプラ患者であった。レプラ集落からの盗賊の群れが、一度ならず彼の家を襲った。彼が彼らのところに移り住むことを断ったからである。「後に彼は、近くの山に行ってひとりで暮らし、そこで死んだ」。十七才のときに彼は魔術師の弟子になり、結婚し、ふたりの娘を持った。そのときレプラが現れた。レプラ患者たちは再び集落からやってきて彼を捕らえ、金を要求し、彼を嫌悪すべき彼らの村に連れて行くと脅した。金も財産もすべて奪われてしまった。彼は生活費を稼げず、最後には娘たちを売った。レプラ患者たちがもう一度来て、残ったものを盗み、彼を見つけ出して住処に引いていった。彼の妻は彼を捜し求め、北海のレプラ患者療養所の事を聞いた。彼女は彼の逃走を手助けし、彼らは休息の港にたどり着いた。

「足を痛めた惨めなレプラ患者の私は、ある朝病院の門に到着した」と、彼は自分の人生について書き記している。「そして医師を見て、治してくれるように頼んだ。彼は私に同情し、受け入れてくれた。彼は食べ物と着物とベッドと、野菜や魚を買うためのいくらかの金をくれた。薬のほかにも、毎日よく世話をしてくれた……毎日、私はみことばが説明されるのを聞いて、自分が罪人であり、世の救い主イエスを信じるべきであることを理解した……私は習い覚えたすべての魔術を捨て去り、神に心を捧げた。最初に帰省したときに、祖先の家系図と偶像を焼き、香を燃やすのに使った器を壊した。甥が怒って私を呪ったが、私は恐れなかった。神が私に、甥の怒りに耐える忍耐を下さった……聖書が私を照らし、真理の理解に導いてくれた。こうして私は熱い心で神を愛することを学んだ」。彼の妻は、彼の影響力と祈りのもとで、信じるようになり、日曜ごとに礼拝に出席するために二十マイルを歩いてきた。彼は信徒説教者となって、かつてひどく虐待を受けたレプラ患者の村で礼拝を指導している。彼は寮長に、ホーム居住者の中で最も信頼されるひとりになった。片足は切断されなければならなかったが、彼は短い説教旅行をこなし、書物を売るが、通常割り当てられる量の米以上の報酬は受け取らなかった。残った足も病気の猛威のせいで悪くなり、もう歩くことができなくなった。聖餐式の日が来たとき、彼が手とひざで主の晩餐に参与するために這ってくるのを見て、宣教師たちは深く感動させられた。

アフリカ以上に、福音化の事業の先駆的な要素として、医療宣教師の力が求められているところは他にない。モハメッド教徒の暗黒大陸への進出は、キリスト教の宣教勢力への直接的な脅威となっている。それはキリスト教文明にとっての突出した脅威であり、それが足場を得るところでは今後もそうなるであろう。かつてのアラブ人奴隷盗賊が、貿易の宣伝活動家となっている。その進出は遭遇する以上のものであるに違いなく、押しとどめる必要がある。錯誤と熱狂の上に建てられる構造物の全体は、計り知れないものとなるであろう。それは対抗的運動によって最もよく知ることができる。病者への奉仕と、奉仕を務める者における真理の受肉がそれである。アフリカの宣教地における彼らの進出は着実に南へと向かっており、すべての部族がモスレムに転じつつある。筆者は南ナイジェリアからフランス領コンゴを貫いてウガンダまで、大陸を横切って延びる医療ステーションの鎖の建設を強く支持する。これらは二百五十マイル以上離れていてはならず、互いに支え合える距離になければならない。

中央アフリカの生活はすべて村落の生活であり、内陸遠隔部の宣教師たちは毎日医薬品を調剤している。彼らには他の選択肢はない。医療宣教師は少なく、原住民は絶対的に援助を必要としている。ジョージ・グレンフェル[21]が生命を終えたのは、魂と肉体とを同様に扱うそのようなミニストリーの只中においてであった。ナイル川上流域におけるハニントン主教[22]のように、彼もまた顔をウガンダに向けて死んだ。グレンフェルの夢はピグミー族の地[23]を通りアルウィミ川に沿って北東へ、彼の宣教団が英国教会宣教協会のそれと手をつなぐところまで、拠点の鎖を投げかけていくことであった。彼の墓のところからは、川の合流点の大きな水の流れが波打つのが聞こえ、彼の戦略の真髄と目標を把握する力とを、理解することができるだろう。彼が生きていて成功していれば、それはモハメッド教徒の進出を押さえるのに役立ったかもしれない。彼の魂は英雄的な沃土に投げかけられた魂であった。彼はよく忍耐したが、彼の苦しみには主と一体のものがあった。

真実で本質的なキリスト教徒の生活はすべて、イエス・キリストと一体のものではないだろうか。世界に対して主を説明しようとするなら、私たちは主の犠牲的な精神の中に入っていかなければならないし、その説明は犠牲的生活を意味するものでなければならない。キリストの苦難が私たちの生活の中に入ってくると、私たちの信実はなにか不思議な過程を通じて「救いの働きのうちに主の信実と深く協調する[24]」ようになるのである。それはしばしば、苦難の最も深い経験を通じてであり、私たちが最も豊かな奉仕の職務を見出すところの、苦しむ人々との間の友情を通じてなのである。

第三節　医療宣教事業の範囲と関連性

キリスト教宣教団の機能とは、赴いたところの人々の間に新しい社会秩序を導入することである。この高い使命において、医療宣教師は重要かつ傑出した役割を果たす。

（一）彼は人間の人格を高め、保全する。社会におけるキリスト教的な秩序は十分な男らしさ・女らしさを要求するが、それは医療宣教師にとって、彼が病み敗れた人間の生命を救うために働くということと同様の魅力的な目標である。イエス・キリストとその宣教について、Ｅ・Ｉ・ボズワース教授[25]は意味深い言葉を用いている。「人々に、主ご自身の永遠の健康をもたらす」。主の健康が欠点のないものであったことが、主の魂の優美さを支えたのであり、主の霊的生活の完全性が、人々の癒しにおける美徳と活力とを与えていた。主は不死性を明るみに出され、それ自体が永遠の健康の保証でもある永遠のいのちの豊かさを与えている。病者の部屋に、この偉大な医師である主のすべての優しさ、慰めと力強さを導きいれる宣教師以上に、崇高な宣教をなし得るものはいない。主がご自身の言葉で、このように言って祈られた。「永遠の命とは、唯一のまことの神であられるあなたと、あなたのお遣わしになったイエス・キリストを知ることです」[26]。永遠の命とは、永遠の健康を意味している。

キリスト教と他の信仰との比較研究から、私たちは人間と神的人格との間の常に深まり続ける関係性が、宗教の最高の形態であることを知る。人格に対する尊敬は、キリスト教の強さであり誇りであり、キリスト教信仰の最も真実な試金石である。ハルナック[27]は言う。「イエス・キリストはあらゆる人間の魂の価値をはじめて明らかにしたのであり、彼の行ったことを覆せるものは、もはや誰もいない」。それは個人というものの、それが神の国において、またイエスを教師として特別な場所に置く人々の共同体において、占めるべき本来の場所の再発見であった。主の時代から、最高の理想を抱く人々は常に人格に敬意を払い、繊細で内面的な聖域の不可侵性を保全してきた。この点での失敗は、周辺的ではなく中心的な失敗である。神の観念が弱まり低められることは、人格の価値を軽視することにつながる。どこででも、それが異教における真理である。フランスと中国の戦争で、中国の砲艦が閩江[28]に沈んだ。水兵たちは船外に飛び降り、岸まで泳いで逃げようとしたが、彼らの同国人が手に持った棒や鍬で追い返され、ネズミのように溺れるままにされた。彼らが不運にも敗北によって打ちひしがれていたからであった。日本と中国が韓国で掴み合いをしていたときには、数千人の傷ついた中国人兵士たちが戦場に死んで腐敗するままに取り残された[29]。非キリスト教国であってもキリスト教的理想に影響を受けている場合は除いて、キリスト教圏の外では、個人にはわずかにしか、あるいは全く価値が置かれない。

キリストが個人を発見した。非キリスト教諸国において、医療宣教師以上にこの発見の保全者たりうるものがあるだろうか。

（二）彼は奉仕の理念を例証し伝達する。この理想は社会についてのキリスト教的発想の基本となるものである。自然は真空を厭うが、キリスト教も同様である。目的も目標もなしに罪から救われるということは、利己的な生活のために救われるということであって、その結果、人は再び罪に陥る。キリスト教的生活は、奉仕と援助の機会を与えられるという願いに満ちたものでなければならない。与えられたときには有効に機会を活用する、そのためのあらゆる準備、そしてそれが目的とするところは、この生におけるより質の高い奉仕であって、それは来るべき生におけるそれと同様のものである。神の国は「兄弟たる人々のキリスト教的文明化」にかかっている。もし現実の兄弟愛、私たちの持つ恵みを分かちあい、人々を痛みや悲惨や疾患から救いたいという願いを語らないのであれば、福音にも意味はない。

『中国医学雑誌 The China Medical Journal』に、P・L・マッコル博士[30]はこう書いている。「キリスト教を代表しようとするとき、キリスト教のキリストに従う実践ということを無視すべきではない。慈善的な行為に欠けたものは、まさに貧しく、損なわれた、キリストに従わないキリスト教である。教会が慈善的な努力において役割を果たさなければ、世界が『教会は人の魂について語るが、肉体は腐るままにさせている』と言うであろう。その真意は、キリスト教におけるキリストに従う性格のひとつが失われたということである。私たちがキリスト教を離れたところで病院や療養所を持とうとするならば、それは果実の育った樹木を拒否しておいて果実を摘もうというに等しい。そこには福音の真理の言葉による説明と歩調を合わせたものが、病や苦難にある人々への愛のあるケアのかたちでの実践的な表現がなければならない。キリスト教のこのふたつの視野を示す手段は、教会が存続し人間の必要性が残る限り、除外されることがあってはならない」。

イエス・キリストを通じて父なる神を明らかにする役割に与ることは、宣教師の至高の特権である。この福音は、家庭でも病院でも、生涯に渡ってもたらされることだろう。医療宣教師はその人生において、ただ単に奉仕するのではなく、民衆の間に非利己的な奉仕の理想を植えつけていくのである。北京の前合衆国公使であるチャールズ・デンビー閣下[31]は、多くの拠点を親しく訪問した後、こう語った。「中国において宣教団は、あらゆる慈善的活動の指導者となっている。彼らは乏しい収入の多くを現地の人々に与え、誠実に他者からの寄付を管理している。飢饉が来ると、実際それは毎年来るのだが、宣教師は最初に、そして最後まで、苦難の軽減のために時間と労力を捧げている」。医療宣教師の働きは、静かに、力強く、その固有の論証を推し進めていく。確信を生み出すためには、言葉によるアピールは必要ではない。金銭の、時間の、奉仕の提供に加えて、とりわけ疫病と飢饉に際しては、生命さえ惜しまない自己犠牲が生じる。ここに美徳が、力が、そしてあらゆる階層の人々からの受容がかかっている。敵対者たちは教条や信条としてのキリスト教に反対してくるかもしれないが、彼らもそれを慈愛の使命としては受容しているのである。そして十字架の影におけると同様にその白熱の中に、世界のただひとつの希望である十字架にかけられたその方を見るために、やって来るのである。

兄弟的奉仕のキリスト教的概念を植えつける医療宣教師の影響力の生き生きとした例証のひとつは、高名な宣教師ジョン・G・ペイトン[32]の息子フレッド・ペイトン[33]氏と関係している。彼はニューヘブリデス諸島のレプラ患者居住地に関する記述の中で、こう述べている。女性たちはレプラの夫たちの隔離に自発的に協力する決意をした。「これら自己犠牲的なタナ島[34]の女性たちの上に、神の祝福が留まったように思えた。疾患に冒される妻が一例も出なかったのである。一例を除いたすべての症例で、夫は死んだ……次の安息日に私たちは聖餐式を守った。ふたりのかつての食肉者も加わった。私たちの献金はベルギー救済基金[35]に捧げられることになっている。私たちは先週宣教団の土地でとれたナッツを三十五シリングで売って、よいスタートを切ったのだ」。

レプラ患者のキャンプ、英雄的な宣教師、献身的な現地人女性たち、改宗した食肉者、ベルギー人の救済。なんという組み合わせだろう。驚きの止む事ない宣教地以外のどこで、それが重なり合うことがありえようか。これこそ、使者を突き動かし、使信を家庭に導きいれ、人間性を変容させる偉大な内なる力の間違いない証明である。そこがもし遥かな南洋、船の竜骨がサンゴ礁を洗う青い海の波頭を切って進むことも稀な所だとしても、それが何であろう。距離が、孤独が、恐るべき疾患が、そして過酷な生活が、それをより興味深く驚くべきものにしてくれる。

（三）彼は共同体の身体的健康を推進する。彼は病院や病室での治療的な作業に閉じ込められているのではない。彼の目的は予防的手段に置かれている。彼は患者を健康な状態に戻すことだけにではなく、改善された環境の中に返すことにも関心を持っている。彼は個人と共同体双方の健康を管理する。

組織的な手段による宣教地での公衆衛生教育の推進は、比較的最近の進歩である。これは正当にも医療宣教の範囲から生じてきたことであって、最も価値ある結果をもたらす見込みがある。はびこっている粗野な観念、健康に関する最も単純な法則の無知、死亡率の大きな増大につながる生活習慣が、その必要性を強めている。

組織的な健康教育の必要性は、中国のいくつかの区域では二歳以下の子どもの四十八％、トルコでは六十％が死亡するというような事実から生じている。W・W・キーン[36]博士はビルマを訪問中に、何百人もの巡礼者が寺院の貯水槽の「緑色の浮き滓に覆われた水を飲んでいる」のを見かけた。螺旋菌[37]の摂取と猛威は、このことで容易に説明がつく。韓国、中国、インドのような諸国におけるコレラ、腸チフス、ペストや天然痘の発生と流行の拡大も、理解しやすいことである。C・D・アッシャー博士は、トルコ領アルメニアのヴァン[38]やビトリス[39]のような諸都市におけるチフス[40]の拡大について言及し、軍の医学当局者たちが職務に怠慢であり、途方もない傲慢さでもって、四千八百人の守備隊のうち二千八百人の兵士が死亡するまで、最も簡単な予防策の採用を拒んだという事実を明らかにしている。最終的には状況の深刻さに驚いて宣教団医師の助言が採用され、流行は終息した。

私たちは合衆国内にあって、予防や原因の調査や警戒についてあまり学ばない。その結果は恐るべきものである。黄熱病[41]は実に九十五回に渡ってわが海岸を侵し、有名なラッシュ[42]博士の時には遥かフィラデルフィアまで北上した。これらの侵略は私たちに十万人の犠牲者の生命を要求し、一八七八年の一回の流行によって一億ドルが失われた。当初はジョンス・ホプキンス大学研究室のウィリアム・H・ウェルチ博士のもとにあり、後には英雄的なラゼアル[43]が自らの生命を閉じたキューバのキャンプにあった、かのウォルター・リード[44]博士によってもたらされた輝かしい業績があってはじめて、世界は蚊の根絶によって黄熱病を終息させることができる可能性があることを知ったのである。ジョンス・ホプキンス大学のハワード・A・ケリー博士は、リードの伝記のなかで、この壮大な業績の一片について概略を述べ、レナード・ウッド[45]将軍が語ったことを引用している。「リード少佐ほど人類のために多くを成し遂げた人はいない。彼の発見によって毎年、キューバ戦争で失われた以上の人命が救われ、世界の商業的利害についていえば、毎年キューバ戦争[46]での全経費以上の大きな財政的損失から救われている」。

このような衛生教育に向けた活動は、中国におけるW・W・ピーター[47]博士のキャンペーンにおいて、高い水準に達する。このキャンペーンで彼は、中国医師会理事長[48]の伍連徳博士[49]、北京のS・P・チェン博士[50]（ケンブリッジ大学の卒業生で、二年前の満州（中国東北部）におけるペストの流行に対するキャンペーンで重きを成した）の効果的な協力を得た。YMCAの援助と中国所在の医療宣教団諸機関の心からの推奨のもとに、この活動は共和国の最高位の当局者たちの好意を得た。彼らは寛大な額の資金を提供し、公衆衛生諸協会の組織化を目指す委員会に時間を捧げてくれた。首都で輝かしい成功を収めたのにつづいて、キャンペーンは杭州市に移動した。そこではダンカン・メイン[51]博士と警察局長が（後者は事実上すべての出費に見合うものであった）、降りしきる雨の中で七千人の参加者を保証してくれた。特別な会合では、有名な霊隠寺[52]の僧院長が、百人の仏教僧たちを出席させ、ユニークな聴衆によって花を添えてくれた。

この医師が追求した方法は、好奇心をかきたてること、接触の場所を確立すること、図表やオブジェを使った学習、結核反対カレンダーの配布、そして最後に、議論の途中で家に押し入って行くということである。展示物はそれ自体で二トン半あり、三十八個のパッケージに分けられて、それを運ぶのに八十一人の荷役人が必要であった。聴衆の注意は上演されたパントマイムによって引きつけられ、それに続く講義によって魅了された。国内で毎年八五万二千三百四十八人が結核の犠牲となって死ぬということが告知された。このような数字はあまり重視されないが、ボタンを押してミニチュアの中国式家屋から小さな男が、女が、子どもが絶え間なく行列してきて、それが八秒にひとり開いた墓穴に落ち、同時に鐘が弔鐘を鳴らす実例を見せられると、その印象は単純に恐ろしいものとなる。のんきな中国人たちさえも、彼らの中を駆け巡る興奮の中に抑制されたおののきを感じ取り、彼らの協力が求められている予防キャンペーンに加わる決心をしたのであった。

D・L・ピアスン[53]さんは、『世界宣教評論 Missionary Review of the World』の論文に、この活動に関する論評を記している。「中国における健康問題は、中国救済の多くの諸問題の一側面に過ぎない。しかしこの問題は中国だけに関ることではない。世界中の民衆が相互に密接に接触することによって、人類の四分の一の健康は他の四分の三にとって死活的に重要なものとなっている。通商は市場の商品と同様に感染性疾患をも運んでいくだろうし、源泉における予防的手段は、港での拡散を検疫するより二倍も効果的なのである」。

W・W・ピーター博士は、国民の健康と国家の強さの間の関係を中国人に印象付けることによって、彼らがおおい

中国における公衆衛生展覧会

W・W・ピーター博士の衛生展示の一部

に必要としている深い教訓を与えている。しかし講義を終えたあとで、あるいは日曜日にその続きを、すなわち罪によって病み打たれた人間の、より高い本性に向けた福音にこそより大きな必要性のあることを語ったとき、熱情がそれにさらなる重みを加えたのだった。外国の宣教地に赴こうとするすべての医療宣教師は、公衆衛生と予防医学の問題に、時間と他の義務の赦す限り、できるだけ大きな関心を払うべきである。

これらのことは、医療宣教師が静かに、しかし効果的に、非キリスト教諸国に新しい社会秩序のパン種を導き入れる比類のない道である。しかし彼の行うすべてのことは、宣教団の奉仕のほかの部分と協調し協力するのでなければならない。この章でこれまで見てきたように、彼らの目的もまた同じものだからである。

物静かで、優美で、非利己的で、影響を浸透させる人物、宣教師、行政家、調停者にして外交官。ジョゼフ・プランプ・コクランは、医療宣教師がかくあるべき理想に到達しようとする、遥か先を行っていた。病院の内外における専門職としての惜しみない献身によって得られた高い経歴にもかかわらず、コクラン博士は宣教団の活動の全般的行政管理の中心にあり、そのあらゆる部門が彼の広い視野と共感的叡智のおかげをこうむっていた……本国からの供給が不足したときにも、彼にはいつも彼自身以上にそれを必要としているほかの宣教団の代表者たちに資金を投じようとしていた。コクラン博士がそうであった以上に、宣教団にとって大きな意味を持っていた医師が、かつて存在したと考えることは不可能である。さらに筆者のように、宣教拠点の形成の作業にいくらかの知識がある者であれば、一般的に言って、相互理解の線に沿ったより緊密な協力こそが、より良い仕事に結果するということを認めるであろう。(54)

コクラン博士の手紙は、彼の仕事の上に、また彼が同僚たちへの奉仕に与えつくした生活の上に、溢れる光を投げかける。残すところは皆無であった。健康という観点から言えば、それは賢明なことではなかったかもしれない。それは彼を滅ぼしてしまった。彼は文字通り自らを無にした。しばしば忙しすぎたので、手紙をしたためる間はドアに鍵をかけなければならなかった。宣教について、教会と世俗の諸問題について、生じつつある民衆の反対について、イギリスの当局者たちへの彼の書簡はとても深刻である。医薬品の調合の合間、山へ小旅行する時でさえ、抑圧された農民と上司（それがトルコ人であれ、ペルシャ人当局者であれ）の間の仲介者としての、医師の奉仕は絶え間なく要求された。宣教師の最初の任期の終わり近くに、彼はこう書いている。「家に居るときは、ベッドにでも入っていない限り、私は診なければならないし、断ることはしばしばより困難だ。私が村に行くときには非常に多くの病人や抑圧された人々、こう言ってよければ群衆が、より大きくなって、病人たちは私が通らざるを得ないことが知られている道の脇に連れてこられる。春には私たちの一団の誰もが、家族を連れてここから立ち去るように助言してくれた。しかし私は帰るつもりではなかったので、また自分の仕事から離れたくなかったので、そう決心することができずに、このような大きな犠牲を招いてしまっている。私が望み、祈っていることは、今の持ち場で、すくなくとも十年は中断なしに続けていける強さを与えられることである。しかし今は、私がペルシャ人たちに悩まされるすべての場所からすぐに逃げ出せるのでもなければ、自分の仕事を完全に投げ出すまでには長い時間がかかるということを受け入れなければならない」。

理想的な医療宣教師とはなにか。それは、真に高い目的に向けて自らを保ち、人生の視野と方向の中に、患者と、共同体と、宣教団と教会に向けて育っていく関係性の、すべての責任を引き受けるような、そのような医師なのではないだろうか。

注

（1）Hodgkin, Henry T. 不明。

（2）Kelly, Howard A. 1858-1943 外科医、産科医、医学伝記作家。（ANB 岩波）

（3）Barton, James Levi 1855-1936 牧師、宣教師。（DAB Suppl.1）

（4）『宣教団を通じての人類の進歩 Human Progress Through Missions』p.67. この証言の真実性は、下記の事実によって裏書されている。中国の首都が満州（中国東北部）を襲っていたペストによって脅かされたとき、北京の宣教会医学校（Missionary Medical College）は中国の当局者たちによって、流行阻止のキャンペーンの立案に最も適した場所であることが認められた。医療宣教団は「予防手段を組織し実行するために大きな指導力を発揮し、医学校の学生たちは危機における中国政府の支柱となった」。（原注）

（5）ジョン・ロー『医療宣教団――その位置と力 Medical Missions: Their Place and Power』（原注）
Lowe, John エディンバラ医療宣教協会で、一八七二―一八八六年の期間に四十人の医療宣教師の教育に当たった。
（Muslims 七五頁）

（6）マタイ五・三

（7）一八七六―一八九五年にはWilliam Fremantle、一八九五―一九一四年にはHon William Fremantleが、それぞれリポン（Ripon）大聖堂の首席司祭（Dean）を務めている。どちらを指すのかは不明。

（8）ジェームズ・L・バートン『宣教団を通じての進歩』六一頁。（原注）

（9）Pennell, Theodore Leighton 1868-1912 医療宣教師。アフガニスタンで活動。（Muslims 七八頁）

（10）Sahib 紳士、あるいは紳士に対する敬称。

(11)『国際宣教評論 International Review of Missions』一九一二年四月号（原注）

(12) エリオット・I・オズグッド『中国の壁を破って』（原注）

(13) Jahan Kahn 現地人改宗者で、ペネルの同労者。（Muslims　七八頁）

(14) Bannu ヒンドゥスタンの都市。英国教会宣教協会のステーションが置かれていた。

(15) Pushtu 語は東部イラン方言ひとつで、アフガニスタンの公用語。

(16) ゼナーナ聖書医療宣教会 Zenana Bible and Medical Mission は一八五二年に、英国教会ゼナーナ宣教協会 Church of England Zenana Missionary Society は一八八〇年に創設された、もっぱら女性のための女性宣教団。

(17) Karak パキスタン北部。パンジャブに接する一地方。

(18) The Church of the Holy Name

(19) The Pakhoi Leper Hospital　Pakhoi は現代の表記では Peihai。第一章第二節参照。

(20) Ng Wanshaan 現代の中国語表記では Wu Wanshan。本書所載以外の詳細は不明。

(21) Grenfell, George 1849-1906 バプテストの宣教師。アフリカ探検家。（DNB　キリ人）

(22) Hannington, James 1847-1885　東アフリカの英国教会主教。（DNB　キリ人）

(23) pigmy land　Pigmy は低い身長を特徴に持つ、さまざまな狩猟採集民の総称。中央アフリカ全体の熱帯雨林を生活拠点としている。

(24) 引用不明。

(25) Bosworth, Edward Inorease　1861-1927　会衆派牧師。教育者。（DAB）

(26) ヨハネ一七・三　著者の引用はほぼKJVに一致するが、他の箇所ほど完全ではない。

(27) Harnack, Adolf von 1851-1904　ドイツの神学者、教会史家。（キリ人）

(28) 閩江（Mǐn Jiāng）。アヘン戦争における馬尾（Mawei）海戦中の出来事か。

(29)「医療の準備もなければ、傷病兵運搬車の部隊もいない。清国の慣習では、負傷者は衣服を脱がせて、裸にして見捨てることになっている。『負傷兵に用は無い』のである」イザベラ・バード『朝鮮奥地紀行1』（朴尚得訳、平凡社、一九九三）三三五頁。著者の認識や叙述にはバードの著書の影響が大きい。

(30) McCall, P. L. 不明。

(31) Denby, Charles 1830-1904 法律家、外交官。一八八五年に中国公使に任命。（DNB）

(32) Paton, John G. 1824-1907 宣教師。（DNB キリ人）

(33) Paton, Fred 文脈に示されていること以外は不明。

(34) Tanna島 ニューヘブリデス諸島を構成する主要な島のひとつ。

(35) Relief Fund of the Belgians

(36) Keen, William Williams 1837-1932 外科医。（DAB Suppl.1）

(37) Spirillum属に属する細菌群。澱んだ水によく増殖する細菌として知られ、水質汚染の指標のひとつとされる。

(38) Van県はアナトリア東部に位置する、トルコの県。東はイランに接する。

(39) Bitlis県はアナトリア南東部にある、トルコの県。東はヴァン湖を挟んでヴァン。

(40) 発疹チフス（epidemic typhus） 人口密集地域、不衛生な地域に見られ、衣服に付くシラミやダニが媒介する。

(41) 蚊によって媒介される黄熱ウイルス（yellow fever virus）による風土病。死亡率が高い。熱帯アフリカ、中南米にみられる。

(42) Rush, Benjamin 1745-1813 医師、人道主義者。一七九三年の黄熱病の流行に際して活動。（DAB）

(43) Lazear, Jesse William 1866-1900 医師。合衆国陸軍黄熱病委員会で活動、黄熱病の犠牲となる。（DAB）

(44) Reed, Walter 1851-1902 医師。合衆国陸軍黄熱病委員会で活動。（DAB）

（45）Wood, Leonard 1860-1927　軍人、植民地総督。（DAB）

（46）一八九五年から一八九八年にかけてキューバで戦われた独立戦争。一八九八年には米西戦争に発展した。

（47）Peter, W. W.　医療宣教師。中国公衆医学教育連合会（Joint Council on Public Health Education）で活動。

（48）China National Medical Association

（49）伍連徳　1879-1960　ケンブリッジ大学で学んだ最初の中国人医師。

（50）Chen, S. P.　不明。

（51）Main, Dancan　英国聖公会の医療宣教師。一八八一―一九二六に杭州で活動。（『奥地紀行1』七三頁、八四頁以下）

（52）Lin Yin Monastery

（53）Pierson, D. L.　不明。

（54）R・E・スピア『外国の医師 The Foreign Doctor』（原注）

第四章　志願者から宣教師へ

ヒポクラテス誓詞

純粋と神聖をもってわが生涯を貫き、わが術を行う。

ヒポクラテス――460-357 B.C.[1]

自らの仕事を見出した人に祝福あれ。彼にさらなる別の祝福を求めさせてはならない。彼には仕事が、人生の目的があるのだから。彼はすでにそれを見出し、それにしたがっていくだろう。

カーライル[2]

第一節　召命

カーライルは言った。「自らの仕事を見出した人に祝福あれ。彼にさらなる別の祝福を求めさせてはならない」。外国の宣教地における一生の仕事への召命、それを構成するものは何か。この疑問がカレッジで、大学で、神学校であるいは医学校で、多くの真剣な男女学生の心をかき乱している。以下のことは、有用で最大の可能性に向けた生を生きようと、本当には志していないにもかかわらず、あえてこの疑問に対する答えを求めようとする学生にとっては、単なる戯言になるだろう。しかし目的が質問を導いたのであれば、誠実な探求者は自分が宣教の奉仕に招かれているのかどうかを、学ぶことができるであろう。

必要性は召命を構成するひとつの要素である。それは非キリスト教世界の状況を学ぶ人を最初に印象づけるものである。その最初の印象こそが、最も持続的で、緊迫したものとなる。何百万の仲間が死の病にあって、薬もなく、手術もなく、病院も、医師も、看護婦も、さらに加えて福音のよき喜びもうばわれているという明白な事実からは、誰も逃れられない。

必要性に応えようという願いは、召命の第二の要素である。この衝動は神からのものである。苦難する人類の要求を理解しようとすることは、すべての本当のキリスト教徒の心に、その必要性から解放しようという持続する願いを生み出さざるをえない。よりわずかしか行わないということは、それだけ神に対する感謝の意識に欠けているということであり、私たち自身が受けたものを仲間である人々に与えるという義務に、不誠実だということである。

志願者を、その適格性と不適格性を最もよく知る人々の判定が、宣教地や与えられるべき奉仕の要請とともに、すべて最終的決定の際の考慮に入れられる。

神のご意志への人格的な決断は、召命の最も重要な要素である。生涯の使命に関して、神はすべての男女に等しく明瞭なことばでは語られない。しかし天職という自覚なしには、誰も生涯の仕事に入っていくことはできない。ブレント主教は言う。「神の最も豊かな応答は、天職という賜物として私たちに与えられるのです。私たちは神に召されているのであり、私たちの意識は神の召命のちからに包まれます。召命という感覚は、それが早かれ遅かれ、最も偉大な指導者たちの人生における最も深い秘密であります。必要性からの呼びかけと群衆からの呼びかけは、いずれも感激的ではありますが、それらに加えて、あるいはそれらを通じて、神の呼びかけがあって初めて、指導者は達成に向けて完全に整えられることができるのです」。そのような召命には計画が伴っており、それは必ずや神のご計画なのである。彼自身のものより大きな計略があるという感覚なしに、人類のための最高の働きができる人など誰もいない。彼は自分の人生が、より大きな生命に取り巻かれるなかで、無限なるものの力に沿って、全く自由な自発性によって動いていることを、理解するようにならなければならない。

ガリラヤの漁師たちを使徒とし、パウロと彼の愛した医師ルカに、彼らの祈りであり目標とするゴールであった福音化されたローマ帝国の壮大なヴィジョンを与えたのも、世界に対する神のご計画についての理解の成長であった。グリフィスは、ヘボン博士についてこう言っている。「最もすばらしいことには、神意はその人の働きに適って、それぞれの人をそのあるべき場所に置くのである」。人間の生涯を左右するものとしての神意をこのように理解することは、運命論ではない。運命論は自由の否定だからである。それは、「意志は力を、その本来のものより小さく用いようとするだけではなく、その本来のもの以上とさせ、それらの力強い協調を通じて用いられるようにもさせる」ということを理解している、知的で自由な人間のとるべき態度である。これを言い換えるならば、より低きものをより高きものへ、人間的な意志を神的なものへと自発的に委ねることであり、それは人に自身のなしうる最大の働きを可能にするだけではなく、彼自身のものではない他の人々の生命を通じて、人間的、神的目的の結合を通じてのみ可能な働きをなさしめる、途方もない力をもたらすのである。

ここで描かれてきたような学生が外国での宣教活動への召命を意識したならば、行くべき特定の場所について先ず自ら思い煩う必要はない。自ずと、彼は最も必要とされている場所に行くことを望むであろう。デイヴィッド・リヴィングストンは、いつもの直截さで言っている。「私は心から、すべての若い宣教師たちに、ただちに本当の異教の地に行くことを勧める。決して、より偉大な冒険者たちから手渡されるものに満足せずに」。それは彼とともに、原野を整えること、宣教地を準備すること、種を蒔くこと、極めて困難な仕事と格闘すること、大陸を光のなかへとこじ開けることに、関与するということである。宣教局の熟練した判断によって、志願者は今日でもリヴィングストンの時代と同様に、異教があからさまで生活が原始的な場所に送り出してもらうことができるであろう。しかし今世紀の若い宣教師はむしろ、他の人々の基盤の上に築き上げられ、すでに定められた計画を実行するために遣わされようとする。そうであっても、それが同等の忠実さと特権意識を持ってなされるべきであることには変わりがない。

彼の赴く先が先駆的な事業であれ、すでに確立された事業であれ、宣教師志願者は神的な召し、彼が世界の必要性の中に聞いた召命に応えるのだという同等の意識を持ってそれに向き合わなければならない。いずれの場合にも、仕事はひとつであり、それに耐えるために求められる資源は同じだからである。諸国民（の信頼）を勝ち取り得るものは、定められた計画でもなく、具体的な建物や高価な器具でもなく、教育的・医学的事業における熟達した才能でもなく、物質的な力によって表現される科学や高度な文明でもない。宣教師は、彼の属する文明を通じて世界を福音化するために遣わされるのではない。このことの確証として、エディンバラ医療宣教協会[3]のジョン・ロー博士がこう言っている。「私たちがどのようなスタッフを雇うにせよ、いかにすべての人間的外観が完全であっても、神の聖なる霊の影響力によって活性化されていなければ、それは動力を欠いた立派な機械以上のものではない」。つまり、宣教師が前進するのは、非キリスト教徒に勝る物質資源の大きさによってでもなければ、彼の代表する社会秩序の優越性によってでも、より高度に組織化された信仰やより知的な指導性によってでもない。これらはそれぞれのところにおいて補助的な要素として意味を有する、二義的なものである。ただキリストだけが私たちのキリスト教文明の、仲間たちを助けることのできる能力の尺度なのだ。主を離れては、私たちの文明も東洋のそれ以上のものではない。このことは、私たち自身を惑わせるだけではない。主が医療宣教師の個人的経験や生活の中に存在しないのであれば、宣教師など自分の家に留まっている方が良い。宣教師の強さは、彼が神のご計画に関与している、彼の為さんとする働きが神のみ力の内にある、彼が応えようとしているのが神の召命であるという意識の内にあるのだ。

第二節　資質

医療宣教師になるために必要な資質が何であるかは、志願者の最大の関心事である。アフリカの偉大な先駆者リヴィングストンは書いている。「宣教指導者に求められる資質は、通常のものではない。最高水準の身体的・道徳的な勇気と、相当の教養と活力があり、それらが堅忍な決心に支えられていなければならない。そしてなによりも、静かなキリスト教的情熱と事業のもたらす主要な霊的諸産物への熱望が必要である」。

第一は、身体的資質である。キリスト教事業家のなかでも最も逞しい健康、強い筋力と良い消化力を必要とする。「軍隊はその胃の上を行軍する」と言ったのは、キッチナー卿[4]であった。貧弱な消化力、脆弱な筋肉、不眠によって、兵士は戦闘に敗れる。医師が、医学者と薬剤師と看護婦の役割を果たさなければならないところでは、なおさらである。強い心臓、丈夫な胃、いかなる状況でも良く眠る能力と快活な性格が、最も困難な道において勝利をもたらす。偉大な旅行者であり疲れ知らずの学徒であったフンボルト[5]は、「平均二倍の年月にわたって、平均二倍の労働力を保ったことによって、一生に四倍働いた」と主張していた。

志願者の受け入れを妨げる身体的な不適性というものが存在する。そしてそれが宣教地で明らかになったときには、宣教師としてたとえ他の面で適性があったとしても、帰国を余儀なくされるであろう。潜在性の結核、マラリア、慢性の神経性頭痛、赤痢の罹りやすさ、精神疾患の傾向がそれである。これらのいずれをも、取り除いておく必要がある。なじみのない気候のなかでの長く消耗的な仕事の歳月は、常に潜在的な傾向性を明らかにさせるからである。ヘンリー・チャーチル・キングは言う。「このような、彼の体への信託に対する忠実さ以上に、人間の意志力にとって厳しい試験、よい修練になるものは少ない。真に節制して、肉体的健康の必要性に完全に適合しようとすることは、意志の鍛錬に十分な領域を与える。十分な領域、それは私たちのほとんどのものが養ってきた以上の、恐るべきほどのものである」。

もうひとつの領域は、知的な適性である。任務に耐えるためには、訓練された観察力を備えた、鍛えられた精神が必要である。それとともに、知的注意力、よい記憶力、語学における少なくとも中等程度の能力、公平な感性が必要であろう。語学学習や研究活動のための時間は限定されている。だから、医師は、訓練済み・教育済みの知的能力を、強靭な意志のコントロールの下に置いて、彼・彼女の仕事のなかに持ち込んでいかなければならない。

年齢は、志願者と宣教局が外国宣教地に目を向けながら検討する必要がある問題のひとつである。男女の医療宣教師が、二十五歳以前に宣教地に赴くべきではないという点には、意見の一致が存在する。多くの宣教主事はより成熟した年齢のものを好み、三十歳は受け入れのための障害とはならない。このことは身体的な条件にもよるが、大きくは全般的な大学教育と医学教育、それに加えて病院での経験に要する時間によっている。締め切りはそれによって免れうる。確かにヘボン博士は二十六歳のときにシンガポール、二十八歳のときに中国で働いていたが、最高にして最も持続的な日本での活動を始めたのは、四十四歳のときであった。この点について、ジョゼフ・コクラン博士の意見には考慮すべきものがある。「あまりに若く未熟な人間を外国宣教地に送るという誤りが、しばしば行われている。しかし三十歳以下で、その身のうえに生じる困難で不安な仕事のための身体的・知的準備が整っている人は少ない。既婚の婦人は二十二歳あるいは二十四歳以下で送り出されるべきではない。私はとくに、独身の婦人を二十四歳あるいは二十六歳以前に送り出さないように強調したい。外国での仕事に関わるために来る独身の婦人の上に加わる重荷は、彼女の既婚の姉妹の上に加わるものよりもずっと大きい。また、厳しい学習の過程と閉じこもりによって、恒常的にではないにしても重度に健康が損なわれた状態の人を送り出すという誤りもある」。

もうひとつの適性は、気質的なものと分類できるであろう。緊急時における沈着さと自己抑制は、資源の豊かさと同様に重要である。尽きることのない忍耐力、着実に前進していく際の焦りのなさは、強調され過ぎることがない。心配は時間の無駄であり、力の浪費であって、成果の水準を引き下げる。謙虚さと温和な友好性の幸福な結合は、練達した平静さをもたらし、それなくして真の指導性を不可能にする同志的精神に向けての道を開くものである。さらにもうひとつの適性は、研究に対する熱心さと、無味乾燥な細部に対する関心を作り出させる情熱性である。中国から彼の兄弟に宛てて、マッケンジーはこう書いている。「私は情熱的に手術が好きだ。なにか大きな手術を実施しようとするときほど、幸せになるときはない」。これは安易な楽観主義ではなく、患者のおろかさと助手の不注意から生じてくる困難に外科医が応え、打ち勝つことのできるような精神的回復力を与える、健全ななにものかである。

環境の試練のもとでの快活さは、若い医療宣教師が強く求めるべき資質なのかもしれない。ダンカン・メイン博士は杭州に到着してまもなく、彼自身とその夫人が重大な状況に直面していることに気がついた。彼はそれをすぐに、独特の言い方で表現した。「私たちはこの日から、『元気出せ協会』(6)に所属すべきこととなった」。中国で、よきユーモアと楽観主義によって、彼ほど、このような社会における原則の模範となった宣教師はいない。彼のよき人柄が試されるのに、長い時間はかからなかった。

「さて」、と医師は老人の患者に話しかけた。「咳が良くならないのですね」。

咳をし、タンを吐き出してまだどんなに悪いかを見せながら老人が応える。「ええ、先生」。

「薬は言ったとおりに飲んでいますか」、医師は尋ねた。

「そのとおりです」、と、患者は答えた。

医師はノートに目をやって、何を処方しどう指示したかを見ながら言った。「私が薬の飲み方についてどう言ったか、仰ってみてください」。

「はい先生」、老人は答えた。「脂身を食べました。私が思うに、十分には強くなかったです。次にローションをひざに塗りこみましたが、ひとつも泡が出なかったし、足が温かくもなりませんでしたよ」。

「ああ」、医師が言った。「確かに良くならなかったでしょうね。硫黄軟膏を足のかゆみに塗りこむように、薬を咳に、と出したのだから」。

結果――新しい指示と新しい薬。患者は帰宅。

困難で厳しい仕事の重荷は、ユーモアのセンスによって大いにやわらげられる。物事に、それがあるとすればだが、面白みを見出す能力は、快活な精神と周囲に影響する快活さを増進させ、最も苛立ちを募らせるような環境の下での生活を耐えやすいものにする。「楽しい気持ちは薬のようによく作用するし、打ち破られた精神は骨をもかさかさにする」。『パンチ Punch』(7)のバックナンバーは、文明から遠く離れて強い精神的緊張のもとにあったリヴィングストンにとって、静かな愉悦の尽きることない源であった。「ユーモアのセンスの欠如は、賢い人をばか者にしてしまう」と、ある人が言っていた。中央アフリカで、サスライアリの大群がズボンを這い登ってきたとき、謹厳な長老派の宣教師が説教壇で、荒っぽく足をたたく動作をするのを見て笑いを抑えることのできる人がいるだろうか。彼が一心に暴れているあいだ、会衆は率直に笑ったのだった。事件が終った後、宣教師自身が大笑いしたことは間違いない。

最も重要なことは、宣教師志願者の霊的な適性である。神に対する揺らぐことのない忠誠は、あらゆるキリスト教徒の人格と働きの基礎に置かれる装備である。それは恒常性と成功の保証である。それは困難さを認識はするが、意気消沈したり、敗北したりすることを容認しない。神は決して意気消沈しないのである。神が意気消沈した男女を用いることはありえない。意気消沈は鉛の重みとなって、努力の麻痺へとつながる。私たちの信仰には悲観主義のための場所はない。キリスト教は最大の要求にも応えることができるし、信仰を支え、高貴な結果に向けてあらゆる才能を刺激することもできる。再び希望を灯らせ、患者に活力ある身体と霊的生命を回復させることは、キリスト教徒医師の高い機能である。だから、彼自身が大きな信仰の人であることが重要なのである。

資質として、動機としての愛は、そこからすべての真実にして援助であるミニストリーが前進する、永久の源泉でなければならない。心がキリストの愛に捕らえられているのでなければ、いかなる志願者も真の宣教師にはなりえない。これこそが強化の要点、強化の力である。愛の働きはいかなる衝撃によっても決して失われない。それは求め、見出し、征服する。これまで医療宣教師が失敗してきたのは、一般的にこの点においてであった。いかに大きな天性の才能も、科学的な訓練も、すべての人を神のみもとに伴い、真に兄弟的な感覚に引き上げようとする、優しく共感的な愛の代わりにはならない。マッケンジー博士は中国の友人医師にこう書いている。「結局のところ、私たちの偉大な働きは、患者の家に神の愛をもたらすということにある。このような奉仕に携わることの、なんと光栄なことであろうか」。

祈りに満ちた精神を、見落としてはならない。それは神と人にとっての力の秘密だからである。医療宣教師にとって、祈りは習慣に、態度に、働く力にならなければならない。彼は自らが作り出す祈りの雰囲気の中で、働き、生活すべきである。彼にとって祈りは、一方では神的な恵みの源泉に対して鍵を開けるものであるし、一方では最もかたくなな心に対して扉を開けるものである。彼の側での、自分が神的に指し示された任務に向かって進んでおり、仕事は偉大な医師イエスの関与のもとにあるという意識は、生活のほとんどすべての問題を解決する信仰の精神と確信とを生み出す。ハロルド・ショフィールド博士は、彼をよく知る人によってこのように言われた。「博士は祈りの精神のうちに仕事を進めた。診療所の日常の日々、彼は患者を診る前にいつも神の祝福を求めた。私はしばしば彼と外科手術を共にしたが、彼はいつも彼の努力が効果的な改善をもたらすよう神に願っていた」。

志願者の霊的な適性を論じるにあたって、宣教師準備局[8]は特に以下の要求事項を示している。

一、聖書――彼はそれについて教えることができることが望ましい。

二、キリスト教徒の実践的な働き——彼は最も上手に、男女を新しい霊的な生活に導くことができることが望ましい。

そしてまた賢明にも、ここに示された課題を強調しすぎることはないと、付け加えている。声明はこう続いている。「聖書については、それを力の源泉として直接に認識した経験と、彼をあまりに狭くあまりに字義的な観点から遥かに遠ざけておく聖書翻訳の最新の知識と、今日における特徴的な諸問題にそれを適用しようとする際の助けとなるような、現代思想との関係についての広範な知識と、聖書を効果的に教える能力とを持っていなければならない。それらは必ずしも完全な学問的水準に達している必要はない。それは実践の中でのみ発展しえるものだからである」。キリスト教徒の実践的な働きに関して、宣教局はこのようにコメントしている。「医師は説教においては、なすところはとても小さいかもしれない。彼は教育に携わることができないかもしれない。しかし彼がなお宣教師であることは、もっぱら彼がイエス・キリストを代表しているがゆえに正当化されるのである。彼は主を知っているのでなければ主を正しく代表することはできないし、主のみ言葉をいくらかでも知っていなければ、主を知ることはできないのである」。

第三節　準備

このように厳正で、また計り知れない可能性に満ちた生涯のキャリアを、医療宣教活動の志願者はどのように準備すればよいのだろうか。

志願者の準備教育は、カレッジの完全な課程に不足するものであってはならない。医師たちが教養教育からの利益を受けることがないまま、宣教地に送られた時代があった。しかし今日、この教育的適性を欠いた志願者を海外宣教局[9]が受け入れることはまずない。自宅開業を志す学生たちに対してアメリカ医師会の委員会[10]が推奨する最低限の医学準備過程は、「少なくとも四年間の高校教育に加えて、少なくとも一年のカレッジへの通学。そこには物理、化学、生物、ドイツ語かフランス語それぞれの八単位を含む」というものである。しかし宣教師準備局は以下の意見で合意に達している。医療宣教師についてはできる限り、医学を始める以前にカレッジの完全な課程を習得しておくべきである。「選択しなければならない場合には、カレッジの最後の二年間よりは病院における第五年次が望ましい。医療宣教の奉仕への自発的志願者は、彼が本国に留まる場合よりもよく準備されている必要があることを理解しなければならない」。

身体的なものと精神的なものは互いに作用し合う。ベルギー領コンゴのキャサリン・L・メイビー博士[11]は、宣教師の健康に関する最近の論文のなかで、精神異常の研究を大いに強調している。それは文明や共同体の中心から遠く離れた人々の間に生じる精神状態そのものに関連することだからである。中国人は古い時代に精神的態度について哲学的に考え、暗示による治療理論の胚芽を持つに至っていた。アリストテレスは「哲学者は医学に終わり……医師は哲学から始めなければならない」という意見を述べている。[12]彼の助言に従うことが賢明かどうか、もうひとりの古代人、アナクサゴラスの経験に照らしてみよう。「私の現世的な破滅と魂の豊かさは、哲学のおかげである」。[13]

第一流の医学教育者たちの何人かは、医学課程には選択科目を含む二年間の大学教育が先行すべきであり、さらに特に二十二歳以後に医学を始めた学生の場合には、少なくとも一年の病院でのインターンとしての実践を含む二年間の卒後教育の計画が望まれると主張している。

志願者は母語に加えてすくなくともひとつの現代語を学ぶべきである。それは医学の修練に価値があるだけでなく、言語の構造についての知識を持つためであり、遣わされる先での民衆の日常語を獲得する上でいくらか役立つからである。医療宣教師は彼の説教者の同僚以上に勉強のための時間が少ないので、どのような言語についても、基礎的・原理的な知識について、最初から十分な訓練と条件付けを与えられていなければならない。宣教地における最初の一年の仕事は主としてこのような学習に充てられるが、可能であれば、宣教団は彼がすべての時間をこのことに捧げられるように調整するべきである。少なくとも奉仕活動の最初の一年間、望むらくは二年間は、可能であれば行政上の責任から自由であるべきである。

志願者の医学的な準備については、完全すぎるということはありえない。第一級の医学校における全部の課程は絶対的に必要であり、これに満たないということは片時も考えられない。「Aプラス級、あるいはA級の学校の卒業生だけが医療宣教師に任ぜられるべきことが、無条件の勧告である。少なくとも四年間の専門家教育を受けていないものが医療宣教師に任ぜられることがあってはならない。多数の意見は、五年間の課程がより望ましいとしている」。果たすべき義務には準備する責任が伴う。アメリカ先住民の箴言はこのように言う。

「半端な医者は命を滅ぼし、
半端な祭司は信仰を滅ぼす」。

不適切な準備は最後には不誠実な仕事に帰結する。人格に対する罪、人間に対する犯罪に。

この種の仕事に中途半端な限界というものはなく、あまりに多くの事が含まれてくる。解剖学、生理学、化学、生物学、薬理学のような基礎的諸科目の学習には平均以上の時間が割かれるべきである。医療宣教師の場合はしばしば、同僚たちから遠く離れていて、対診を求めることができない。だから志願者は、一連のすべての内科的・外科的実践の基礎をなすこれらの諸分科に、基礎付けられておくに十分すぎるということはありえない。

産科学、女性と小児の諸疾患、眼疾患・耳疾患、皮膚疾患と熱帯医学には特別な関心を払うべきである。肉体のあらゆる分泌物に対する化学検査に関連した最新の実験室的技術にも精通していなければならない。顕微鏡的、血液化学的研究の経験や熟練もまた有用である。細菌学に熟練しなじみのあることは、自家製のワクチン(14)の製造にあたって大いに助けとなるであろう。宣教地における私たちの施設の多くには、X線装置が備えられるであろうし、将来はX線検査が診断においても治療においても、かつてなく大きな役割を演じるようになるであろう。だから、撮影し現像し解釈することのすべてに、確実になじんでいる新しい働き手が必要なのである。

それに加えて、予防医学、衛生学、公衆衛生学のような諸分科は、公衆衛生部門における共同体への奉仕の効果を著しく向上させるであろう。中国、韓国、インド、フィリピン諸島、メキシコ、南アメリカにおいては、特にそうである。薬学学習の必要性は、医師が最初は自分自身の処方を作らなければならないこと、原材料から薬を準備しなければならないこと、調合者や調剤者として助手を訓練しなければならないことから生じてくる。広く歯科の分野に入っていくこと、すべての宣教師が鉗子のセットを用意し、それらの使い方を知り、歯痛を治療できることほど重要なことはない。

四年間の医学過程に続いて、少なくとも一年は、名声を認められた総合病院で過すべきである。その一年の間に、将来の宣教師はできるだけ多くの時間を母子病棟で過しながら、外科と産科の技術に親しむべきである。ここで経験をしすぎるということはありえない。宣教地における宣教のまさに第一例から、彼の熟練が最大限に要求されるかもしれないのだから。下町の救急病院での初期診療に数週間を当てることは、重要であろう。それに加えて、薬の処方をし丸薬を作り錠剤を調製する経験を、いくらかでもしておくべきである。この機会は、しばしば卒業前の休暇の間に得ることができる。これらは細かいことのようであるが、宣教地に到着後になってあらゆる準備を妨げる休みない活動でいっぱいに塞がれてしまう以前に、熟練を獲得しておかなければならない。

これはインドの著名な医療宣教師の意見であるが、到着した若い医療宣教師は病院における責任を課される以前に暫時、より経験のある働き手の協力を得て、その指導の下に過ごす期間を持つべきである。宣教地での状況は本国でのそれとは非常に異なるので、これは優れた示唆ではあるが、資格のある働き手がほとんど常に不足しているので、応ずることは難しい。若い宣教師にはほとんどただちに重大な仕事が押し寄せてきて、独立した仕事を引き受けざるを得ないのである。

病院での一年あるいは二年のインターンシップを超えるような卒後研修については、筆者は医療宣教師が最初の休暇で帰国するときまで延期するよう勧告しておきたい。その時になれば、彼には自身の経験から、何ができるようになるためにどのようなことが要求されているのかが、はっきりわかっているだろうし、必要をより満足のいくように満たすことができるだろう。このような条件の下で三カ月の卒業後研修を行うことは、宣教地に赴く以前の準備期間の一年にも相当するであろう。しかしもし、候補者が熱帯諸国への指名を受けているのであれば、病院でのインターンシップの完了後に熱帯医学学校で三カ月の研修を受けることが最も望ましい。

後悔の念をもって、私たちは厳密な完全性ということを、医療宣教師の標語として推奨する。緊急時に、外科医は同僚宣教師のためにあるいは現地人のために、大外科手術を実施するために呼ばれることがあるだろう。それは本国では、主任スタッフか外科専門医にしか許されないことである。だから彼は、赴任していく以前のある限られた時間内には、あまり十分な経験を積むことができない。良質の病院での病棟外科医あるいはインターンとしての奉仕が、方向性と正確性と自信とを与えてくれているであろう。しかし宣教地において技術を獲得することを、当てにしてはならない。そのようなことは患者に対しても補助者に対しても、彼の評判を損ねるだろうし、重大な結果を招きかねない。経験不足な医師が中国で、適切な援助もなしに、頚部の組織に囲まれた腫瘍の困難な外科手術にとりかかり、手術の最中に患者を麻酔から覚まさせてしまったことがある。現地人の友人たちがうめき声を聞きつけて押し入ってきた。血だらけの情景が、彼らを逆上させた。外科医はまさに群衆に襲われるところであったが、汽船の存在によってようやく救われた。患者を最寄りの港の病院に運び、手術は国外で完了されたのだった。

第四節　直面する諸問題

医療宣教師が遭遇することになる困難は多数あるが、克服しがたいものは少ない。物事にはっきりと向かい合って概観しておけば十分である。しかしあらかじめよく警戒し、準備して。これらの困難のいくつかは、次のようなものである。

（一）言語を習得すること。予期せざる責任や現地でのありうるべき過酷な義務から、これは学習のための時間が不十分な中で行われなければならない。言語の実際的な知識は、状況にとっての鍵となるものである。医療宣教師がその完全な習得を要求されることは少ないが、日常的な運用になじんでおくことは絶対に重要である。不十分であればそれだけ、個人的なコンタクトをとることに失敗し、通訳の必要に逆戻りすることになる。後者に依存しても頼りにはならず、誤解を招く可能性を大きくする。直面するあらゆる困難の中でも、言語は必ず習得されなければならない。

ロー博士は書いている。「インド、中国、そのほかどこであれ、最初の一年の間、医療宣教師はその主要な時間と注意力を言語の習得に捧げるべきである。できればこの期間、彼が最終的に医療宣教活動を確立する予定の拠点からいくらか離れた、ただし同じ言語の話されている場所で、経験ある宣教師と一緒に住むようにした方がよい。このような準備がなされなければ、彼はただちに多くの実践活動からくる不安を担わされてしまっていることに気づき、それは言語学習に暗い影を落とすことになるであろう」。

この宣教局の管理者がインドにおける長年の医療宣教を経験した後にこのように強調していることを、さらに付け加えて引用しておく。「私たちは最初の一年を言語学習のためにほとんど完全に自由にしておくべきことに非常な重要性を置いている。だから、彼の十分な医学的・外科的能力は彼が現地語における試験に合格するまで用いられるべきではないことを強く勧告する。経験の証明するところによれば、最初の一年の終わりに言語の習得において良好な出発が遂げられていなければ、その後の進歩は非常に遅く、将来のキャリア全体を通じての彼の宣教師としての有用性は、修復不能な損害を受ける」[15]。

ハロルド・ショフィールドが彼の意欲のすべてをこの作業に投入したのは、この点に完全な同意を置いたからこそであった。ここにその記録がある。「中国に来て一週間で、彼は言語学習の仕事に取り掛かった。それは神の助けによって習得するという決意によってであって、『中国で遊ぶ』ためではなかった。彼は宣教とは『きわめて現実的なことがら』であり、彼の『生涯の仕事』となるべきものであると感じていた。彼には帰国するという考えはなかった。彼は全人生を中国人たちの間で、彼らをイエスのために勝ち取ることを目指して過ごすことを決意していた」。

（二）現地人のものの見方を学ぶこと。現地人と外国人はその考え方において対極にある。数千年に渡って発達してきた慣習、民話、生活や思考の習慣。それらは異なった文明を代表している。ダニエル・クローフォード[16]はそのすべてを、『黒い思考 Thinking Black』というアフリカに関する著書のタイトルに要約している。それはまた、著者の中国における若い時期の経験からも実証することができる。私は痔に苦しむ患者に砕いた氷を処方した。驚いたことに、翌日見せられたのは数オンスの砕かれたガラスであった。ガラスは患者のためのものであったが、幸いにも家族は医師が戻って正確な用量を確認するのを待っていてくれた。彼らは「黄色く考えた」のだった。当時中国中部[17]では、これらのことばの発音が同一であったので、砕かれたガラスを砕かれた氷として与えようとしたのも無理からぬことだったのであろう。また、現地の思考法のもとにある患者たちは、医薬品をボウル一杯一度に服用しようとする習慣がある。強力な医薬品をグレイン単位で、あるいは滴剤で処方することの危険性に気づかされる。引き返せ、全部が一服で飲まれてしまうから。

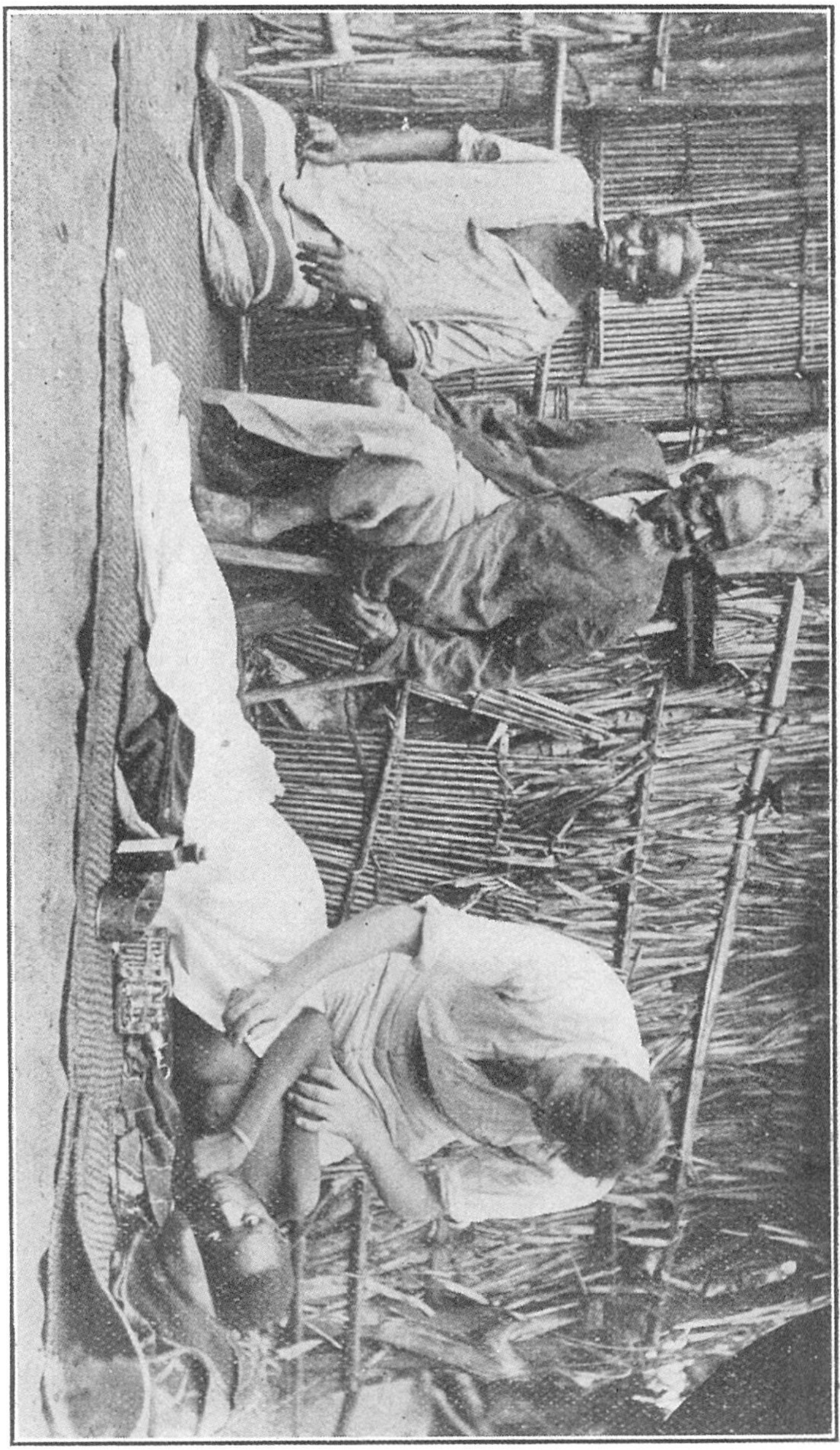

アフリカでの野外手術

（三）動機についての疑惑。宣教団の動機を理解し評価することは、非キリスト教徒にはほとんど不可能である。政治的な計画を推し進める機会をうかがう外国政府のスパイとみなされるかもしれない。病院を半自給的に維持するため、あるいは民衆を貧困者扱いから防ぐために名目的な金額を請求する場合にも、医師は魔術者として数えられる。家族や現地の同国人を支えるための貯蓄を非難されることもある。アフリカでは医師はしばしば、苦い医薬品を服用する見返りに贈り物を要求される。患者が譫妄に陥ると、医療宣教師は彼を呪いにかけたのではないかと責められる。

（四）設備の不十分さ。このことはしばしば重大な障害になる。数床しかない小さな病院さえなく、十分な器具、薬品、包帯、リネン、入浴設備や滅菌装置に欠けていることは、最善のチャンスを作りだすことに熱心な、意欲ある医師を落胆させる。さらにもし、教育ある看護婦や訓練された介助者の協力が欠けるならば、彼の努力に対する障害はとても大きなものになる。

（五）仕事への過酷な要求。それらをどのように定義したり測ったりできるだろうか。診療所であれ病院であれ、毎日五十人、百人の患者を診察し処方しなければならないところでは特に、医療のこまごました仕事は消耗的である。絶え間なく説明し続けなければならないが、そのようにしてさえ、目を離しすぎると助手たちはとんでもない失敗をする。医療宣教師の双肩には重大な責任と多くの要求がかけられている。オズグッド博士は書いている。「彼は助手たち、コックたち、荷役人たちの管理者にならなければならない。診察の、手術の、またそれに続く患者看護の間ずっと、すべての助手を監督し教育しなければならない。物品の買い付け、包帯の準備、支払いや数千人の患者たちの礼拝への出席に至るまで、彼の監督下になければならない」。それに加えて、ある国々では気候が厳しく、労働時間が長く、昼であれ夜であれ、休息はいつも中断される。仕事に没頭できる時間がなく、それによって誰もが多くの、さまざまな要求に十分に応えられていないという意識に苦しめられる。

（六）慣習や宗教の障壁。トルコ、インド、中国では、女性たちは男性親族の疑念や嫉妬によって、またしばしば彼女たち自身の自尊心や偽りの慎みによって、強く隔離されている。そのため男性医師は、もし許されたとしたところで、隣室で付添い人に、あるいは付き添い人か患者が中から答えるのを、カーテンの外から質問することしか認められないことがある。中国では脈は、場合によっては、患者の手首に巻いた赤い紐を通じて、スクリーンの後ろや窓の外に伝わるのを触れるべきものと考えられている。幸いにもこの方法は、今では過去のものとなった。インドとトルコでは、患者の舌はヴェールやベッドカーテンの隙間を通してしか見ることができないことも稀ではない。V・ペンローズ博士[18]は、「思いがけず医師の手を見て、後にその色と大きさについて述べた患者は、慎み深い親戚たちに飢え死にさせられた」と、責任ある証言をしている。

これはほかでもなく、ほかの通常のスタッフにとってはほとんど貫通不可能な三重の障壁、異邦人への偏見と社会的慣習と宗教的カースト制の実例である。このような障害がある中での雄弁な言葉は、騒がしいどら、やかましいシンバル[19]のようなものである。信仰告白の唱和や教理の声明など、このようなことはほとんど、あるいはまったく役に立たない。ただ献身的で忍耐ある奉仕、自発的で喜びに満ちた犠牲、ひとりの人生から溢れ出て、愛のため、キリストのために憐れみの祭壇に注がれる、そういった行為によって表明される共感のことばだけが、誤りなく人間の心に語りかけるのである。このことに対する最終的な反証は、何もない。

第五節　宣教地における身体的能力

宣教団の健康、すなわち医療宣教師自身と彼の宣教スタッフの健康についての考慮は、すべての医療宣教団にとって最も重要な問題である。健康と成果の間には密接な関係がある。働く力は健康によって測られる。すべての宣教団は高価なスタッフを必要とする。宣教地に向けての準備には数年が費やされている。彼は多額の出費に向けて遣わされているのであり、宣教局は彼の特別な装備に投資してしまっている。そこにさらに、俸給と宣教地への旅行費用の問題がある。これらに加えて、建設や賃借のため、また教育や医療活動の場合には書籍の準備や器具や設備のために相当な金額が必要である。

だから、経済的観点のみからも、宣教団の健康を保全することは重要なのだ。さらに、彼の活動のためにも、このことを意識的に問題にし、あらゆる合理的な注意を払わなければならない。宣教団が長く宣教地に留まるにつれて、この強調点はそれだけ強まる。彼は完了まで持っていかなければならない生涯の仕事を始めたのである。この仕事には教育政策、福音宣教、翻訳、建設、現地人助手の訓練と現地教会自体の発展が含まれるであろう。また彼はますます、彼をカウンセラーとして友人として、尊敬し信頼することを学んだ現地人たちに、敬まわれるようになっていく。

宣教地での八年あるいは十年が経った後で、建設的な生活や活動の中断が生じることは、宣教団を破滅させるにあまりに十分であり、場合によってはその修復は不可能である。男も女も、命令であつらえることはできない。それらは成長しなくてはならない。指導性は一日でなるものではない。それは金床の上で厳しい打撃によって鍛えあげられるべきものだ。経験を経るということは、肉体が、知性が、精神が、毎日の生活の重圧に適合していくという目的のために許されることであるからだ。宣教地において、予防可能な状況のためにひとつの宣教団を犠牲にすることは許され得ないことである。

本国において候補者の健康状態の精査を要求される宣教局は、外国にある宣教団の場合には宣教医師の手に、同等の注意深さを要求するべきである。毎年の身体検査が求められなければならない。このことでトラブルに先んじることができるし、休暇年次にいたる以前の帰国を避けることができるであろう。健康やそのほかの理由による頻繁な帰国は、活動の継続性を大いに破壊し、主事や宣教局を煩わせる。休暇年次は規則的で、健康の回復に十分長いものでなければならない。その間隔と本国滞在の期間は、宣教地と活動の性質による。中央アフリカの宣教師たちには三年ごとに帰国が許されている。商人や官吏の任期はさらに短い。

宣教師は本国にいる間、数週間の完全な休息をとった後でなければ、旅行も講演もするべきではない。医療宣教師であれば卒後研究に、福音宣教師であれば派遣委員会の仕事に没頭させてしまうことは、彼を疲れたままにさせ、来たときよりも悪い状態にさせてしまう。彼の神経に置かれた重過ぎる荷物のせいで、彼が第二の任期に破綻してしまう危険は第一の任期よりかえって大きなものとなる。本国での最初の三カ月は休養と軽い勉強のために費やすことが望ましく、それに六カ月の旅行や訪問、最後の三カ月には宣教地に向けての更なる準備が続くようにするべきである。

宣教地における宣教師の健康に関連して、健康的な食事の重要性を評価しすぎることはない。あまりに無制限な缶詰食品の利用は避けるべきである。現地の食べ物が消化しにくく、また本国でなじんでいた食材の入手が困難ないくつかの宣教地では、いささかの別なやりかたがある。一番良い方法は缶詰や濃厚な食物を控えめに食べながら、現地人の育てるものもいくらか用いていくことであるが、それらは調理するか、他の方法で殺菌されなければならない。このことは果物やある種の野菜に特にあてはまる。とりわけ熱帯では未熟なあるいは過熟な果物には気をつけなければならない。

アルゼンチン内陸部、ウルグアイ、リオグランデドスール[20]、ブラジル、メキシコの現地人たちは大量の干し肉を食べる。ウルグアイやリオグランデドスールでは、肉は太陽で乾かした長い帯状の「ヤード単位」で売られている。このような食事の上に線虫がはびこり、「線虫医者」が下剤治療を行っている。多くの宣教地では、煮沸あるいはろ過されていない水を飲むのは危険である。すべての宣教師は、煮沸されていない水の使用を禁止する厳格な規則を作るべきである。家屋においては、飲料水の供給は宣教師の直接的個人的な監督の下に置かれなければならない。この点について、現地人の使用人を信頼してはならない。中国人は長年にわたって茶を飲用してきた。この習慣が彼らを腸チフスや赤痢などの猛威のいくつかから救ってきたことは疑えない。同様に、不衛生な状況から生じてくる種々の疾患は、数万の単位での犠牲者を要求する。古い都市の廃墟や近くの墓地を染みとおってきた浅い井戸、中国の蘇州や日本の大阪に見られるような、人間や動物の生活に満たされた水路は、煮沸なしには絶対に安全に使うことのできない水を作り出す。熱帯においても同様である。ベルギー領コンゴと赤道アフリカの森林部の小さな水の流れは、時に有機物によって深いワイン色になる。筆者は熱帯にいたとき、味気ない煮沸した水筒の水か一杯のコーヒーあるいは紅茶以外には何も飲まずに、何日も歩いたものだった。一度だけ、コンゴ川上流の水を飲んだあとで、職務から外されたことがある。不注意な使用人が十分な煮沸を怠ったときであった。

ハエは本国においても危険であるが、東洋ではより致命的である。さまざまな種類の腸炎のために、多くの宣教師たちが命を落とし、あるいは体を壊して帰国してきた。家屋内での注意深い遮蔽——特に台所と食堂の——と、巡回時には食物と水の滅菌同様の特別な注意が、このような生命の浪費を防ぐだろう。

北部亜熱帯において最も死亡率が高いのは八月と九月である。夏の始まりと共に、厳格な規則が定められ遵守されなければならない。あらゆる生の食べ物は、食卓から一掃されなければならない。宣教師の直接の監視下に持ち込まれた少量の果物や野菜のようなものは別である。実際上、あらゆる現地の野菜は人間の排泄物で育てられているので、腸内寄生虫の卵や、同様に活動的な赤痢菌やコレラ菌に満ちている。

それでも注意と正確な監督によって、多くの宣教師たちは食卓を生のレタス、トマト、キャベツなどで飾ることができている。だが規則に従えば、自らが高度な信頼性のもとに運んでくるのでない限り、六月一日から九月三十日まではそれらも一掃されるのである。

頭部を冷たく保ち、足を乾かし、腸をオープンにしておくということは、宣教地での良い規則である。熱帯の太陽に対しては、サファリ・ヘルメット(21)を、それも十分な大きさで首のうなじを防御できるものを着用しなければならない。色つき眼鏡は強い光から、またシリアやエジプトやメキシコでは街路や白壁のまぶしさから、目をよく守ってくれる。熱帯熱マラリアの流行地では、衣類とベッドには乾燥を保たなければならないが、毎日のように雨が降りいくらでも汗の流れる旅行中には、それは非常に困難なことでもある。多くのヨーロッパ人が、消耗に始まり、過剰に熱され、物陰で寒気に襲われる一連の長い過程で命を失ってきた。熱帯熱マラリアの発作は最もしばしば、マラリアの発熱の発作を繰り返しながら、それをとどめる十分な治療を受けていない古い居住者に生じる。リヴィングストンが、とりわけ薬箱を盗まれたあとでこれを免れたことは奇跡的であった。コンゴのジョージ・グレンフェル博士とそのほか多くの先駆者たちが、この危険な病のために倒れた。それでもしかし、ほとんどすべての場合、発作は基本的な健康に関する規則を侵犯した後に生じていることを指摘しておかなければならない。

睡眠は自然の回復者であり、いかなる強壮剤にもまさる。宣教地においては、睡眠に当てられるべき時間を削って他の時間に当てるべきではない。夜の遅くまで働く習慣は危険であり、多くの場合命を縮めるか、活力を損なう。蚊やツェツェ蝿の多い地域では、昼であれ夜であれ、ネットの下で眠らなければならない。蝿は朝現れ、午後五時に姿を消すが、蚊がその場所に取って代わる。

知力が消耗してしまうところまで働くことは、常に避けなければならない。それは脳の疲労につながる。宣教師は健康を保っているべきである。考えられる最高に効率的な状態を保っておくことは、可能な限りの良心をもって達成しなければならない課題である。快活は活動性と健康を刺激する。陰鬱は避けなければならない。楽観主義が「ケーキを食べて」いる間、悲観主義は「ドーナツの穴を見て」いる。社交性を涵養するべきである。宣教ステーションにおいては、毎月一晩が社交的な集会に当てられるのが良いであろう。そこでは外部世界の諸問題が討論されるだろうし、長話が交わされ、音楽と茶菓が供される。それは完全な「落ち着き」の時になるべきである。そのような状況で仕事の話をすることは許されるべきでない。やり過ごす方法を本当に知っている人は少ないが、誰もがその技法を実践しなければならない。「身体的なくつろぎは活力の持続に不可欠である」。バイオリンの弦は最高のピッチまで上げることができるが、緊張を保ち続ければ切れてしまうことを避けられない。
ステーションでは宣教師は、リクリエーションと運動のために毎日少しの時間を取るべきである。忙しい医師も、このことを心がけなければならない。たとえば植物学、自然史、民話などのような、なにか副次的課題を持つべきである。それは日常のルーティンから暫時注意を転換させる十分な関心事になることだろう。熱帯では、日中に仕事を打ち切って、食後の少なくとも半時間、シェスタを取るのが習慣になっている。この習慣に真面目にしたがうことは、知恵の一部分であり、活力と働く力はそれによって保たれる。その『心理学 Psychology』におけるジェームズ教授の観察は、的を射ている。「いかなる教育においても最も大切なことは、神経系を敵にするのではなく味方にすることである。それは獲得物を資本に、基金に組み入れ、生活を基金の上で安楽なものにするということである」。[22]
医療宣教師は、排水、日照、防風の観点から、拠点内での住居の位置に個人的な関心を持たなければならない。建物の下には、換気のための十分な空間があるべきである。換気扇は大きく、床は地面より十分に高く、少量の湿気は吸収できる建材を用いるべきである。「水を通さない素材で作った十分な防湿層のない壁を作ってはならない。この層はあらゆる壁に、地面より約一フィート高く、一階の床面より一フィートかそれ以上低く置かれるべきである。大理石や泥状岩や、そのほかなにかの水を通さない石材が入手できない場合は、重い良質のタール屋根吹き紙を用いることができる」。熱帯地域では、物資や予算が許すならば、二重の屋根にして空気の入り込む空間を置く。この空間はヘビやこうもり、蚊や蝿の侵入口から遮蔽されていなければならない。家屋や病棟を遮蔽するのに、金網以上の発明品はないだろう。宣教団の構内では全面的な下水工事が行われていなければならない。表面は排水され、排泄物と下水は避けられ、清潔な水が十分に供給され、あらゆる種類の昆虫やラットやネズミに対する絶滅戦争が宣言されなければならない。構内全体の定期的な医療査察が、本国の宣教局によって強調されるべきである。村落周辺の現地人たちに対して共同体や公衆の健康について訓戒しておきながら、同時に一方で宣教団が不衛生な状況に取り巻かれていることは、宣教師たち自身の親切さや一般的な誠実さの上に、特に責任ある医師の上に、重大な不信を招くことになろう。

宣教団構内の学校の建物群、住居や作業場の日常的・定期的な査察は、三人からなる委員会によって行われ、そのひとりは医師でなければならない。このことが十分に実行されれば、多くの施設が、チフスやマラリア熱や赤痢やそのほかのトラブルの、あまりに頻繁な流行を免れるようになるであろうし、こういったことに先んじることは、仕事の滞り、人命の損失やそれに伴う士気の低下や出費を防止するであろう。

一般に偉大で有用な宣教師たちは長命であった。このことは、単に身体的に最強のものが生き残ったというだけではない。それは高い目標、日常の習慣、経験に学んだ簡素な食事と繊細な注意方法の結果としてもたらされたものであり、これらのことが彼らに、最も不利な気候と条件に適応することを可能にしたのである。アフリカのモファット、(23)近東のフィデリア・フィスク、(24)インドのスカッダー、(25)中国のカー、日本のヘボン、シリアのポストらの生涯に、その実例を見ることができるであろう。(26)宣教師の健康とそれに関連する医療宣教師の義務と活動についての本章の議論は詳細に渡った。そこには現地人であれ外国人であれ、その双肩に非キリスト教世界の福音化という重荷を担う高貴で英雄的な男女の、活力の保全と生命の保護に関わる点で、非常な重要性があるからである。

注

（1）ヒポクラテスの生没年については今日の理解とは異なる。
（2）Carlyle, Thomas 1795-1881　作家、歴史家。（DNB　岩波）
（3）Edinburgh Medical Missionary Society
（4）Kitchener, Horatio Herbert 1850-1916　軍人、政治家。インド総司令官。（DNB　岩波）
（5）Humboldt, Alexander von 1769-1859　地理学・気象学者、植物学者。（岩波）
（6）Cheer-up Society
（7）一八四一年に発刊された、イギリスのユーモア・風刺雑誌。
（8）Board of Missionary Preparation
（9）Foreign Mission Boards
（10）Council of the American Medical Association
（11）Mabie, Catherine L.
『自然学小論集 Parva naturalia』（LCL 288）の次の二箇所のいずれかを指すものと思われる。ひとつはその第一論考『感覚と感覚されるものについて De sensu et sensibilibus』から、いまひとつは第七論考『若さと老いについて、生と死について、および、呼吸について De respiratione』から（邦語訳は中畑正志訳『アリストテレス全集7　魂について　自然学小論集』岩波書店、二〇一四に所収）。
（12）The philosopher should end with medicine--the physician commence with philosophy
アリストテレスからの引用とすれば、『自然学小論集 Parva naturalia』（LCL288）の次の二箇所のいずれかを指すものと思われる。ひとつはその第一論考『感覚と感覚されるものについて De sensu et sensibilibus』436a20から、いまひとつは第七論考『若さと老いについて、生と死について、および、呼吸について De respiratione』480b20から（邦語訳は中畑正志訳『アリストテレス全集7　魂について　自然学小論集』岩波書店、二〇一四に所収）。

（13）To philosophy I owe my wordly ruin and my soul's prosperity
アナクサゴラスの著作からではなく、*Memorable Doings and Sayings*（LCL492, 493）として知られる、一世紀の著述家ヴァレリウス・マクシムス Varelius Maximus による逸話集の第八巻第七章からとられたものと思われる。ランバスの原文中の wordly は worldly の誤植と解する。

（14）時代的背景から、限定的に痘苗とすべきか。

（15）ジョン・ロー、前掲書。（原注）

（16）Crawford, Daniel 1870-1926　宣教師、中央アフリカで活動。（キリ人）

（17）現代中国では山西省から江西省までの広い範囲が含まれる。正確にどの地方の方言であるかは不明。

（18）Penrose, V.　不明。

（19）第一コリント　一三・一

（20）Rio Grande Do Sul　ブラジル最南部の州。

（21）sola topi（pith helmet）

（22）James, William 1842-1910　哲学者、心理学者、著作家。（ANB）

（23）Moffat, Robert 1795-1883　宣教師。南アフリカで活動。（DNB）

（24）Fiske, Fidelia 1816-1864　アメリカ最初の婦人宣教師。（DAB　キリ人）

（25）Scudder, John 1793-1855　最初期の医療宣教師。外科医。（DAB　Muslims　七四頁）

(26) スカッダーはかろうじて六十代に達しているが、任地で健康を害して帰国したフィスクは四十八歳で帰天しているので、著者の記述には誤認があるものと思われる。

第五章　練達の働き手たちと彼らの装備

「最も繊細にして偉大な仕事の秘訣は、常に最善を尽くすようにしているということである」。

ヘンリー・チャーチル・キング

「偏見を取り除き、人々の愛情を獲得し、同時に彼らの心をキリストへと向かわせるために、医療宣教師たちはまさに神の御手にある偉大な武器である」。

ダンカン・メイン博士

ここでは医療宣教師が達成したことと、彼らが活動にあたって用いた装備についての観察に戻る。

第一節　練達の働き手たちの達成したこと

医療宣教師が本質的に先駆者であるということについては、すでに指摘してきた。彼は小道の発見者である。ピッケルを持った古代の北欧人のように、彼は道を見出し、あるいは創り出す。彼には、新たな大地を切り開き、処女地に種をまき、健康とよき喜びの福音がかつて示されたことのない宣教地からの実りを刈り入れるという喜びがある。彼をひきつけるものはロマンスのいざないではないが、事実はフィクションよりもすばらしい。それは『野生の叫び』[1]ではないが、いくつかの宣教地では、彼を未踏の地域へと押し出そうとするスリルがある。密林の草の踏み後を追い、深い森を貫く道にしるしをつけ、山々を地図に記して川の流れを追い、言葉を文字にとどめ、見慣れない疾患や新しい薬物を記録するスリルから、人は逃れることができない。それは肉体を通じて人間の魂へ、世界の心臓部への道を開くことである。

トマス博士[2]とその患者クリシュナ・パル[3]。彼はウィリアム・ケアリ[4]のインドにおける最初の改宗者となった。ピーター・パーカー、彼はそのランセット（種痘針）で中華帝国を切り開いた。リヴィングストン、彼は暗黒大陸を探検し、世界の開かれたままの傷口[5]を探った。シムス[6]、彼はジョージ・グレンフェルを助けてコンゴの部族地図を作成し、宣教活動に役立てた。グラントは、薬箱でクルディスタンの台地からうろこを落とした。カーは、極東に最初の精神病患者の療養所を開設した。オズグッド[7]は、中国に『グレイ解剖書 Grey's Anatomy』をもたらした。ヴァン・ダイク[8]は、聖書をアラビア語に翻訳した。アレン[9]は、韓国をプロテスタント宣教団に開いた。クララ・スウェイン[10]は、インドのゼナーナに入り込んだ。ハワードとキング[11]は、中国の諸地方官庁[12]を占拠した。ペネルは、好戦的なアフガニスタン人たちを和らげ、獲得した。そしてロフティス[13]は、アジアの屋根に登ってチベットのために人生を終えた。

医療宣教はそのような精神をもった人々によって開拓されてきた。科学が打ち立てられ、文学は豊かになり、美術館は彼らの貢献によって満たされた。各種の地理協会や学識ある諸学会は、彼らをメンバーに選出しメダルを与えることによって、自らを名誉あるものとした。国王や有力者たちから彼らに授与された勲章は、ある意味では彼らの達成したことのためでもあるが、とりわけ彼らの個人的な人格と価値によるものである。彼らは住み、働いたあらゆる国で道徳的な資産となった。彼らの努力、地理的問題の解決、カースト制の破壊、信頼の獲得、そして施設の創造によって、何百万人もの人々に真理と通じ合う接点がもたらされた。彼らの熟練と外交的手腕を通じて、すべての国々や部族が教会とキリスト教文明の手の届くところにもたらされたのだが、その中でも最も善いことは、彼らによって主のための無数のトロフィーが勝ち取られたことである。いまや教会は、全地に神の王国を打ち立てようとした、これらの熟達の働き手たちの獲得した到達点を生かして、前進へと突き動かされようとしている。

医療宣教師たちはどこに行こうとも、地域や国立の病院・診療所、兵器廠や工業センターの救急病院、耳の聞こえない人、話せない人、目の見えない人のための施設、レプラ患者や亡命者の避難所の開設のために、そしてより知的で効果的な検疫、より良好な下水工事、流行病根絶に向けた協調、貧しい病者の解放、民衆や支配階層のよりよい教育のための文献の流通や、衛生・健康展覧会のために役立ってきた。国籍や信条の如何に関わらず、彼らが都市や地方の衛生当局に席を占めていることは、彼らの知識や献身に対する高い敬意を表すものである。彼らは、とりわけ熱帯・亜熱帯気候下の諸疾患との関連で、医学文献に計り知れない貢献を成し遂げてきた。バートン博士はこの点について、「ロンドンとリバプールの熱帯医学研究所[14]において、アフリカの医療宣教師たちの報告とアフリカ人の諸疾患についての観察は、この課題についての最も信頼できる最善の資料を構成している」としている。

また別の領域においても、彼らは同様の知性と能力を示し、私心のない目的意識にも助けられて、ほとんど無限の影響力を持っている。コクラン博士を知って高く評価するある有力なペルシャ人は、彼はかつてペルシャを訪れた最も偉大な外交官であったと証言している。彼ほど王子たちや高官たちに影響力を持った人は誰もいなかった。「彼の経歴の中で、彼の発言や要求が政府当局の側から拒否されたことは一度としてない、ということが知られている」。

『国際宣教評論』の編集者は数巻の編集を経験したのち、医療宣教団について「世界規模での事業における教会の最大の資産のひとつ」であることを強調し、次の質問を提起した。「この宣教機関の価値は全面的に生かされているか、あるいはその資源にはまだ一部探り出されていないところがあるのではないか」。それが最も価値ある資産であり、全面的には生かされておらず、資源はまだ全面的に探り出されていないと、私たちはためらいなく応えることができる。それは公正にも、宣教奉仕の無視された腕と、名づけることができるであろう。宣教医師の数は哀れむべきほどに、不足している。装備と訓練された助手を欠いているために、宣教医師には半分以下のチャンスしか与えられていない。にもかかわらず、彼の成功は目覚しいものであった。完全な機会が与えられさえすれば、世界の福音化のために、とりわけ人間性の回復と高揚のために、彼が最も有力な要素であるような地域において、彼に成し遂げられないことなどあるだろうか。

第二節　いくつかの顕著な事例

ここでは、これら練達の働き手たちの何人かの経歴について概観してみよう。

インドへの最初の宣教団はデンマーク人らであった。(15) 一七三〇―一七三二年に、彼らはトランケバール(16)とマドラスで医療活動を行った。ジョン・トマス博士は、最初は世俗の医師であったが、イングランドに帰って苦しむ民衆の貧困を強く訴えた。それからウィリアム・ケアリとともに医療宣教師として宣教地に戻った。ケアリは六年間働いたが、改宗者を得られなかった。大工のクリシュナ・パルが怪我をした。彼はトマス博士に治療され、英国バプテスト宣教団(17)で洗礼を受けた最初の改宗者となった。

ニューヨークの医師・外科医師協会(18)のジョン・スカッダー博士は、一八一九年にアメリカン・ボード(19)のもとに出国した。ある女性の患者の回診中に、『世界の回心 The Conversion of the World』というトラクトを見て召命が訪れたのであった。最初の宣教地はセイロン島であった。後に本土のマドラスに移動した。この家庭と家族からは、七人の息子とふたりの娘と四人の孫たちが出て、インドでの働きに自らを捧げた。

ギュツラフ[20]は最も有名な医療開拓者のひとりである。香港の英国政庁の通訳を勤めつつ、彼は研究を追及し、活動を拡大して探索を続け、自らの生活を犠牲にして、一八三一―一八三五年には七回に渡って中国沿岸部を旅行した。情熱のうちに、「中国のジャンク船に船乗りとして、またあるいはコックとして契約さえした。外国船が航行しない土地を訪れるためであり、イエスのうちにある真理を知らしめる機会を得るためであった」[21]。ハドスン・テイラー博士[22]は、彼についてしばしば、「中国内陸宣教会[23]の祖父」として言及している。中国内陸部に向けてのエキュメニカルな宣教協会[24]というテイラーの胸に宿ったアイデアは、彼のイメージに基づくものであった。実務上の意味においては宣教師でなかったとはいえ、ギュツラフはただひとつのこと、神の王国の拡大のために生きた。そのために彼は大きな収入を、傑出した力と精神と肉体を、持てる時間のすべてを捧げたのだった。彼は旧・新約聖書の中国語翻訳を含め、少なくとも八つの言語で、八冊の書物を書いて出版した[25]。

一七九七年のジェンナーによる種痘の発明から八年後、東インド会社の外科医であったアレクサンダー・ピアソン博士[26]はそれを中華帝国に紹介した。彼の筆頭助手は、この主題で百頁の論文を書き、三十年間で百万人以上に種痘を実施した。中国の総督[27]は種痘の発明者に対する賞賛の辞を書いている。同じく東インド会社のT・H・カレッジ博士[28]は、「さまざまな宣教協会にとっての、医療宣教師を採用することの望ましさ」を最初に主張した人であった。

ピーター・パーカー博士は、アメリカン・ボードによって派遣され、あらゆる宣教地を通じて、宣教協会のもとに継続的な任命を受けた最初の医療宣教師という名誉を得た[29]。彼は一八三五年に広東で仕事を始め、五万人以上の患者を治療した。彼の影響力を通じて、一八三八年には中国医療宣教協会[30]が組織された。彼は帰国の途中でスコットランドを訪れ、一八四一年にはエディンバラ医療宣教協会[31]の組織化に貢献した。ジョン・ロー博士は長年に渡ってその主事を務め、書物を通じてのみではなく、多くの国々への活動の拡大を刺激することによって、計り知れない貢献を果たした。

パーカー博士の開設した病院は広東医療宣教協会[32]に支えられて存続し、その福音的な働きは今も米国長老派宣教会[33]の援助の下に続けられている。世界中に権威ある外科医として知られるようになったJ・G・カー博士は、長年に渡ってこの病院の責任者であった。広東市および帝国のその区域全域に渡って、彼の活動が及ぼした影響力の価値は、いかなる国においても決して凌駕されることがないだろう。約七十万人の患者たちが彼と彼の助手たちによって治療され、四万八千回の手術が行われた。これらのうち約千三百回は尿路結石の手術であり、それは当時においては非常に困難かつ危険な手術であった。これらに加えて、彼の医学生たちの教育に用いられた教科書の大半が、彼の疲れを知らないエネルギーによって編まれたのであった。彼は人生盛りの四十四年間を中国での奉仕に捧げ、二年はカリフォルニアの中国人たちの間で働き、約二百人の医学生を訓練した。長年広東医療宣教協会の会長を務め、一八八七年には中国医療宣教連盟[34]の初代会長に一致して選出された。

人がどちらを最も尊敬するかは、言うに難しい。モハメッド教の外壁にハンマーをたたきつけるキリスト教文明の前衛のなかにいる男女たちの、単純で子どもらしい信仰であろうか。あるいはその活動をあらゆる悪条件のもとで押し進めるすばらしい能力であろうか。北部シリアでの偉大で成功した働きの後、一八五一年にアインタブ[35]でその生涯を終えたイェールのアザリア・スミス博士[36]は、広く正確な学識を持った人で、諸医学雑誌やアメリカ東方協会[37]に大きな価値のある貢献をした。それでも彼は謙遜で美しい信仰の人であった。彼の神への絶対的な信頼は、同僚宣教師によってこのように描かれている。「もし、神が私に」と、医師は言った。「小さなハンマーを持っていって、それで大きな大理石の岩をたたけと命じられるなら、私は神に止められるまで続けるしかない。命令の理由を尋ねたり、結果について心配するのは私のすべきことではない。神が命じた通りにするのが私の務めのすべてであって、なぜなら神がそれを求めたからだ」。スミス博士はアインタブに到着したとき、現地の住民の心にアメリカ人に対する敵意が燃えていることに気づいた。彼はゆっくりと、しかし確実に足場を築いた。彼については、「コレラが生じたときにはいつも、そこにスミス博士も現れた。小アジア、アルメニア、メソポタミアの多くの都市で、モスレムもキリスト教徒も、奇跡的に癒すかのように見える宣教師を祝福するべきであると学んだ」と言われている。彼らの信頼を獲得した彼は、「トルコ宣教会[38]を打ち立て、性格づける主要な装置」と考えられた。

アサヘル・グラント博士は、医療宣教の最も傑出した先駆者の一人であった。彼はアジア・トルコ[39]とクルディスタン内部に向かって数百マイル入り込み、そこでは絶えず暴力による死の危機にあった。彼の勇気と非利己性は、とりわけ白内障の術者としてのすばらしい熟練と対になっており、どちらの側からも信頼を獲得した。『英国四季報British Quarterly』の執筆者はこの豪胆な人物に関して以下のように言っている。「彼にはモスレムからもキリスト教徒からも、患者たちが押し寄せた。子どもたちは年老いた親たちを運んできたし、母親たちは小さな子どもたちを連れてきた。眼疾患で目の見えない人たちが手で引かれてくる。痛みから解放された人々は彼の足に、ドアのところの彼の靴にさえキスした」。『イーライ・ヴォリューム Ely Volume』でトマス・ローリエ博士[40]は、「彼の患者たちの中には、クルド人の酋長たち、グルジアの王子たち、ペルシャの貴人たちや王家の人々がいた。クルディスタンにおける最初の旅行中の大きな危機に際しても、彼の医師としての名声が彼よりも先に進んでいっていたので、他の誰かであれば一時間も命が保証されないようなところでさえ、彼の安全は守られていた」と付け加えている。

一八三八年、スコットランド自由教会[41]のロバート・レイド・キャリー[42]博士は中国への途上にあった。彼の妻が重病に罹り、彼らはマデイラ諸島のフンシャル[43]に上陸した。そこは、かつてプロテスタントの宣教師が誰も住んだことのない土地であった。神意に導かれて、医師は仕事を始めることに決めた。彼は資産家だったので、本来の業務以外のこのような働きもできたのだ。病院が開かれ、医学的治療が無料で提供された。毎日午前九時に、彼が聖書を読みキリストを指し示す集会に参加するということが、その条件であった。島中に学校が開設され、医師は教師たちを雇い書物を整えた。ポルトガル人たちの多くは読み書きができなかった。民衆はこれらの夜学校に群れを成した。あるときには、八百人の成人たちが出席した。囚人たちを訪問し、貧しい人たちの世話をしたので、彼はすべての人々の友人となった。名声が高まるにつれて、裕福な人が援助しようとするようになり、「市の当局者たちは彼に公式な感謝決議を申し出た」。

ある安息日の朝、ふたりのポルトガル人がそれまでの信仰を放棄し、この小さなスコットランド教会の聖餐に加わった。そのとき、迫害が起こった。ふたりの信徒は絶交され、学校は解散され、教師たちは投獄された。信仰の自由を保障した条約を侵し、看護婦のひとりが牢屋に連れて行かれた。キャリーは逮捕され、尋問され、非難され、二百年以上に渡って実効性を失っていた古い異端審問法によって五カ月間に渡って監禁された。結局解放はされたが、燃やされてしまった書物を含むすべての個人的財産を犠牲にして、命からがら逃亡せざるを得なかった。

彼はしばらくスコットランドに戻り、その後マルタ島を訪問したあと、ブラジルに赴いた。そのいずれの場所でも、彼は医療的・福音的な働きを始めた。

マデイラで迫害された彼の仲間たちは二百十一人を数えたが、家を追われて海辺に集まり、そこでイギリスの船が連れ去りに来てくれるように祈っていた。彼らの信仰は応えられた。船が来て、一八四六年の八月二十三日、彼らはオリノコ河口[44]の対岸、トリニダード島に船出した。千人近くの人々が彼らに続いてマデイラを後にした。後に彼らの中の何人かは、トリニダードからイリノイ州のジャクソンヴィルに移住し、今日ではそこで自給教会と固有の牧師を持っている。彼らが熱愛した友人、霊的な父は、リオ・デ・ジャネイロで仕事を始めることになるブラジルへの途上で、彼らを訪問している。皇帝ドン・ペドロ[45]は、彼の人柄と医療実践に惹かれて、彼を個人的に呼び寄せた。枢密院での討議が行われ、キャリー博士に滞在と活動の継続が許可されるべきことが決定された。

ここから、リオの市内に大きな中央教会が、そして対岸にはもうひとつ、ペルナンブーコ[46]に三番目の教会が生まれた。キリストを受け入れた後に大いに繁盛するようになった改宗者のひとりが、キャリー博士からの総額に見合う一万ドルを、最初の教会の建設のために寄贈した。さらに医師は多くの聖書読者やその家族を、私財を以って援助した。この高貴な事業は、それが自らの土壌に根ざし他の人たちの手で育てられるようになるまで、長年にわたって続けられた。キャリー博士は、神に認められた練達の働き手、医療宣教と福音的活動の偉大な先駆者のひとりであった。一八五九年、米国長老教会[47]は、彼を通じて幸運にもこのように開かれた宣教地に入り、今では総会のもとに一万四千人のメンバーを数えている。そのすべてがキャリー博士の働きというわけではないが、彼が道を照らしたのである。ひとりの人間のキリストへの献身が持つ可能性を、誰が測り知ることができようか。誰にあえて、このような指導者を立てる神のみこころを問うことができるだろうか。その祈りと生涯を通じて、三つの島々とふたつの大陸で、人間性を祝福し高揚させるために、道徳的・精神的な諸力が解き放たれたのだ。

第三節　練達の働き手たちの設備

（一）これら練達の働き手たちの誰かを訪ねて、その「設備一式」[48]を見せてくれるように願ったならば、おそらくあなたはまず、彼の書斎に招きいれられることだろう。あなたはそこで、彼の医学書や雑誌、おそらくは顕微鏡、そして、もし解剖が許可されていなければ、いくつかの解剖模型を見ることになるだろう。テーブルの上には入手可能な最高の辞書と文法書、そして現地語の聖書のコピーがある。日常言語で毎日聖書を読むことは、優れた学習法として推奨されるだけでなく、個人的な活動やチャペルでの奉仕の最良の準備でもある。次には、会計簿や元帳、症例記録、訪問客や患者や疾患や薬物の名前、新しい医学用語やことわざ、豊富になっていく語彙などを、系統的に記入していくためのカードがある。このファイルは数年のうちに、報告や論文や著書を準備するための、そして追跡すべき名前や住所についての、最も活用しやすい、計り知れない情報を含むものになるだろう。書斎やオフィスの壁にはおそらく、キリストのみことばやその国の賢人からの引用を書いた、いくつかの掛け軸があるだろう。

真の働き手は、彼の行う何事においても誠実で完全である。彼は劣った仕事は恥ずべき仕事だと考えている。教育、科学、文献学や医療のいかなる分野においてであれ、人が最善を尽くさないということは、罪以上のものとはなり難い。自尊心を持ち、自己の人格と目的意識の統合を、仕事の上に具体化していこうとする人であれば誰でも、自己の最高・最善に対して真実でなければならない。このことを怠るならば、彼は科学を、文明を、キリストご自身を誤って代表し、それによって彼が行おうとする事業のすべての基盤が無に帰する。人は決して、職業的・信仰的忠実さを安価なものにしてはならない。それが資質にかない、また当時の要求であったために、ヘボン博士の生涯の最も大きな部分は文献的な仕事に捧げられたが、彼は日常の診療をないがしろにはしなかった。半世紀を通じて続けられた勤勉で持続的な努力については、W・E・グリフィスによる以下の描写に最善のものを見ることができる。「この疲れ知らずの学徒は、毎日朝の五時に起きて、冷たい気候の中で自らの霊感に火をともした。七時か八時の朝食まで仕事をした。その後で家族礼拝があり、短時間散歩をしてから、通常は一時間、時には三時間から四時間、診療所に行っていた。いつも込み合う正面の部屋のほかに、その後方にはもうひとつの部屋があって、一人ずつ治療のために呼ばれる患者のための椅子のそばには、医学書と中国語聖書とトラクトが十分に備えられていた。後者はときに応じて、読みやすい日本語で、祝福された同じメッセージへの道を開くものであった。書斎に戻ると、彼は辞書を編み、日本語の文献を読み、晩年には翻訳や聖書の改訂をして、一時の食事まで仕事を続けた。午後には運動をして、医学的、福音的、社会的あるいはさまざまな種類の公的奉仕のための、数々の招きに応じて出席した。夜は通常軽い仕事か、社会的必要を満たすために費やされた」。

多くの偉大な医療宣教師たちは、ヘボン博士のように、文献的な仕事に多くの時間を捧げた。文献の創作や書籍の制作は医療宣教師の本来の仕事ではないが、彼の手持ちの手段を造り出したり改善したりするために、あたかも巧妙に仕掛けられた機械的妨害物のようなこういった仕事に取り掛かる必要があることも稀ではない。そのうえ、医療宣教師たちはときにそのような文献的な能力を見せてしまうので、またある種の文献的な作業についての要求が非常に大きいために、こういった医師たちをこの特別な仕事のために割くことを宣教団が宣教局に要求されることもある。

C・V・A・ヴァン・ダイク博士は、フィラデルフィアのジェファーソン医科大学の卒業生であった。アメリカン・ボードのもとにシリアに任じられ、アラビア語を習得して諸学校のために本を書き、一八四〇―一八四五年の戦争[49]の受傷者の世話をし、「ステーションは馬の背にあり」と言ったW・M・トムスン博士[50]と共に多くの旅行をした。ヴァン・ダイクはその傑作のために、研究と旅行と医療活動を通じて、神意によって十七年に及ぶ準備をした。「彼は詩文、文法、修辞学、論理学、歴史学、地理学、医学のアラビア語書籍を持ち、修得していた。代数学、幾何学、高等数学、地理学、論理学そのほかで、アラビア語の書籍を刊行した。アラビア語の話し言葉で、彼の右に出るものはいなかった」。彼は先駆者であるE・スミス博士[51]によってなされた仕事を基礎に、八年間を聖書の翻訳に捧げた。加えて彼はシリア・プロテスタント大学[52]医学部の教授でもあり、彼のもとで十二のクラスが卒業した。聖ヨハネ・ギリシャ病院[53]で働き、天文台をも創設した。

広東のJ・C・トムスン博士[54]は、医療宣教活動の早期に、中国語で書かれた医学・外科学の数多くの書物やパンフレットで注目を集めた。これらの仕事はロバート・モリソン[55]の上陸より二年早い一八〇五年、アレクサンダー・ピアスン博士の種痘の技法についての論文に始まる。一八四一年にはジェイムズ・レッグ博士[56]からマラッカの中国人居住者に宛てて、コレラの問題についての手紙が書かれた。B・ホブスン[57]博士は多くの価値ある活動をしたし、J・G・カー博士はすでに手一杯だったにもかかわらず、二十二冊の本を書いて刊行した。その多くは教科書である。特筆すべき業績のひとつは、福州のD・W・オズグッド博士によって一八七八年に『グレイ解剖学』が刊行されたことである。解剖図は木の台に刻まれていた。

「広東のメアリー・H・フルトン博士は」[58]と、イサーク・T・ヘッドランド博士は書いている。「なんらかの奇跡的な方法によって、一日に五時間を翻訳の仕事に費やしている。三冊の書物が進行中であり、そのうちの二冊はまもなく刊行される。彼女が翻訳したのは『祈りへの驚くべき応答 Remarkable Answer to Prayer』『小児の諸疾患 Diseases of Children』『腹部外科の看護 Nursing in Abdominal Surgery』『婦人科学 Gynecology』そのほかである」。これが書かれた後、フルトン博士は医学書翻訳の仕事のために他の義務から解放された。エドキンス[59]、ダジョン[60]の両博士も、この文献作業に価値ある貢献をした。現在はカリフォルニア大学の中国語の教授であるジョン・フライヤー[61]博士は、化学と物理の教科書を書いた。P・B・クースランド[62]博士については、「最近二十年間に中国で行われた最大の翻訳事業の精神的指導者であり、中国医療宣教連盟の会長として、また後には翻訳委員会の議長として、すべての時間とすばらしい能力とをこの仕事に捧げ、宣教局によって翻訳の仕事だけに専念すべきこととされた」と言われている。インドにおいては、英語が非常に広く用いられているとはいえ、この種の仕事は実際的にはこの国の言語事情によって二重化されており、医学や科学文献の研究にはさらに大きな領域が開かれている。

アフリカにおいて長年イギリス政府を代表してきたハリー・ジョンストン[63]卿は、当地で文献学者たちが医療宣教師たちに多くを負っていることを強調し、二百に近い言語や方言が文字化されており、それが彼らの収集した語彙によるものであること、辞書や文法書が備えられつつあることを報告している。このような成果に、医療宣教師たちも参与しているのである。トルコのエリアス・リッグズ[64]博士は、人々によりよく届くことができるように、いくつもの言語を修得した。シムス博士は、その専門職においても著名な人物であったが、長年コンゴの不健康な地域で活動し、いくつものアフリカ言語を修得したのみならず、本国ではフランス語とイタリア語を同様に完全に修得した。

これらの偉大な働き手たちにとって言語の熟達は、人々を、彼らのものの見方を、社会生活を、哲学を、信仰を、先入観やそのほかすべてのことを知る鍵であり、実際、それは個人的にも民族的にも、人間の性質や習慣や慣習につ

インド、典型的な診療所の混雑

インド、コドリ*の診療所の前で待っている群衆

*Kodoli インド西部コルハプール（Kolhapur）の町。

いての洞察を与えてくれるのである。もし医師が、疾患の背景に根ざす隠れた原因、とりわけ神経症の根本を探し出そうとするならば、それらがしばしば精神的な現象のなかに埋め込まれており、通常の診断方法を混乱させているのであって、現地語の知識によってしか発見できないものであることを見出すであろう。だから医療宣教師は文字言語をも修得して、医学や歴史や伝記や倫理や哲学や民話に、できる限り親しむようにしなければならない。

あるベテラン宣教師が、その個人的経験からこう書いている。「もし私が新人宣教師であったなら、最初になすべきことを最初にする。最初の最初が語学の学習であることは、すぐにわかるだろう。宣教局は私を宣教団の相談役に送り出したわけではないのだ。宣教団のやり方で私が間違っていると思うすべてのことを正そうとしてエネルギーを浪費してしまわないようにしよう。宣教師の人生の最大の資産は聖霊の賜物、二番目は語学の修得だ」。医療宣教師の側では、この種の努力のすべてを、学習の中心においてきた。

（二）診療所は、宣教医師の装備のもうひとつの必要部分である。それは疑念を取り払い、信頼を生み出して、病院への道を開く。これが一箇所、あるいはもう一箇所なければ、熟達の働き手も要求に応えることができない。診療所は何百もの村々に福音を導きいれる手段となる。病院の働きが集中的である一方、診療所の働きは広範である。それは治療の継続性に欠け、最も満足のいく機関というわけではないが、他には手の届きようのない数千人の苦しむ人々の役に立つ。それは一般の民衆をひきつけ、キリスト教の影響の及ぶところに連れて来るものなのだから、重要性に欠ける活動ではないし、軽く扱われるべきものでもない。それは病棟に患者を、また平日にも日曜日にも、チャペルの礼拝に出席者を供給する助けにもなる。それは助手や看護婦の訓練のためのさまざまな臨床例を供給し、また病棟に入ってくる勇気のない一群の患者たちに手を伸ばすことができる。

（三）チャペルは、診療所あるいは病院との関係においても、活動のための装備の本質的な一部分である。患者たちは診察が始まる前の数時間を集まって過ごす。快適でなければならないし、もし読むことができるのであれば、時間をつぶすためあるいは健康や信仰に思いをめぐらせるために、簡単で面白い絵入りの文献を、与えられなければならない。日曜学校で使うような壁掛けの彩色された聖書や絵巻物、とりわけイエスの病人や貧者の世話から採られたものは、キリスト教のよりよい理解と受容の助けとなる。

訓練された、また誠実さや共感性や信頼性をもとに注意深く選ばれた、男性のための現地人の助手や女性のための婦人伝道者たち[65]は、待っている患者たちにキリストを指し示すために大きな働きをすることができる。こういった働き手を選ぶにあたって、医師は多大な注意力を働かせる責任がある。機転が利かず、専制的であったり金目当てであったりする人をこの聖なる関係の中に雇い入れることは、宣教団が代表する大義を最大限かつ全面的に傷つけることになるであろう。

診察開始の半時間ほど前には、医師自身がチャペルの講壇に上がって、短く直截的な福音的講話をするのもよいが、十五分以上であるべきではなく、たとえ話や治癒の奇跡の物語のひとつを選ぶのが良い。医師は説教者を真似るのではない。自分が奉仕の業のために遣わされたということを理解させるのである。偉大な師のように、彼は病み苦しむ人に同情する。彼の心は愛の共感に満たされている。男も女も子どもたちも、必要とするときに癒してくれると信じる人のところに、遠くからやって来ている。彼らはキリストを知らないが、医師は知っている。彼は求めに動かされ、与えられた機会に発奮させられる。彼が雄弁でなくても、彼のメッセージは家庭に、どこかの国の質素な小屋や遠い村から来た多くの患者たちに達して、肉体の解放とともに魂の回復が訪れた日の記憶は喜びとなる。

(四)　病院なしには、実質的で恒久的な活動は不可能である。最後までそのような準備ができないのであれば、多くの場合、医療活動は始めないほうがよいだろう。それはなにも、高価で大規模な施設が必要だという意味ではない。だが、いかに小さくても、不可欠な細部は満たされていなければならない。実際、仮設の数床の病院か、あるいは開設されるべき病院のいくつかのユニットのひとつとなるような建物でもあれば、宣教医師は遥かにうまく仕事を始めることができる。そうすれば施設は、医師の経験に沿って充実していくことができるだろうし、医師は、助けになる十分な現地人スタッフもなしに最初から無計画で大規模な設備に重い責任を負わせられるよりも、活動をもっと賢明に指揮し、管理することができるようになるだろう。

筆者は、自分の初期の医療経験を繰り返す気にはとてもなれない。中国人の農夫がのどを病んで来た。妻の言うには、二年間小さな竹の管を通して食べさせてきたが、今ではほとんどなにも飲み込むことができないという。当時は診療所も病院もなかったので、彼は中庭で、食堂の椅子のひとつに座って手術を受けることになった。もうひとりの宣教師が彼の頭を支え、患者は椅子の両側の横木をつかんで自分自身を安定させた。腫瘍は悪性で、多大な困難を経て除去されたが、大量の出血が後に続いた。コカインはまだ発見されていなかったので、麻酔剤は投与できなかったが、患者は椅子をつかんで、うめきもせずに英雄的に、手術に耐え通した。彼はその後二年生きたが、しばらくとはいえ回復を助けたのは、熟練のわざと言うよりはむしろ彼の生命力と忍耐であった。宣教局は数年後になって、四十床の病院を建てることができた。

H・T・ホジキン博士は、医療宣教についての優れた著作『良き医師への道 The Way of the Good Physician』のなかでこう強調している。「本国におけるよりも外国において、病院の存在は医師の装備にとってはるかに死活的な要素となる」。その理由のひとつは、彼が医学的・外科的診療において最も困難な症例に遭遇するからである。患者はしばしば、家族や現地の医師に見放されて始めて彼のところに連れてこられる。こういった症例を扱うためには、医療宣教師には十分な設備と有能なスタッフが必要である。彼には病院内、自分の眼の届くところで治療の継続性を保つことができるのであり、そのことに成功の多くが依存している。患者を病院内に置いておくことで医師はさらに、三つの大きな重要事を確保することができる。清潔と日光と新鮮な空気、これらは重要ではあるが、非キリスト教諸国の大半の家庭では見出せないものである。彼には身体的にも精神的にも、科学的診断・治療の立場から症例を研究する機会ができる。そして最後に、病院において、彼には患者たちをキリストに導くという最善の個人的な働きができる。

必要なのは適切な建物だけではなく、緊急の症例の必要に応える十分な予算である。本国における寄付金の不足と予算の削減によって、あるときジョゼフ・コクラン博士の病院の一部が閉鎖を余儀なくさせた。ここに、雑誌に書き付けたメモがある。「昨日五人のクルド人が、アマディヤ[66]とモスールの間の地域から来た。二ドルほどの現金を携え、途中二十五日の長く危険な旅をして来たのであった。そのうちの三人は重病であった……この施設ではあらゆる国籍、信条の人々が受け入れられ、貧者も富者と同様の治療を受けられると聞いてきたのだ。こんなに遠くから来た人々に対してドアを閉じるには、硬い心が必要であった」。彼にできたのは近隣の村のクルド人たちの間に彼らの居場所を探し、彼らのモスクへの受け入れを依頼してドアからドアにパンを乞わせるようにし、無料で提供できる薬を取りに来させることだけだった。

宣教団の病院が強力な福音伝道機関であることはすでに述べたが、この事実を強調し過ぎることはできない。中国医療宣教連盟に対してなされた、患者たちにキリスト教の真理示す最良の方法についてのダンカン・メイン博士の報告で、彼ははっきりと、最高の機会は病棟において、ベッドサイドで患者に個人的に対応することによって得られるという意見を述べている。彼の確信によれば、この働きは主として、定期的かつ系統的に病棟を訪問して患者と接触する、現地人の伝道者や聖書販売人によってなされるべきである。「もちろん医師や助手たちも、毎日の回診に際して時宜に適った言葉をかけるのだが……一般的に言って本当の教育は伝道者たちによって行われており、彼らはわれわれよりずっとよく行うことができている」。

彼の病院では男性、女性、妊産婦、子どもたち、レプラ患者たちのために別々の礼拝が、スタッフのなかの異なったメンバーによって行われている。これらの礼拝は、月曜夜の幻灯機の公演のために同じホールで行われる全員集会、火曜夜のスタッフのメンバーと構内のキリスト教徒全員の出席する祈祷会の日以外は、毎夕行われる。「この集会は、常に私自身の手中に置かれている」と、彼は付け加える。「われわれは相当な変化をつけて、型にはまったものにならないようにしている。この集会の要点は神的な生命の力であり、聖霊の力である。集会は短く、できる限り面白いものにしている」。

外科医として、キリスト教指導者としての能力を明らかにしたメイン博士のこの立場は、インドのミーラージュ(67)のW・J・ワンレス博士(68)の態度とも完全に一致している。博士は最近、インド医療宣教連盟(69)に対してこのように報告している。「宣教団病院の福音伝道の活動は、一般に、医療スタッフの責任であるべきである。彼らすべてが、施設の福音的な活動において明確で積極的な部分を担わなければならない」。インドでは宣教団病院の影響範囲に非常に多くの村々があるので、医療スタッフに加えて叙任された宣教師が、施設内での個人的な働きと、「病院で知り合うだけでなく、友情を打ち立てた患者たちが来たことのある地域の村々の訪問のために」必要とされる。彼はさらに、回復期に使うことができるように開かれた、注意深く選ばれた書物で構成された小さな図書室があるべきだという、優れた提案をしている。

福音伝道の働きにおいて、退院後の患者たちを追跡していくということの重要性は小さいものではない。それは最も実り多い分野でありながら、宣教団が働き手に不足していることが、一般かつ系統的に、これを行うことを妨げている。今では宣教団教会はよく組織されて自給的になっているので、病院で受けた真理の教育を家庭に持ち運ぶために、信頼できる成熟したキリスト教徒の男女（その両方が必要なのだが）が、自主的に礼拝を守ることができるようにするべきだろう。福音に関心を持ったすべての患者のための、最寄りの牧師への紹介の手紙に加えて、患者の住所を添えたコピーが牧師自身に届くようにするべきである。忠実かつ系統的に行われれば、このことは病院の福音伝道機関としての有効性を倍増させるであろう。メイン博士の提案は広く採用されるに値する。

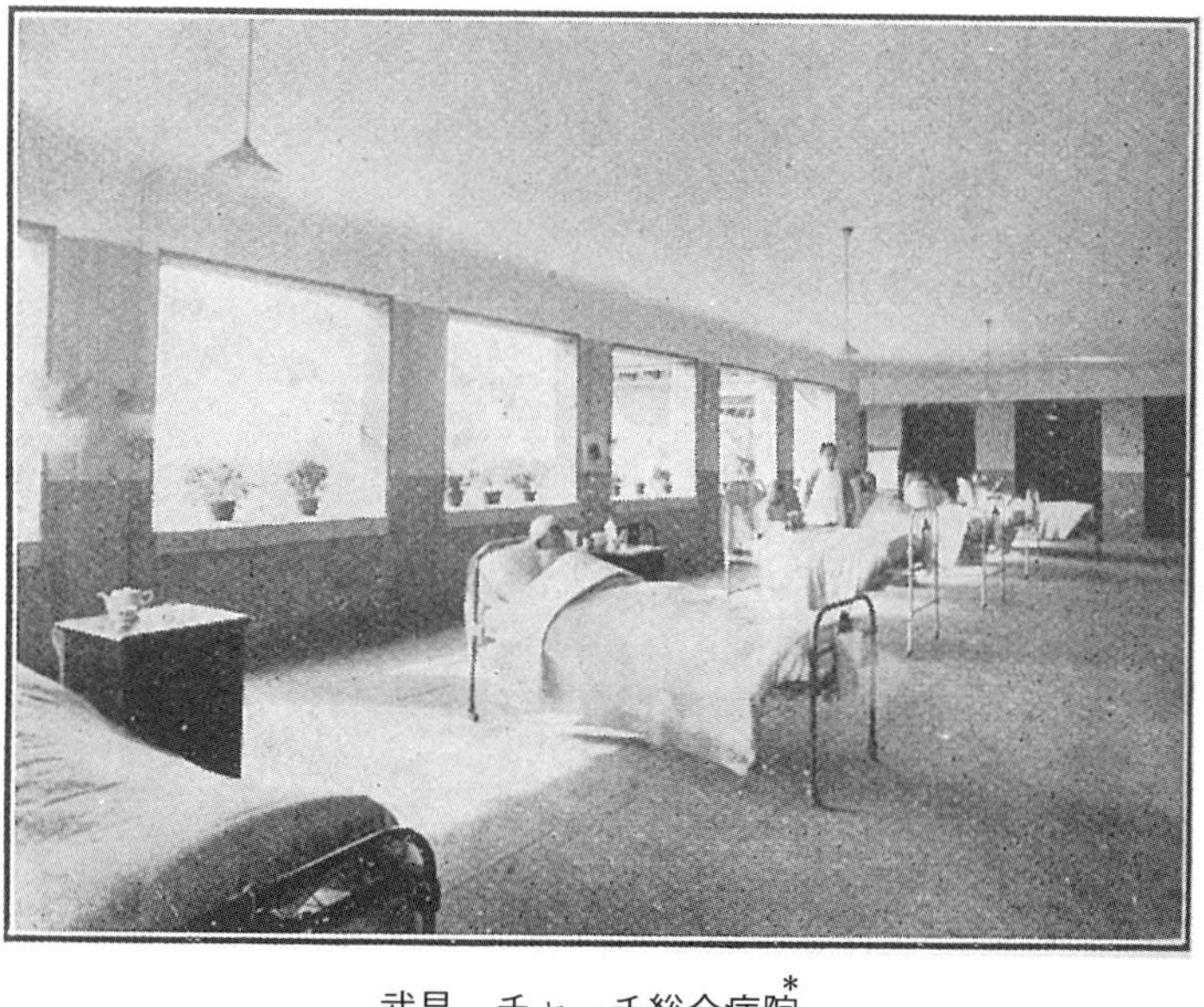

武昌、チャーチ総合病院*
上：女性病院の玄関　下：女性結核病棟

* Church General Hospital

医療宣教師の活動がいかに相対的に少額の支出で行われているかは、注目すべきことである。広東の最大の病院を一年間維持するための費用は一万ドルという控えめなものである。この額さえ本国から来るわけではなく、予算は中国医療宣教協会(70)によって提供されている。この病院と関連の諸診療所では、年間約五万人の患者が治療されている。ニューヨーク、カンザスシティ、サンフランシスコの病院における一床あたりの平均費用が一日二ドルであるのに対して、広東やラクナウ(71)では一年に二十五ドルから三十五ドル以上にはならず、一日では十セント以下である。

医療宣教師たちの間で一致している意見は、可能であれば、患者に治療のための費用のいくらかを、それが少額であっても、支払わせるべきであるということである。同時にすべての宣教団病院では、貧しくて料金を支払えない人を誰も追い返さないという方針でもある。外来患者からの受納額や病棟での少額の料金の支払いの総額は、大きくはないかもしれないが、医療支援の価値に対する認識を高め、自尊心を作り出し、人格を高めることへの貢献は大きい。患者たちが無料の医療は低質な医療だと話しているのを、しばしば耳にする。人々が何のために支払っているのかを認識すれば、もっとよく指導に従うようになるだろう。自給の政策はW・H・パーク博士の管理下にある中国蘇州の米国南メソヂスト監督教会(72)のそれにおけるように、多くの病院で進められている。現在の支出に応じることに加えて、それはたびたび、スタッフや各活動部門のために、建物群を拡大、設置するための土地をもたらしてきている。

W・J・ワンレス博士の管理下にある、インドのミーラージュの米国長老派(73)の病院は、知的で練達した指導の下に、自給下での活動の拡大・成長、働き手の増加を実現させた実例である。それは百三十のベッドを持ち、年間二千人の入院患者と四万人の外来患者を治療し、四つの付属診療所を持っている。一九一六年末までの二十四年間に、二万七千人の入院患者が治療され、総計七十五万人が来院し、四万回の手術が行われた。それは当初から実際上の自給という堅実な基礎にたって進められたのであった。過去六年間に、現在の支出に加えて、設備は総額四万ドルにまで拡大した。宣教地で寄せられた基金、主として患者たちからの贈与によってである。インド西部宣教会(74)の三つの病院と七つの診療所の活動はすべてミーラージュの活動から拡大したもので、本国の教会の負担となったのは、宣教師たちの俸給を除いて、年間四千ドル以下であった。ひとりの医師と看護婦は、いずれもアメリカ人であるが、病院によって雇用されている。

インド人著作家サイント・ニハール・シン[75]はその論文でこのように述べている。「ミーラージュから半径二百五十マイル以内には政府管理下の数多くの病院があり、その大半はイギリス人医師の責任の下に置かれているが、なおこの宣教医師が有名であるのは、彼が最近の一年にこの地域内のほかのすべての病院で実施された手術の二倍の数を実施したからである」。二十八年の間に、このひとりの医療宣教師によって示された個人的奉仕の数を数え上げるだけでも、それは驚くべきことにも、また尊敬すべきことにもなるであろう。この期間にワンレス博士は二万五千回以上の外科手術を実施し、その六千回以上は白内障、九百回は膀胱結石、千八百回は腹部外科の手術、四百回は胃に対するもので、これは胃の疾患においてインド国内のいかなる単独の術者よりも多い。「彼の名前は、ヒンドゥー教徒とモスレムの家庭でほとんど礼拝されんばかりになっていた」と聞いても、驚くにはあたらない。

このような練達の働き手たちの手中にある宣教団病院は、カースト制に対する平等主義者であり、兄弟愛の建設者であり、キリスト教の具体的な実例、よき影響力の拡散の中心であり、救いのない人々の休息の港であり、また宣教団やそれが中心に位置する外国人コミュニティーにとっての安全のための防壁になることも稀ではない。広東のカー博士の病院について言われているところによれば、コミュニティーの防御のためにそれは砲艦以上に強力であった。

一定の事物があらゆる宣教団病院の効用にとって本質的に重要であるというのが、経験ある医療宣教師たちの間での一致した意見である。

① 二人の医師と、スタッフの助手たち。
② 看護婦を訓練することができる、女性宣教師である監督者。

③ 豊富な日光と換気、掃除用具に適合した構造の建物。
④ 適切な最新の器具。
⑤ 当面の出費に十分な資金。
⑥ 本国宣教局と病院スタッフの、高いキリスト教的理想と方針。
⑦ 責任ある医師については、医学上の最新、最善の事物に対する敏感な科学的態度と、機転の利く精神、病院の活動で彼に関わる物事全般に渡る、キリスト的な指導性。

この章を締めくくるには、もうひとりの練達の働き手、活力に満ちた、男らしい熱血の宣教師セオドア・L・ペネル博士について短く言及する以上にふさわしいことはあるまい。彼はインドのアフガン辺境で暮らし、計画を立て、働いた。彼が築きあげた医療実践は、山道に沿って、野性の部族のキャンプ地へ、兵士たちの間へ、少なからぬ辺境の町々へと伸びた。そこでの外科手術は国境紛争のさなかで、あるいは流血の抗争の結果として、実施された。彼は病院を開設し、男子校を建て、宣教新聞を続け、常に市場で説教し（そこで彼は何度も打たれ石を投げられたが）、それでもなんとか時間を作ってウルドゥ語とパシュトゥ語を完全に習得し、アラビア語、ペルシャ語、パンシャブ語の相当に実際的な知識を習得した。彼のスポーツ活動における積極性は医療活動の積極性にも等しかったので、それを通じて彼はアフガン人の少年たちに練達した統制力を発揮した。白内障は彼の専門であったので、旅の途上の一日の間に十二回の手術を実施するということも少なくなかった。彼が去った後には、それぞれの村に現地人の助手が、患者のケアのために残された。「それぞれの旅が、最初から最後まで冒険であった――砂漠の砂州、溢れる川、山の小道、好戦的な族長たち、熱狂的なムーア人たちや猛威を振るう諸疾患などからの、あらゆる種類の危険」。彼がこのような歩みを保っていくことができたということは実に驚くべきことであるが、彼はそれ以上のことを成し遂げた。医療宣教団の持つ性格と成果は、ペネルの生涯を紹介した陸軍元帥ロバーツ伯爵[76]その人の記述からの引用以上に、正確に要約することはできないであろう。軍事、政治および宣教にわたるインド問題の、かくも高い権威者が深い考察を述べている。それは、記録に値するものである。

「ペネル博士は印象的な風貌、堂々たる人格の人物であり、生まれつき備わった礼儀をわきまえていた。彼は全く恐れを知らず、いかなる種類の武器も決して持ち歩かなかった。彼には忍耐力と決断力があった。彼の目的は、民衆を理解し、彼らに信頼されることであった。彼らの間に住み、恐れることなく自由に交わるという彼の努力は、質素で、献身的な生活によって、目覚しい成功を得た……バンヌ病院[77]は一年間に三万四千の症例を扱い、このうち千六百五十五例が入院した。八万六千人の外来患者が訪れ、三千回近い手術が実施された。この莫大な量の仕事は、四人の正規の男性医師（ふたりのイギリス人とふたりのインド人）と、ひとりの正規の女性医師によって行われた。これらの数字は、ペネル博士が組織化と運営に主たる責任を負った活動の規模の大きさと重要性に関して、幾ばくかの概念を与えてくれるであろう」。

この傑出した医師――彼は望まずしてインドの公共機関におけるこのような名声を勝ち取り、共感的なミニストリーを通じて、辺境の野生的なアフガン人たちの心の中にかくも大きな位置を勝ち得た――の生涯について述べるにあたって、ロバーツ伯爵はこのように言っている。「この本[78]のページを読む人は誰も、その国における善のための医療宣教師たちの偉大な力を確信せずにはいられないであろう。また彼らの霊的な影響力については、私には彼らの働きについての個人的な知識によって語ることしかできないが、バンヌを視察訪問した後のラホール[79]の主教による以下のような証言には、心から同意するものである。それは『反対を打ち破り、心を和らげ、粗野で不従順なこれらの層の民衆に福音の真の意味と、それが持ち来るものとを明らかにし、かくしてその受容の道を整える、はかり知れない奉仕』である、と」。

真の偉大さを測るものは、人格の統合、高潔な理想、英雄的な精神、そして個人に、共同体に、国家に、文明そのものに及ぼす影響力である。この観点から、ここで検討してきた練達の働き手たちは、世界の善のためにすばらしい貢献をしたのだし、またしつつあるのである。神の栄光と人類の利益に向けた、最も実り多いキャリアを望む男女の学生で、彼らのような練達の働き手の中に加えられることを、喜びとしない人がいるであろうか。名簿はいまだ作成中である。

注

（1）『野生の叫び Call of the Wild』ジャック・ロンドン（John Griffith "Jack" London 1876–1916）の一九〇三年の冒険小説。
（2）Thomas, John　インド宣教におけるウィリアム・ケアリの同労者。（Muslims　キリ人）
（3）Pal, Krishna 1770?–1822　インド人伝道者。（キリ人）
（4）Carey, William 1761–1834　宣教師、東洋学者。（Muslims　二五頁以下、キリ人）
（5）リヴィングストンの墓碑銘のことばが意識されている。「アメリカ人であれ、イギリス人であれ、トルコ人であれ、この世界の痛々しい傷口を癒やす努力を惜しまぬすべての者に、天の豊かな恵みよ来たりませ」
（6）Sims　不明。
（7）Osgood, D. W.　不明。
（8）Van Dyke, Cornelius Van Allen 1818–1895　医療宣教師、アラビア学者。（DAB）

(9) Allen, Horace Newton 1858-1932 医療宣教師。のちに朝鮮公使。(キリ人)
(10) Swain, Clara A. 1834-1910 医療宣教師、インドで活動。(DAB)
(11) 原文には Howard King とあるが、この人名については不明。第六章にはハワードとキング(第六章以下、ならびに訳注当該箇所参照)という二人の女性医療宣教師が中国の地方官庁(衙門)の宣教団への解放に貢献した功績について語られているので、ここでは Howard and King の誤記として解する。
(12) 衙門 Yamens of China
(13) Loftis 不明。
(14) The School of Tropical Medicine
(15) デンマークの敬虔主義者による宣教活動を指すと思われる。十八世紀のインド宣教の先駆的な試みについては、Muslims p.19-20. 参照。
(16) Tranquebar インド南部の都市。
(17) English Baptist Mission
(18) College of Physicians and Surgeons
(19) American Board
(20) Gutzlaff, Karl Friedrich August 1803-1851 宣教師、官吏。(DNB キリ人)
(21) 『(不明) Ball's China』一八五四、五九、六〇頁 参照(原注)
(22) Taylor, Hudson 1832-1905 宣教師。(DNB)
(23) China Inland Mission
(24) Interdenominational

(25)『若き日のハドスン・テイラー　Hudson Taylor in Early Years』八八、八九頁。(原注)
(26) Pearson, Alexander　インドから中国に入った最初の医師。
(27) Governor General　宰相とすべきか。
(28) Colledge, Thomas Richardson 1796-1897　外科医師、宣教師。(DNB)
(29) Scudder 博士は医療宣教師には任命されていない。(原注)
(30) Medical Missionary Society of China
(31) Edinburgh Medical Missionary Society
(32) Medical Missionary Society of Canton
(33) American Presbyterian Mission
(34) Medical Missionary Association of China
(35) Aintab トルコ南東部の都市ガズィアンテプ Gaziantep の旧名。
(36) Smith, Azariah 1871-1851　医療宣教師。(DAB)
(37) American Oriental Society
(38) Turkey Mission
(39) Asiatic Turkey　かつてオスマン帝国の領域であった広範な近東地域を指す。
(40) Laurie, Thomas　不明。
(41) Free Church of Scotland
(42) Kalley, Robert Reid 1809-1888　スコットランドの医師、宣教師。
(43) Funchal　大西洋のポルトガル領マデイラ(Madeira)諸島の都市。

（44）Orinoco River　南アメリカ北東部の大河。河口はコロンビア領にそそぐ。

（45）Dom Pedro　ブラジル皇帝。ここではペドロ二世（在位一八三一―一八八九）を指すと思われる。

（46）Pernambuco　ブラジル北東部の州。

（47）The American Presbyterian Church

（48）plant

（49）不明。エジプト・オスマン戦争をシリア戦争と呼ぶことがあるが、この戦争は一八四一年に終結している。あるいは、戦後の混乱期を含んで四五年までとされているのか？

（50）Thompson, William 1806–1894　ヴァン・ダイクらとともにシリアで活動。（Muslims）

（51）Smith, Eli 1801–1856　宣教師、オリエント学者。（Muslims）

（52）Syria Protestant College　一八六六年設立。現在のベイルート・アメリカン大学 Beirut American University の前身。

（53）St. John's and the Greek Hospital　不明。

（54）Thompson, J.C.　不明。

（55）Morrison, Robert 1782–1834　宣教師、中国学者。（DNB　キリ人）

（56）Legge, James 1815–1897　宣教師、中国学者。（DNB　キリ人）

（57）Hobson, Benjamin 1816–1893　医療宣教師。（キリ人）

（58）Fulton, Mary H. 1854–1927　医療宣教師。広東省・広西省で活動。（女性人名）

（59）Edkins, Joseph 1823–1905　宣教師。（キリ人）

（60）Dudgeon　不明。

（61）Fryer, John 1893–1928　中国名・傅蘭雅。江南製造局のイギリス人通訳。大量の科学文献を翻訳した。

（62）Cousland, P. B.　医療宣教師。一八八三年から広東省で活動。
（63）Johnston, Sir Henry "Harry" Hamilton 1858–1927　探検家、植民地行政官。（DNB）
（64）Riggs, Elias 1810–1901　宣教師、言語学者。（DAB）
（65）Bible women
（66）Amadiya　クルディスタンの高原の町。
（67）Miraj　南インド西部の都市。
（68）Wanless, William James 1865–1933　医療宣教師。（DAB）
（69）India Medical Missionary Association
（70）Chinese Medical Missionary Society　本章注三〇と同一の組織と思われる。
（71）Lucknow　インドの北部の都市。ウッタル・プラデーシュ（Uttar Pradesh）州の州都。
（72）Methodist Episcopal Church, South
（73）American Presbyterian
（74）Western India Mission
（75）Saint Nihal Singh　インドの作家。
（76）Roberts, Frederick Sleigh, 1832–1914　陸軍元帥、伯爵。インド最高司令官。（岩波）
（77）Bannu　パキスタンの北部の都市。
（78）アリス・M・ペネル『アフガン辺境のペネル Pennel of the Afghan Frontier』（原注）
Pennell, Alice M.　他不詳。
（79）Lahore　パキスタン北部の中心的都市。一八七七年以来英国教会の主教座が置かれている。

第六章　女性のための女性の働き(1)

「世界に恐ろしいことなど何もない。ただ、私が自分の義務を知り尽くせないこと、あるいはそれを果たせないということのほかには」。

メアリー・ライオン(2)

「ああ、世界の希望が偽りであったならば、私はどうして、病棟での奉仕に耐えられようか。どうして、病気の厭うべき臭いと光景に耐えられようか。だが主は言われた、『あなたがこれらの一人にしたのは、わたしにしてくれたこと』(3)なのであると」

テニスン(4)

中国の海岸の沖、普陀山(5)の聖なる島を訪れたとき、私たちは病んだ肉体と罪に打たれた魂からの二重の救いを求める貧しい女性に出会った。彼女は石畳の道に沿って、上陸地から最も遠い、三マイル半離れた寺院までの道程を歩んでいた。照りつける太陽の下を、彼女を運んできた小船に帰るまでの七マイル、そして自らをさいなむ懺悔、ご利益を得るために費やされる十日間が、彼女を完全なものにするのである。ああ、堕落した祭司階級と偽りの約束の純真な犠牲者よ。この貧しい被造物に、健康と救済とを無自覚的に模索する、世界の女性たちの半数が人格化されている。「希望の扉」(6)は広く明け開かれた。苦しむ女性たち、子どもたちへのキリスト教の憐れみの宣教が。女性医療宣教師や看護婦を、世界の宣教地に迎える門を、どうすればより良く描くことができるだろうか。希望は長く遅らされたままであり、「待ち続けるだけでは心が病む」(7)。打ち捨てられた女性たちは、死の影の谷に座って(8)このように言っているのかもしれない。「私は夜中、寝床を涙で濡らしている」(9)と。だがまさに、キリストの、生命と良き喜びの福音の到来と共に「朝、喜びが来る」(10)。朝の光が、非キリスト教世界の女性たち、子どもたちの闇を打ち破ろうとし始めている。そして夜明けの、最も輝かしい光線がキリスト教徒の女性医師たちや看護婦たちの働きのなかから、その苦しむ他人種の姉妹たちに向かって、輝き出ようとしている。

第一節　女性による医療宣教活動の始まり

インドにおける女性のための医療活動の開始を可能にしたのは、あるロマンティックな出来事であった。現地人の王子の妻、マハーラーニー(11)が、ビールビー氏(12)(13)の看護を受けた。回復すると、王女は取り巻きのものたちを退かせ、彼女の友人に次のように言付けた。「ロンドンに行くあなたに、病気になったインドの女性たちがゼナーナの中で苦しんでいるということを、女王陛下と皇太子ご夫妻に伝えてほしいのです。約束してくれますか?」。彼女はロケットを取り出してそれにビールビーさんがメッセージを書いた紙片を入れ、ヴィクトリア女王に贈ってくれるよう頼んだ。訴えがどのようにかして玉座に届くようにと、彼女の友人と看護婦によって祈りが捧げられた。女王はこの出来事を聞いて、使者に謁見をたまわり、事業の開始を認可し、それはのちにインド総督婦人のデュフェリン侯爵夫人によるデュフェリン病院群の設立へと導かれた。

フィラデルフィアの女子医科大学[14]のクララ・A・スウェイン博士は、インドにおける女性医療宣教活動の先駆者として、また「あらゆる宣教団体のなかで最初に派遣された女性医師」としての名声を博している。一八六九年、彼女はイザベラ・ソウバン[15]宣教師とともに、米国北部のメソヂスト監督教会[16]の婦人宣教協会[17]の援助の下に送り出された。バレイリー[18]に配置され、彼女は若いインド人女性看護婦たちのクラスの訓練を始めた。彼女たちは一八七三年に卒業し、やがて大きな軍勢となるべきものの先駆けとなる。この働きの開始に霊感を与えた誠実な祈りへの応答として、ランポール[19]のナワーブ[20]は四十エーカーの荘園に宣教団の構内を添えて提供したが、それは五万ドルに相当するもので、インド最初の女性病院の開設のために与えられたものであった。ラージャ[21]は『青書』[22]に、苦しむ女性たちに向けて投資されたこの贈り物は、彼がそれまでになしたほかの何事にも勝る満足をもたらしたと書いている。

中華帝国の女性たちは一八七二年、同じくメソジストの（宣教）協会のもとに派遣されたフィラデルフィアのルシンダ・L・クームス[23]博士を最初の医療宣教師として迎えた。一八七七年にはレオノア・ハワード博士[24]、のちにはケニス・マッケンジー博士とともにキング夫人[25]が、それに続いた。キング夫人は偉大な総督李鴻章[26]の妻である李夫人[27]の回復に貢献した。その治癒は帝国のもっとも権力ある高官の関心を捕らえてその感謝を獲得し、官界の評判となり、医療宣教団にかつてない名声をもたらした。衙門は開放され、数千人の女性たちや子どもたちが「驚くべきわざの手」[28]を持つ医師の前に群がった。総督の母親も治療され、キリスト教徒の徳行に対して一千ドルの贈与を行った。仏教寺院は薬物の調合のために、医師の便宜のもとにおかれた。総督の母はハワード博士を視界から離そうとせず、博士が屋敷の中に居住することを願って高価な贈り物を重ねた。医師に彼女の無数の付き添いの従者たちを治療させ、彼女の七十匹のネコの軍団に医療的責任を負わせるためである。

ファニー・J・バトラー[29]博士は、イギリスからインドに向けての最初の女性医療宣教師であった。彼女はダブリンのキングズ・アンド・クィーンズ医科大学[30]で試験を受けた後、一八八〇年に出発した。教授団のメンバーから、彼女の論文はかつていかなる志願者からも受け取ったことがないような最高のものであったと告げられるほど優秀であった。イザベラ・バードさんは、宣教地での彼女の活動から病院建設の霊感を与えられ、のちにこう書いている。「女性たちが彼女の診療所のドアに押し寄せる情景に、私は戦慄させられた。ドアの外側は二人の、内側はもうひとりの、男性たちに守られていたのだが、時としてあまりに強く殺到して、男たちの力に勝り、女性たちは体ごと診察室に突入して来るのだった」。健康と神経にかかる重荷があまりに大きかったので、この高貴な働きを始めて九年で、この心優しい医師は亡くなってしまった。助手たちは彼女の肉体を墓地まで担っていく名誉を願って言った。「彼女は私たちと一緒に苦労したのだから、彼女はほかの誰にも担わせない」。

その共感性と精神力の枯渇を理解するためには、イエス・キリストの生涯と宣教の物語を読み直すまでもないことだろう。それは継続的かつ消耗的なものであった。群衆は朝から晩まで彼に押し寄せ、彼の足元に病者を横たえた。しばしば、食べる暇もなかった。苦悩し抑圧された人間性の重荷が、彼の心と肩に置かれた。「彼はわたしたちの患いを負い、わたしたちの病を担った」[31]。バトラー博士はこの最初の医療宣教師につき従って、インドの女性たちに仕え、主と彼女たちの苦難の仲間になっていったのだった。

ほかにも多くの女性医療宣教師たちが必要とされる宣教地へと押し出され、先輩たちの記録に新しい輝きを付け加えている。広東の婦人病院のメアリー・W・ナイルズ[32]博士とメアリー・H・フルトン博士もそのひとりである。この施設は自給しているというだけでなく、その学生たちも教授団も誠実なキリスト教徒である。一八九〇年に、ナイルズ博士は最初の女子盲学校を開いたが、その七十人の少女たちは中国当局から彼女に引き渡されてきたのだった。彼女の熟練によって、広東省の総督夫人たちのひとりが命を救われた。謝意を表するために、総督は彼女の自由になる多額の金を与え、それによって学校が開かれた。これは、中国人は心からの感謝とともに最も寛大な感情の高まりを持つことができるという、多くの証拠のひとつである。

スウェイン博士、クームス博士のような偉大な先駆者たちの道に続く多くの著名な女性医師たちのもうひとりとして、フィラデルフィア女性合同医療協会(33)のエリザベス・ライフシュナイダー(34)博士にも言及する必要があるだろう。彼女はおそらく、中国中部で卵巣腫瘍を手術した最初の女性であった。その重さは五十ポンドあり、患者の半分以上に相当した。翌日、上海の中国紙は外科医師と彼女の熟練を賞賛する長い社説を掲げた。それに伴う挿絵は、現地の芸術家の想像によるものである。患者は高く美しい天蓋に覆われた寝台の上に横たわっているように描かれ、医師は片足を高いスツールの上に休ませながらベッドサイドに立って、右手には剣を持って高く振り上げ、彼女はそれで一撃のもとに腫瘍を取り除いたのである。現実からは幾分の隔たりがあるが、平均的な現地人の精神は、とりわけ患者が良好な回復を遂げたことによって、大いに深く印象付けられたのであった。

第二節　医療宣教事業の女性に対する要求

この種の活動はきわめて命令的ないくつかの要求事項を提示している。そのうちの三つについて述べる。

（一）任務の性質に由来するもの。それは神から直接に来るもので、人の全ての力に値する。だからこのような任務に赴くに当たっては、医師も看護婦も、神の力に心から期待しているべきだろう。神は約束なさったのであり、神は真実な方なのである。そのことで、神の召しであるという天職の意識が、生きたものとして保たれる。このような意識は本国にあっては、個人的な野心、職業主義、商業的意識にひそかに影響されて死んでしまいかねない。それは宣教地において深められ、育ち、宣教魂そのものになっていく。苦難が最も大きく、そこで救済する力が奉仕の義務へと育っていく場所を見出すように命じる任務が、英雄的行為に訴えかけ、高貴な熱情を満たすのである。それは宣教医師にかの偉大な治療者の足跡を追わしめ、そうすることによって慈悲の源泉に触れ、心からの堅忍の恵みを吹き込み、信仰を練達へと導き、祈る者の生活を深めて、神が現存するという感覚の成長をもたらす。

（二）必要性の深刻さに由来するもの。打ち捨てられた人々の苦難は、それが改善可能であるだけに、深刻かつ急を要するのである。イザベラ・バード・ビショップさんは世界を旅した人であったが、旅を始めたときには外国宣教団の有用性や能力には、無関心というよりほとんど懐疑的であった。アーサー・スミス博士[35]は『キリストの王国 Rex Christus』において、宣教団と医療宣教の諸成果の目撃者となることによって、彼女は「その救いの力の熱烈な信者となり、東方に五つの病院と孤児院を立てるよう導かれた」と指摘している。見る機会を得、与える力を持っていた彼女にとって、ほかにどうすることができたであろう。中国で、病院や診療所の毎日の外来に足繁く訪れるごとに、本国を離れて中国人のための友になる医師たちへの尊敬が深まっていく。「彼女の所には、ほとんど殺されかけた小さな奴隷の少女が、夫に捨てられそうになっている子どものない妻が、継母に目を打ちつぶされた十三歳の義娘が、惨めな小さな脚をつぶされた子どもがやってきていました。子どもの足は炎症を起こし、化膿して骨が朽ちており、その骨が、残酷な包帯のなかから彼女に訴えかけていました」。

インドでは、女性たちは中国におけるよりもさらに幾分も苦しめられている。彼女らの多くはゼナーナやハーレムに厳重に隔離されて、制限された生活をおくっている。ヒンドゥー教[36]は、女性が本質的に男性以下のものとして創造されたと確信しており、「牛の聖性と女性の堕落」を信じている。その信条によれば、彼女は男性の独占的所有権と快楽のために造られたのである。彼女は幼児期には、生きる権利を否定はされないとしても、無視される。少女期には、彼女の意志と関わり無しに婚約し結婚するか、恥辱の生活へと売られていく。幸いに子どもを生むことができたとしても、彼女は自然の苦しみにだけでなく、それが無知でおせっかいな産婆によって強められることにも、耐えなければならない。寡婦になって子どもがなければ、彼女は侮辱と軽蔑の対象となり、生涯を骨折り仕事ですごす。病気になると、「偏見と習慣が医療的援助を完全に遠ざけてしまう。女性は自らが情欲の奴隷であって信頼に値せず、大きな疑念の渦巻、悪徳の棲家であって、欺瞞に満ちており、天国への道の妨げ、まさしく地獄の門であると教えられる」。

以上に述べたことはもちろん、夫に献身的に愛されている多くのヒンドゥー教徒の妻たちにとって普遍的な真実というわけではない。しかし、ああ、それはありふれた真実なのである。

非キリスト教国で女性に割り当てられている卑しめられた地位について、私が突然に理解することができたのはインドでのことであった。私達の列車が途中の停車場に着いた。イギリス人の警備員の窓をたたく音が、私を眠りから覚まさせた。低いが興奮した声で、彼は乗客が病気であり、医者の助けを必要としていることを説明した。急いで服を着て、彼に従って女性車両に行くと、反対側の隅で六人ほどの現地の女性たちの荒々しい身振りをしているのが目に入った。左側で硬い座席に横たえられているのは、母親になったばかりのほんの少女であった。彼女のそばでまったく救いがたいようにヒステリックに泣いているのは、彼女の母親であった。

最寄りの病院とは三十マイル離れていた。警備員に救援依頼の電報を打つように指示して急がせ、私は年若い母親とその赤ん坊に注意を戻した。目的地に着くと、担架が運ばれてきていた。しかし担ぎ手たちは患者が女性であること、異なったカーストであることを見て取って、彼女に触れることを断固として拒否した。私は従僕や通訳を通じて訴えたが、無駄であった。彼らは男性、彼女は女性であって、彼らは高いカーストだが、彼女は低かった。訴えは、ターバンを巻いた浅黒く背の高い人々の足元に砕け落ちた。私は通訳のほうに向き直った。「君はモハメッド教徒だから、私がこの女性をプラットフォームに運ぶのを、きっと手伝ってくれるね」。彼は尊大に、間違いもなく侮蔑的な表情で、伸び上がって応えた。「確かに、私はモハメッド教徒ですが、彼女に触れると一カ月間不浄になってしまいます」。私は直ちに、彼に車両から降りるよう命じた。警備員が来た。私はイギリス人として、キリスト教徒として、彼に訴えた。議論の必要はなかった。彼は喜んで力強い腕を患者の下に差し入れ、ベッドに運ぶのを手伝ってくれた。汽笛が鳴ると、その幼い妻の母親は身を投げ出して跪き、感謝を述べようとした。私たちはふたたび夜の闇の中に旅立ち、私は人の作り出した信仰の欠点を理解し、弱者に対する強者の任務を教え、妻や母なる名にこそ神聖さを与え、世界中の女性たちに名誉を与えるキリスト教の美点について、新たな視点を得た。

ラテン・アメリカにおける必要性もまた、非常に大きい。メキシコの山々のかなた、荒々しいヤキ[37]たちの住む地域のはるか南西に、タラスカン・インディアン[38]の故郷である美しい谷がある。そこに私たち、G・B・ウィントン[39]博士と私自身は、鉄道とカヌーと鞍の上での数日ののち、馬の背に乗って入っていった。二人の訪問者の一人が医者であることを見て取って、母親たちは子どもたちを彼のところに集めてくる。人生の幾歳月、彼女らのところに医者が来たことはなかった。彼女たちは忍耐強く無口に、苦難に耐え悲しみを担ってきたのだ。彼女たちが私たちに、現地の石から作った自然のままの飾りに彩られた銀の装身具を押し付けてくるごとに、その感謝の気持ちが心に触れてくる。早く戻ってくれるようにという彼女らの訴えが、私たちの心を捉える。彼女たちは使信を待ち、望み、そしてすでに整えられているのではないのか。福音書の物語を携えたひとりの医療宣教師が、この美しい谷にとっての鍵になるだろう。十年が来たり、去っていったが、タラスカン・インディアンたちはまだ待っている。そしてまた、南部諸共和国の多くの地域も、待ち続けている。

暗く広大なアフリカの至るところで、女性たちが、子どもたちが待っている。この暗黒の大陸の痛みと病のすべてに対して、男性医師は哀れなほどに少なく、女性医師はほんの一握りである。しばしば、医学的訓練をまったく、あるいはわずかしか受けていない宣教師たちが、医師に対する緊急の求めに応じざるを得ない。アフリカではいつも予期できないことが起きるからである。自発性、勇気、そして常識が、より以上に要求される宣教地はほかにない。ベルギー領コンゴで三十年間の宣教奉仕を過ごした、六十歳の物静かで小柄な女性がいた。筆者は彼女とその夫と共に旅行するなかで、彼女の人生に起こった下記のような出来事を知った。象のハンターが、撃とうとして木にぶつかっ

セイロン、マクロード病院*、母性病棟

セイロン、イヌヴィル**、マクロード病院の母性病棟

* McLeod Hospital　** Inuvil スリランカ北部の村

た。銃は暴発し、手を引き裂いた。損なわれた手首には同僚たちが泥と葉っぱを塗ったが、三週間後には彼は死ぬか死なずの状態で宣教拠点に運ばれてきた。彼女には病気看護のいくらかの経験があっただけでなく、また豊かな才能とセンスに恵まれていた。包帯をはがすと、前腕が壊死の状態になっているのが見て取れた。彼女の夫は腕を切断しなければならないと知らされ、おどろいて「私は外科医じゃない」と応えた。彼女は二人で力を合わせて手術を実施しなければならないと主張し、肉切りナイフと木鋸を持ち出し、組織のどこを切って縫合端をどう作るかを彼に教えた。彼女は動脈を結紮し、傷にヨードフォルムをかけて包帯した。この男は回復して今でも象を狩っている。彼女には医療宣教師としての素質があった。自発性、勇気、自信である。このような人材は豊富にあって、見出されるのを待っている。それに加えて、訓練によって得られる奉仕の効率性と、神の命じる任務に対する緊急性の意識が伴うならば、多くの謙遜な女性たちが偉大な行為と英雄的な奉仕の人生に向かう霊感を得るであろう。女性たちには能力がある。必要なのは、義務を理解すること、全般的な訓練、そして宣教地である。

　ペルシャ、エジプト、シリア、アラビア、その他の世界のモハメッド教諸国における女性たちの身体的状態は、言葉によっては描ききれないほど悲惨である。打ち捨てられ、辱められ、制限を受けて、女性はイスラムの専制者[40]のもとで自分の小さな世界の中を動いているだけで、彼女を苦しめる幼児婚、重婚や無制限の犠牲の恐怖を語ることもできない。彼女たちの間には病気も多いが、働き手はほとんどいない。

　だから私たちが宣教地から宣教地へ、宣教世界の間中を行き来しても、悲惨な貧困の物語は常に同じである。私たちには、その抑圧を大きく和らげる救いの源を、現地に見出すことはできない。前章までに述べたように、現地人の誤療や偽医者や魔法使いと、そして男性の迷信に起因するすべての苦難が、女性たちと子どもたちに対して二重の力を加えてくる。彼らの粗野な理論、残酷な診療のふたつの実例をあげる。いずれも精神的な症状に関係するものである。

クリスティ博士[41]は彼の経験した悲しむべき実例について述べている。満州では「狂気、てんかん、重度のヒステリーは通常悪霊の憑依によって起こされるとみなされている。症状の原因については何も調べず、患者を無理に赤く熱した鉄の上に立たせ、容赦なく強く打ち続けるといったような、悪霊を追い出す為の最も残酷な方法が適用される。十七歳の少女が私のところに連れてこられた。明らかに重度のヒステリーの症例であった。魔術医師たちは、いくつかの残酷な方法を試したが成功せず、最後には悪魔を追い出す為に赤く熱した火かき棒をのどに突き刺した。その後まもなく、少女は死んだ」。

もうひとつの実例も、中国からのものである。長城に沿っての旅の途中、それは中国とモンゴルの間にそって伸びているのだが、私は銃を手にキツネを狩る、二人の若者に出会った。彼らは狩りに深く熱中していたが、容易ならぬ不安を漂わせていた。質問によって、説明に導かれた。彼らの母親が突然意識を失ったのである。草原から帰ってそのことを見て取り、彼らは彼女が呪いをかけられたのだと結論した。彼女は窓の鴨居にキツネがいるのを見たと言っていたのだ。窓のところに置いてあった水の椀が倒されていたので、そいつはそこにいたに違いない。そいつはひと目で彼女の霊に呪いの言葉を織り込んだのだ。彼女ははっきり物を考えられず、日常の仕事にも出られないでいる。息子たちは占い師に相談した。占い師の助言によれば、彼らがその特定のキツネを捕まえて、額の真ん中の赤い毛を探し出し、それを抜いて放してやれば母親は回復するだろう。私たちは彼らの恐れを払いのけようとしたが、成功しなかった。彼らは銃を担って探索に戻っていった。

宣教地を通じての女性医師の必要性を強調するにあたって、中国、インド、モハメッド教諸国のような多くの非キリスト教諸国においては、男性医師は多くの場合女性患者のベッドサイドにはおよそ近づけないのだということに、特に留意しておかなければならない。

この緊急で途方もないような宣教地における必要性の解放を志そうとする女性も存在はするが、本国にとどまる数千の医師や看護婦に比較すれば、バケツの一滴に過ぎない。加えて、もしいまだ到達しえていない数百万の人々の絶望的な必要性を考慮に入れるならば、本国と外国の利用可能な人的資源の供給の差は比較にもならない。中国全域、いやアジア全域の女性医師の数は、ニューヨークあるいはロンドン市内よりも少なく、看護婦についてはすべてを合わせても、戦時中のフランスのひとつの軍病院のスタッフの数よりも少ないのである。

（三）実りの豊かさに由来するもの。言葉も絵図も、苦難から解き放たれ、生命が回復し、共同体が清潔で健康的になることとの結果というものは描くことはできない。しかし癒しのミニストリーのもたらす信仰の果実はさらに大きい。この主題について語ってきたことのすべてについて、女性たちが男性たちにも優る貢献をしてきていると付け加えても良かろう。

偏見を打ち破り福音への扉を開く医療宣教の価値は、女性患者の場合においてしばしば示される。トロの王女マジラ(43)のところへは、早い時期に中央アフリカのウガンダの首都メンゴの医療宣教団が到達した。彼女は雪を冠するルウエンゾリ山脈(44)のふもとに暮らしていた。モハメッド教徒の奴隷狩りに捕われたが、自由を取り戻し、メンゴを通って故郷までの長い徒歩の旅をしているところであった。眼疾患に罹っていたので、彼女はエニュンバ・イエダガラ(45)（医療の家 House of Medicine ※原注）を訪れた。彼女は回復し、旅を再開し、故国であるトロに帰った。そこで彼女は大きな称賛で迎えられたのだが、すぐに宣教師を探し出し、メンゴで受けた治療の話をして、言った。「付き従うものたちに、あれほどに親切であれと教える信仰について知りたいのです」。何年も後、アルバート・クック博士(46)がウガンダを訪れたとき、トロの王はブニョロ(47)の王を訪問中であるとのことであったが、「その随行者にはこのキリスト教徒の王女が含まれており、彼女はブニョロの王女たちを訪問して彼女たちを教え、福音伝道者としての活動を行っている」とのことであった。ここでもまた医師が、機会の扉が開かれる、その継ぎ目に立っていたのである。

野外診療は十分満足のいくものではないとはいえ、種を蒔く稀な機会を与えてくれるもので、軽んじるべきではない。最良の改宗者たちの何人かは、ここで獲得されたのだ。頑固なモスレムのサキネー[48]は、何度も叔母の薬を受け取りに来ていたが、いつもチャペルの終わる前に帰ろうとしていた。しかし彼女は十分心に触れるだけのものを聞いており、叔母が回復したら戻ってくると言い訳をするようになった。翌年には、夫によって虐待され続けてきたために病気になり、彼女自身が患者になった。そこで夫は彼女を離縁した。彼女の父親に不信心者と報告されたので、彼女は厳しく打たれた。それにもかかわらず、彼女はバイブル・クラスに加わり、日曜の礼拝に定期的に出席し、イスラムの信仰を否認し、イエス・キリストへの忠誠を表明した。組織的な排除が始まった。それでも彼女は「よき知らせ」を語り続けた。石や泥を投げつけられ、路上で「キリスト教徒の犬」と野次られた。「一晩か二晩のち、彼女は叔父にひどく打たれて、たくさんの傷や出血があったが、少しもひるんでいなかった」。そして群衆が家を取り囲んで命を脅かした。村の壁を潜り抜けて、彼女は保護を求めて宣教団に来た。狼狽してはいたが、彼女は「私はキリストを拒みませんでした。キリスト教徒として生きたい、死にたいと思います」と、繰返した。知事は彼女とその幼い息子を要求してきた。それからの二年間、彼女は宣教団と接触を持つことを許されなかったが、ついには釈放されて、母親の洗礼を見る喜びに恵まれた。彼女の祈りに対する応えにはめざましいものがあったので、キリスト教徒の女性たちは何かを強く求めるとき、このように言うことが習慣となった。「神さま、サキネーになさったようなお応えのひとつが、私たちにも与えられますように」。このような改宗者のひとりは、医療宣教団のすべての投資に見合うものである。それはモスレムの女性が、モスレムの世界が、キリストにもたらされうることの証明である。

語ることのできるいかなる言葉とも違って、医療活動においては愛の福音を、友愛的な奉仕という具体的方法でもって説く機会が常に存在している。それは雄弁で、確実な応答を引き起こす。女性医師の共感的な宣教奉仕によって引き起こされる感謝の念は、しばしば心に触れるものとなる。インドのグントゥール[49]には、A・S・クルグラー博士[50]を責任者とする壮大なルーテル病院[51]に接続した、多くの患者の友人達のための新しい宿舎がある。ラージャが、彼の息子の命を感謝して贈ったものである。幼い王子は重い病で、心配した医師は二週間にわたってコットのそばのベランダで眠っていた。ある朝早く、彼女は足音を耳にした。聞いていると、薄明かりの中でラージャが子どもの上にかがみこんでいるのが見え、「天にいますわれらの父」という言葉が聞こえた。神は幼い息子を生き返らせ、父親はそのことを神の愛のしるしと受け止めて、心をキリストへと捧げた。このことも、受け取るものを人間的に、与えるものを神的にする、愛のもうひとつの実例に他ならない。

女性医師が妻を世話してくれたことに対する男性の感謝の念を示すものとして、シャーウッド・エディー氏による二つのケースを引用する。それらはまた、現地のインド人の、英語との格闘の実例でもある。

ケース１――治癒

拝啓

妻はあなたの病院から、治って帰ってまいりました。男性があなたのバンガローに差し支えるのでなければ、本日午後私自身が来臨する栄誉を与えたいと思います。私はお返しをしようとするものではありません。復讐は神のもの[52]、であります。

敬具

ケース２――死亡

拝啓

ここに喜んで、私の愛する不幸な妻にはもう、あなたの親切な治療を受ける必要のなくなったことをお知らせします。妻は先月二十七日夜、この世を去って別の世に向かいました。本件についてのあなたのご助力に、いつまでも感謝いたします。

敬具

第三節　現地の働き手の訓練

中国でもインドでも、医師あるいは看護婦として教育をうけ免許を得た現地の女性の必要性は絶対的である。中国には健康についての適切なケアも、肉体的、霊的ないずれの面の知的なミニストリーもないままに、二億人近い女性たち、子供たちが存在しているということを思い起こさなければならない。インドにおいても、イギリス政府の諸機関、尊敬すべきデュフェリン病院群、帝国のあらゆる部分における宣教的努力の存在にもかかわらず、少なくともさらに百万人[53]に手が届いていない。現地の女性の訓練において、いかなるアメリカ人、イギリス人の女性によっても提供されうる奉仕のために、ここより以上に魅力的な宣教地は見出しがたい。

アーサー・スミス博士は偏りのない証言として、『中国通信 China Mail』の論説を引用している。「今日、宣教事業の発展と一般的進歩において、中国人女性の西洋医学、外科学による全面的な訓練以上に重要なことはない。適切な資格（のある人）が得られさえすれば、このような分野には事実上無限の広がりがある」。中国における最初の女子医学校は、一九〇二年に広東市に開設された。七百人の観衆に加えて、総督と官吏たちが出席するか、あるいは代理を送った。「五百人の衛兵たちが近隣の街路に整列して祝典に名誉を捧げた。福州のウォールストン記念病院[54]の長は、長年にわたってフ・ジンイン博士[55]、現地の大臣の娘であった。彼女はフィラデルフィアの女子医科大学を卒業し[56]ており、一年で一万五千人の患者を治療したことがある。揚子江上の九江[57]では、ふたりの中国人女性医師、メアリー・ストーン博士[58]とイダ・カーン博士[59]が病院事業の目覚しい成功を指揮しつつある。キリスト教徒の第二世代で、ミシガン大学の卒業生である。同じ地方の南京市のツァオ博士[60]は、医師でもある中国の大臣の娘である。彼女自身もフィラデルフィアで医学校を卒業し、フレンズの援助の下に抜きん出た能力をもって病院を運営している。

宣教地において現地の女性たちを訓練することについての、特別な理由を尋ねる人がいるかもしれない。それは、以下の通りである。

① 現在宣教地にある女性医療宣教師あるいは看護婦の隊列は不十分であって、援助を必要としている人々の千分の一にも達していない。

② 現地の働き手を徴募して資格を与えることは、その数は少なくとも、すでに過重になっている医療宣教師たちの重荷を大いに軽減するであろう。

③ 現地の女性医師や看護婦は、訓練された産科看護士や助産婦も同様に、外国人が歓迎されないか全く受け入れられない場所に頻繁にアクセスできる。

④ イギリス、合衆国、あるいは自国において資格を得た現地の少数の女性たちは、私的診療において大きな熟練を、また病院の監督においても優れた能力を示している。彼女たちには大きな指導性があり、その何人かは宣教団あるいは政府の援助下にある重要な諸施設の長となっている。

⑤ 学生たちをイギリス、カナダあるいは合衆国に派遣して五年あるいは六年にわたって訓練するための費用は重く、これらの国々で医療活動のために大きな数の人々を用意することは不可能になる。

⑥ 宣教地で教育することはまた、若すぎる時期に出国して長すぎる期間を外国で過ごした学生の重大な難点となる、無国籍化の傾向を防止する。成熟した男女についてならば、卒業後に外国で働くことは、もちろん、このような難点をもたらさない。

⑦ 各宣教局とその代表者たちがこのような訓練の事業を引き受けなければ、それは後日に、現地政府によって担

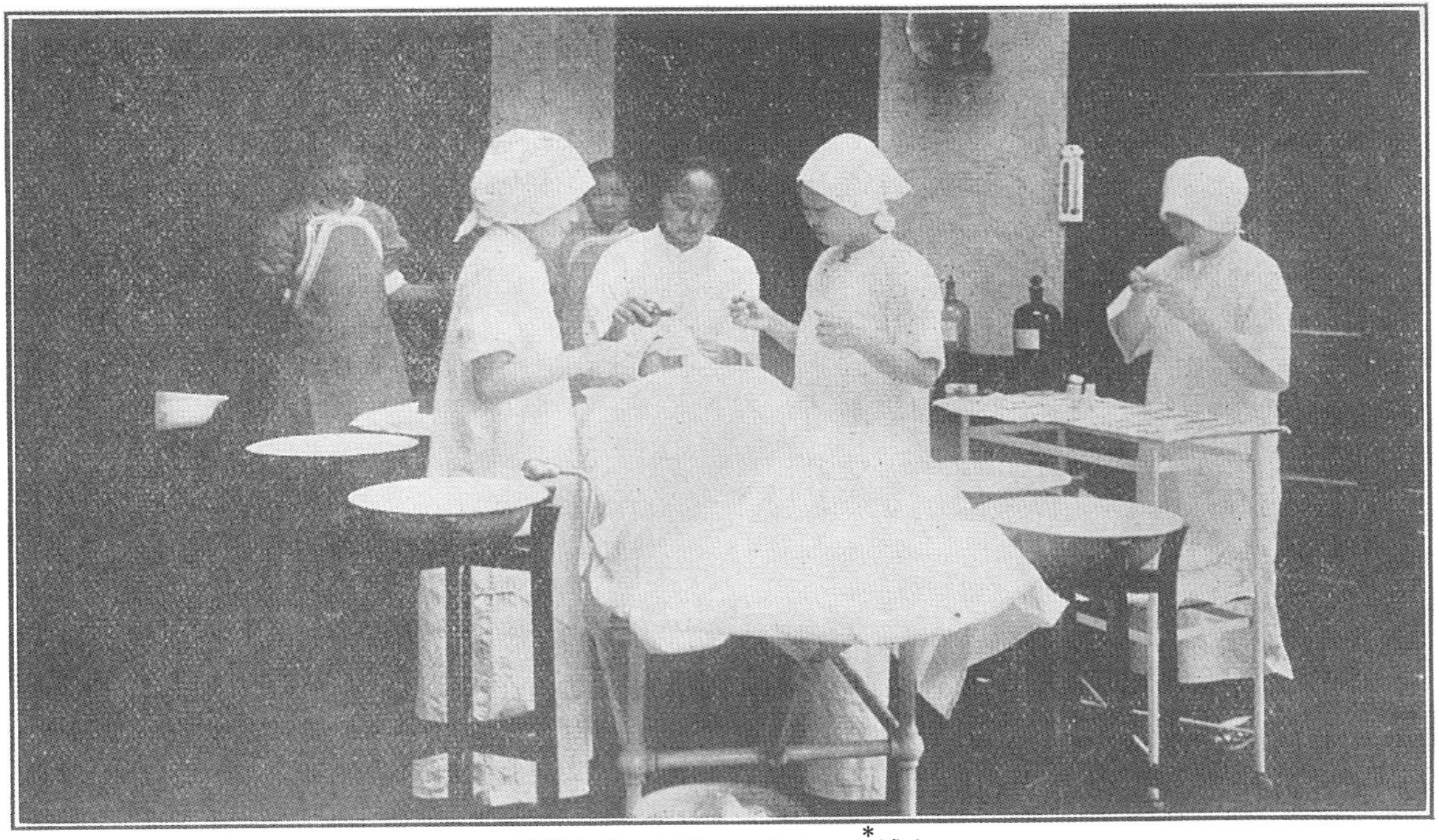

手術中のメアリー・ストーン*博士

中国、九江**、勤務するダンフォース記念病院***で手術中のメアリー・ストーン博士と助手たち

* 第六章第3節に登場　** Kinkiang。本文ではメアリー・ストーン医師が管理していた病院の所在をKiukiangとしており、おそらくその方が正しい。　*** Danforth Memorial Hospital

われることになるであろう。そうなると、それは最高の倫理的・信仰的理想にとっては、好ましくない環境の下に行われることになるであろうし、教会は具体的な形でキリスト教を提示する最大の機会と最も有力な機関のひとつを、失うことになるであろう。しかしここで、インドにける女性臨床家や看護婦のための教育の提供については、宣教諸協会の下に、あるいは政府機関の下に、急速に進展しつつあるということを述べておく必要があるだろう。現地の多くの王子たちは、医学教育のための土地・建物・病院基金の贈与にとても気前が良い。中国の何人かの高官たちも同様である。

第四節　宣教地における教育された看護婦

フローレンス・ナイチンゲール[61]は人の手の効用を再発見した。一八五三年、彼女のクリミヤ戦争への参加によって、肉体へのミニストリーに新しい時代が訪れた。一世紀以降、手はその高く聖なる接触を失ってしまったかに見えた。彼女が、それにあるべき場所と使命を回復させたのだ。彼女は女性のための、新しい領域、新しい召命を造り出した。ロンドンの聖トマス病院[62]に最初の看護婦養成学校[63]が、彼女によって開設されたことにより、このミニストリーは認知され、持続的な基礎を置かれた。合衆国における最初の看護婦養成学校は一八七三年に開かれた。リンダ・リチャーズ[64]はその最初の卒業生にして監督者であった。

今日、世界の指はかつてないほどに、優しい。世界の心が、かつてなく柔和だからである。医療や慰安のためにこれほどのドルが費やされたことはかつてなかったし、痛みから解放し、半死の人を再び生命に引き戻す為に、人間の才能がこれほど精力的な努力を推し進めたことはなかった。戦争は人を血と泥の中に打ち倒し、肉を裂き、骨を砕くが、人の心は無限に哀れみ深く、人間を傷つけた人間が、人間の回復のために働きもする。人間は大いなる破壊者であるが、大いなる救済者でもある。大いに憎むものであるが、同様に、大いに愛するものでもある……赤十字はこの新しい精神の象徴であり、やがて世界がそうなるであろうものの、預言者である。戦争の残酷さ、心無さにおぼれて心を病んだときには、赤十字を、血の戦場に咲く天国の花を見上げなさい(65)。

教育された看護婦を極東に紹介したのは、医療宣教師であった。アメリカン・ボードのジョン・C・ベリー(66)博士は、衛生や清潔に関する公開講義や文献の発行に加えて、岡山と京都ではこの部門での奉仕に大きな力点をおいて、日本人女性にたいする系統的で科学的な教育を開始した。それは新しい発展であり、そのアイデアはバートン博士の述べる通り、教育中であった初期のグループのメンバーのひとりが、幼い皇太子の看護のために宮城に召喚されるという幸運にも恵まれた。

患者の数が増え、現地の人々に治療を受けようとする意欲が高まるにつれ、宣教地の国々において看護婦の熟練した援助が緊急に求められている。実例として、ふたつの宣教地をあげることができるだろう。ペルシャにおける需要は、ホワイト(67)博士によって大いに強調されている。博士の協会には九十の病院・診療所があり、八十七人の医師がいるが、看護婦は六十七人だけである。実に、看護婦のほうが医師より少ない。本国では施設の責任者である医師には看護婦たちの支えがなければならない。ここには看護婦のいない病院・診療所が二十三箇所あり、宣教地における必要性は絶望的なものである。戦争が始まって以来の悲惨さ、病人や迫害された避難民やけが人について、アルメニアやシリアでの罪のない人々の殺害や傷害を、どのように語ればよいだろう。ホワイト博士は「看護婦には影響力を及ぼすことのできる豊富な領域がある。あらゆる種類の人々、王子たちから盗賊たちまでが病院に来るのだし、看護婦の生活の示す具体的な教訓はしばしば、彼らにとって神の愛の最強の証拠となる」と付け加えている。

ラテン・アメリカにおける看護婦の需要にも、極東の宣教地とほぼ同様の緊急性がある。リオ・デ・ジャネイロ、ブエノス・アイレス、サンティアゴのような大都市には熟練した内科医・外科医がおり、彼らはパリ、ベルリン、ウィーンで教育を受けた、専門的には誰にも引けを取らない人々であるが、少数であって、富裕層やうまくいっている中間層が彼らのサービスをほとんど独占している。下層階級の女性たちの状態は本当に哀れである。病気と汚れ、放置と悲惨はとりわけ、市内の閉じられた中庭に当たるラールゴス(68)において著しい。彼らはあくどい偽医者や無知な占い師に祈ってもらっている。召命を生涯の使命と信じる、教育ある看護婦であれば、この状況からの解放のために多くのことができるであろうが、これらの諸都市には教育ある看護婦はほとんど見出すことができない。総合病院の病棟における看護は慈善姉妹団(69)にゆだねられているが、残念なことに彼女らは教育に欠けており、効果的ではない。大都市の外では、女性や子どもたちのあらゆる肉体的苦難のさなかにおいて、教育された看護婦の不在が顕著である。女性の臨床医にいたっては、一人もいない。

ペルシャとラテン・アメリカについては、典型的な宣教地として述べたに過ぎない。教育された看護婦の必要性は、世界中のほとんどの宣教地域においてもまったく同様に大きい。

以上述べてきたような、非キリスト教諸国において女性医師の受けている感謝の念と謝意については、看護婦にも同様のことがあてはまる。もちろん例外はある。バーンズ氏(70)は肺炎に苦しむ貧しい女性について述べている。彼女はタルン・タラン(71)の聖マリア病院(72)で注意深く看護されていた。明け方、義母が嫉妬に狂って患者が毒に犯されていると言いたて、病人のベッドサイドに忍び込み、彼女の病衣を剥いで引っ張り出し、水槽に落として死なせた。その一方、彼女はサヒバ(73)、すなわち女性医師が彼女の義娘の毒を与えたと言いふらした。

だがこのような例は稀であり、看護婦のミニストリーに対しては、感謝の反応が通例である。インドにおける一八九七年のペスト大流行の後、レイチェル・ピゴット(74)さんはインドの当局者たちから次のような手紙を受け取った。「ヒンドゥ・パンチャヤト[75]の名において、本職は危機的な時期に、かつ大きな個人的危険をおかして、あなたが伝染病院においてかくも寛大に提供してくださった自発的な援助に対して、最も心からなる謝意を表したいと存じます。このような高貴な、非利己的な働きは常に祝福を受けるものであり、また人間の生命を救う為にあなたの担われた重要な役割に対する感謝を明らかにすることは、私たちの光栄とするところであります」[76]。

この記述は、ブラジルにおける恐るべき黄熱病の流行を思い出させる。何年も前のことになるが、それは内陸の諸都市と、とりわけ大コーヒー地域の辺縁に位置するリベイラン・プレト[77]を荒廃させた。どの家からも犠牲者が出た。看護婦はおらず、ブラジル人医師たちも援助無しには状況に対処することができなかった[78]。彼らはメソジスト伝道団[79]のウィリー・ボウマン[80]さんとアダ・ステュアート[81]さんのところにきて、病院の責任を引き受けてくれるように頼んだ。彼女たちには免疫がなく、教育ある看護婦としての経験もなかったが、要求は拒絶しがたいものに思われた。彼女たちは自らの手で千人近くの患者たちを看護し、倒れることなく切り抜けた。今日まで、これらふたりの英雄的な女性たちの記憶は、ローマ・カトリックの人々にもプロテスタントの人々にも同様に、深く心に刻まれており、ブラジルのあらゆる地域で自己犠牲としてのキリスト教に永続的な地位を得させている。

教育ある看護婦の人格的資質については、ある経験深い女性によってこのように優れた叙述がなされている。「堅実で健全な性格、沈着な人柄、そして温和で、人の役に立とうとする精神。振る舞いの威厳や優雅さ、趣味の良い服装、正しい口語、心地よい声の中には教養と洗練とが見て取れ、嫌気の差すマンネリズムとも無縁である。接遇には友愛と機知があり、適度な堅固さと決断力、健康なユーモアの感覚を伴っている。仕事を進めるにあたっては情熱と活力と豊かな機転があり、それらが系統的で日常的な生活習慣や、身についた良好な諸性質に結びついている。鋭く、均衡がとれ、良く整えられた精神は学生達への本当の愛に、与えることのできる知識によって人々を喜ばせ豊かにしたいという強い願いに結びついている」[82]。

韓国人看護婦たちと患者
手術前と、十日後

宣教看護婦や人々の教育に当たる看護婦監督者を対象として、以上のことに付け加えたいことは、高い目的、清潔な生活、よき健康、快活さ、権威への従順、働く意志と神への畏れである。これ以上の何が要求できるだろう。そしてまた、これらのことは不可能な要求というわけではない。

外国の宣教地において、教育ある看護婦に対する試練は、本国よりも数も多く、煩わしい。たとえば、患者の理解を得て指示に従わせるということができないことや、清潔保持に対する構造的な障碍である。これらの国々では、入浴は「ほとんど未知の贅沢か、年に一度の儀式」である。害獣にたかられた綿の詰まった衣服の扱い。新鮮な空気は恐れられているので、インドや中国では病室は閉められたままで通気が悪いのが通常である。息の詰まるような赤道の暑さの中でも、アフリカ人は小屋をほとんど密封して、土の床の火の側で歌を歌っている。さらには、しばしば偏食を見かける。牛や羊の肉汁、牛乳や卵のような、ある種の食材を使うことへの先入観や宗教的ためらいからくるものである。また、未熟なメロン、硬い洋ナシや青いスモモのような、最も不消化な材料を食用にする傾向も、同様にしばしばである。ほとんどの非キリスト教諸国では、感染は恐れられておらず、したがって現地の人々は隔離の必要性に対して無頓着である。骨折した四肢の固定や安静は無視され、おせっかいな友人たちや親戚たちが来て声高に話し、病棟でタバコを吸おうとし、禁じられている食材を不正に持ち込み、骨折りを増やして人の神経を掻きむしる。以下のようなことは、宣教看護婦の経験には毎日、本当に生じてくることである。

新しいベッドと寝具を供給された患者たちが、朝には床の上に動かされてしまっているのが見つかる。薬は悪者に取られるか、外用する代わりに内服されるか、数日分が一飲みにされている。化膿した足の痛みを和らげていた包帯は取り除けられて、無菌的に被覆されている清潔な傷のところに、あるいは目にさえ当てられ、完全な視力の喪失をきたす。体温計は何かの治癒的な価値を持っていると考えられており、噛み砕いて飲み込まれる。

緊急手術は、男たち、女たち、子どもたちに取り囲まれて言いようもない不潔の只中で実施されなければならない。犬やネコや数え切れない小動物たちのことは、言うまでもない。(83)

活動の領域にはほとんど限界がない。異教諸国にはキリスト教の諸共同体以上に、生活力の欠如、視力障がい、聴覚障がい、古い潰瘍、潜在的な結核、神経衰弱があり、とりわけ子どもたちに関しての無知や、秘められた悪徳や、栄養やケアの欠如による、ほとんど数え切れないトラブルが生じてくる。敏活な訪問看護婦が、あらゆる病院の活動地域ごとにひとりは必要であり、流行病の隔離の管理に、共同体の教育に、家屋の消毒に、今インドと中国において組織化されつつある地方保健当局や病院スタッフに対する報告書の作成に、そして診療所や病院の事業の最終的成功に不可欠な〝フォロー・アップ〟に、計り知れない価値を持ち得るであろう。

乳幼児のコレラの大部分は、汚水溜めや下水管から小児の食べ物に来る家ハエに直接に起因すると言われている。キリスト教諸国の居住者の七十五パーセントについても、換気、栄養、排水の遮蔽、牛乳や食肉供給についての注意点を教育する必要があると推定されている。もしそれが文明諸国における真実だとすれば、無学と文盲が強固に保たれ、キリスト教が道徳的活力同様に身体的健康にも立ち向かっていかなければならないような諸国においては、さらにいかばかりであろうか。それらはふたつながらに結びついたものなのである。

宣教地において教育ある看護婦に示されるであろう、以上述べたことの何事にも優る大きな奉仕は、多くの現地人看護婦を育てる機会を持つことである。いくつかの地域では、巨大な人口の只中に看護の専門職を生み出していくこと以上に重要なことはない。教育ある女性の献身者にとって、人類の向上のために働く、これ以上の機会がほかにあるだろうか？

第五節　動機と召命

どのような動機に助けられて、愛が女性医師や看護婦の人生を宣教地へと駆り立てることを可能にし、そこでの長きに渡る試練の歳月を通じて、キリストの救いの活ける道具としての人生を持続させるのであろうか。動機とは、いかに力強く、遠く効果を及ぼすものであることか。その機略と巧緻を、誰が計り知れよう。それはひとつの人生にかかわること、ローラ・ヘイグッドさん[84]の感性にこだましていることである。彼女はジョージア州アトランタで大きな教育上の仕事を残し、中国の女性たち、子どもたちのために自らを捧げた。「キリストのない魂のあるところならどこでも、そこが私の宣教地なのです」。あるいはそれは、マウント・ホリヨーク[85]のメアリー・ライオンの精神を伴って、人間の心にその富を惜しみなく注ぎ、「あなたが最も必要とされているところに行きなさい」のモットーのもとに多くの宣教地にキリスト教の教師たちを送り出すものである。このような愛は限界を知らないが、必ずある目的を持っている。「それは永遠に新しい力を現し、新しい状況を作り出す」。そして自ら、それらの力を働かせる方向と手段とを見出すのに急である。愛を駆動力として、「霊的人間の道徳的生活に終点はなく、『私は到達した』[86]と言える終着点は知られていない」。ここにおいて、人間の生命は、恩恵と情熱に向かって無限の高みにまで達し、そしてその時、愛は目的を見出して、聖なる共感とともに、人々の肉体と魂に向かって、新しく柔和なミニストリーに最初の火をともすための低みに近づき始める。

医療宣教師として、あるいは教育ある看護婦としての一生の仕事への召命とは、単に差し迫った必要性の感覚、援助の希望、適性や責任の感覚なのだろうか。これらのどれでもない。それはこういったことすべてを含みつつ、それらをはるかに超えるものである。それは天職、神の意志のあるところに、キリストがそのすべての力を用いてくださるところに自らの人生を置こうとする、一人の女性にとっての人格的義務の感覚を通じて来るものである。その時このような人生は「自己実現の深い調べを鳴り響かせ」、それは「深遠な動機の不断の圧力によって、未知のもの、無限のものに向けて整えられる」。だから、召命に応え、自己実現に達する最も真っ直ぐな道は、人類への奉仕を表現する機会をキリストにゆだねることである。わたしたちは、言い換えるならば、奉仕するために救われたのだ。

もしレオナルド・ダ・ヴィンチ(87)やミケランジェロ(88)のような偉大な芸術家・彫刻家が「優美と真理、最も高貴な思想と柔和な共感性の担い手としての人間の姿を理想化することに成功したとすれば」、人々のために現され、受肉されたキリスト以上に偉大で高貴な姿がそこにありえるだろうか。イエスは人生の偉大な芸術家として語られてきた。では、私たちもまた、芸術家たるべきなのではないか。それこそが、私たちの目的なのではないか。そのために働くに値することなのではないか。まさに、人間の肉体と生活とに原初の健康と真理と美とを回復させようとする宣教団の医師や看護婦は、単に男たち、女たちを見出そうとしているのではない。キリストによって代表される人間性と神性、人の子にして神の御子を、見出そうとしているのだ。

要約しよう。なぜ自由に外国に行くことのできる若い女性が、本国での生涯の仕事ではなく、この仕事を選択するべきなのか？　それは、行くことのできる人は少なく、任務は大きく、必要性は深刻で、稔りは豊かで、私たちを最も必要としている人々を援助する義務があるからである。そしてそれらのことすべてにも増して、これら苦難する人々に仕えることを通じて、人間性の悲嘆を深く知ってその重荷を負われた方にお仕えすることができるからである。

大戦の歳月の間に医療の実践家たちが払底してしまったために、需要は今や緊急という以上に、深刻である。必要性と知恵の命ずるところは、直ちに準備を開始することを要求している。そのような準備には数年を要するからである。中国とインドの女性たちがあなたを必要としている。それらの、あるいはそのほかの宣教地で、キリストがあなたを必要としておられる。あなたは志願するのだろうか。

注

（1）"Woman's Work for Woman"は、一八七一年創刊の長老派婦人伝道局の機関紙として知られる。（小檜山ルイ『アメリカ婦人宣教師』東京大学出版会（一九九二）七五頁、一〇四頁。

（2）Lyon, Mary 1797-1849　アメリカにおける女性に対する高等教育機関の創始者。（WWH　女性人名）

（3）マタイ二五・四〇。ただし引用としてはかなり簡略化されている。

（4）Tennyson, Alfred 1809-1892　詩人。（DNB）

（5）Pu-du　杭州に近い島で、仏教の聖地。『中国奥地紀行1』には、バードが杭州から船出してまもなく普陀山に立ち寄ったと言う記載がある。

（6）ホセア二・一七（KJVでは二・一五）

（7）箴言一三・一二

（8）詩篇一二三・四

（9）詩篇六・七（KJVでは六・六）

（10）詩篇三〇・六（KJVでは三〇・五）

（11）Maharani　マハーラージャ（Maharaja　インドにおける王の称号）の婦人、あるいは王である女性の称号。

（12）Biebly, Elizabeth　原著にはBeillyとあるが、インドのラクナウに派遣され一八八七年にイギリスに帰国した最初の宣教看護婦はこの名で知られている。（Asia p.438）

（13）Miss　嬢あるいは女史という日本語の敬称は今日死語化しているので、以下この語を充てる。

（14）Women's Medical College, Philadelphia

(15) Thoburn, Isabella 1840-1901　婦人宣教師。北インドで活動。（キリ人）
(16) Methodist Episcopal Church, North
(17) Woman's Missionary Society
(18) Bareilly　インド北部、ウッタル・プラデーシュ Uttar Pradesh 州の都市。
(19) 不明。インド北部の地名か。
(20) Nawab あるいは Nawaab　ムガール帝国（一五二六―一八五八）における半自立的地方君主に対する称号。
(21) Rajah あるいは Raja　インドにおける王あるいは貴族の称号。
(22) Blue Book　現代では一般には政府発行の『青書』、特殊イギリス社会的には『連合王国会計年報 The annual United Kingdom National Accounts』を指すとされる。
(23) Combs, Lucinda L.　医療宣教師。中国名・冠慕貞。
(24) Howard, Leonore 1851-1925　医療宣教師。中国名・欧梛豪尔。
(25) King, Emely Snow　婦人宣教師。中国西部を探検。（Asia, p.467）
(26) Li Hung Chang 1823-1901　清朝の政治家、外交官。（DWB）
(27) Lady Li　李鴻章には周氏、莫氏など数人の配偶者が知られる。
(28) wonder-working hand　聖書（KJV）にはこれと同一の表現は認められない。
(29) Butler, Fanny Jane 1850-1889　医療宣教師。（DNB）
(30) Kings and Queens College of Physicians　アイルランド医科大学 The Irish College of Physicians の別称。曲折を経て、アイルランドで最初に女性の医師免許試験を実施した。
(31) マタイ八・一七

(32) Niles, Mary W. 医療宣教師。中国名・倪瑪朋。
(33) Women's Union Medical Society of Philadelphia
(34) Reifsnyder, Elizabeth　医療宣教師。中国名・黎施徳。
(35) Smith, Arthur Henderson 1845-1932　宣教師。（ANB　キリ人）
(36) Hindu　著者の用法はヒンドゥー教、ヒンドゥー教徒のいずれをも指す。その研究の水準や理解の姿勢が歴史的に限界付けられたものであることは、第一章注五〇と同様である。
(37) Yaqui　主としてメキシコ北西部とアメリカ合衆国南西部に居住するネイティブ・アメリカン。
(38) Tarasca　スペインによる征服以前にメキシコ中西部にあった最大の王国のひとつ。原文の Terasca は誤記と解する。
(39) Winton, G.B.　不明。
(40) tyranny of Islam　本書中、この章の数箇所でだけ Islam と記されている。
(41) Christie, Dugald 1858-1927　医療宣教師。（キリ人）
(42) Toro　十九世紀から二十世紀にかけてウガンダ南西部にあった王国。
(43) Mazila　不詳。
(44) The Rwenzori Mountains　ウガンダとコンゴ共和国の間にある山脈。
(45) Enyumba Yedagala
(46) Cook, Sir Albert Ruskin 1870-1951　医療宣教師、ウガンダで活動。
(47) Bunyoro　十三世紀から十九世紀にかけてアフリカ中部・東部に繁栄した王国。
(48) Sakineh　不明。
(49) Guntur　インド東岸、アーンドラ・プラデーシュ州の都市。

（50）Krugler, A. S.　不明。
（51）Lutheran Hospital
（52）詩篇九四・一、ローマ一二・一九
（53）この数字の概算根拠も明らかではない。
（54）Woolston Memorial Hospital
（55）Hu King Eng　現代の表記では Hu Jinying。許金訇　一八八四年渡米。中国最初の女性医師。（Asia p.197, 205）
（56）Woman's Medical College
（57）Kiukiang　現代の表記では Jiujiang。揚子江南岸の大都市。
（58）Stone, Mary　女性医師。中国名・石美玉。（Asia p.197, 205）
（59）Ida Kahn 1873-1931　女性医師。中国名・康愛徳。
（60）Tsao　不明。
（61）Nightingale, Florence 1820-1910　軍事医学と看護組織の改革者。（DNB　岩波）
（62）St. Thomas Hospital
（63）Training School for Nurses
（64）Richards, Linda 1841-1930　看護婦。同志社病院に勤務、看護婦の養成にあたった。（キリ人）
（65）ジェファーソン『戦争の教えるもの What the War is Teaching』八五頁（原注）
Jefferson, Charles Edward 1860-　会衆派牧師、著述家。
（66）Berry, John Cutting 1847-1936　医師。一八七二年に来日、同志社病院長を務める。（キリ人）
（67）White　不明。

（68）largos　中庭（largo）の複数形。

（69）Sisters of Charity　一八六九年に設立された、パウロの聖ヴィンセンシオ（St. Vincent de Paul）の会則に従う英国国教会の修道会。

（70）Barnes, Irene H.　不明。

（71）Tarn Taran　インド・パンジャーブ地方北西部の地域。

（72）St. Mary's Hospital

（73）Sahiba

（74）Piggotto, Rachel　不明。

（75）The Pakistan Hindu Panchayat（PHP）　パキスタンのマイノリティーであるヒンドゥー教徒社会における、地域コミュニテーの社会・経済的指導組織。

（76）イレーネ・H・バーンズ『生と死の間で Between Life and Death』八一頁（原注）

（77）Ribeirão Preto　サンパウロ州北東の地域。

（78）一九〇三年の出来事を指すと思われる。この年の流行に際しては、同市のメソジスト高等学校（Colegio Metodista）が、臨時の病院として多くの黄熱病患者の受け入れに当たった。

（79）Methodist Mission

（80）Bowman, Willie　不明。

（81）Stewart, Ada　不明。

（82）イザベラ・スチュアート『アメリカ看護学雑誌 American Journal of Nursing』一九一七年一月号（原注）
Stewart, Isabel Maitland 1878-1963　看護婦、教育者。（WWH）

（83）エルマ・K・パジェット『苦しむ人からの訴え The Claim of Suffering』第四章（原注）
Paget, Elma K.　不明。

（84）Haygood, Laura Askew 1845–1900　宣教師、教育者。（DAB　女性人名）

（85）Mount Holyoke　メアリー・ライオンの創設したアメリカ最初の女子高等教育機関。

（86）フィリピ三・一六

（87）Da Vinci, Leonardo 1452–1519　画家、技師、彫刻家。（岩波）

（88）Michelangelo di Lodovico Buonarroti Simoni 1457–1564　彫刻家、画家、詩人。（岩波）

第七章　挑戦

「いつの日か、何らかの形で、人間の苦難を和らげる為に何かをすることを許されたい。そんな二十年来の私の祈りが、応えられた！」

ウォルター・リード博士

「光に耐えることのできない、不信仰な弁解を遠ざけなさい。ひたすらキリストに向きあえば、主は正しく語ってくださる。主の愛が力を、手段を、方法を、課題を、備えてくださる。あなたには今この時しかない。だから、ああ、一息一息を主に捧げなさい」

ハロルド・ショフィールド博士

医療宣教団のフィールドは、高貴で惜しみない努力に対する挑戦である。医療宣教師の人生は、それが神の王国の拡大に捧げられたとき、ある特別な方法で、神の承認を受ける。慈愛のミニストリーはイエス・キリストとその弟子たちの生活にとても深く入り込んでいたのであって、私たちはそれが神的な目的や計画の不可分な一部であると考えなければならない。世界の福音化に向けた努力において教会の採用した機関や方法のすべてのなかで、これ以上にキリストに従うものはない。主の実例に倣って、それはただちに自らの共感的な手で肉体に触れ、魂に回復への力を運んでいくのである。

ここに、私たちの学校や大学の若い男女、偉大な事業に目的と情熱を持って自ら献身しようとする人々にとっての挑戦がある。それは若い生命に訴えるものでなければならないし、また訴えるものであるだろう。そこには英雄的な奉仕の要素があり、また現代の学生たちに、神と人とが最も奉仕を求めている時が来ているからである。今は勤勉な準備のためのとき、力と能力の限界までの効率性と、熟練と活発な自発性のためのときである。私たち人類の歴史上、カーライルのことばが今以上に適切になったことはない。「作り出せ、作り出せ、それが問題の最も哀れなほどに、無限に小さい一部分だったとしても、神のみ名の下に作り出せ。それがそのことで君にとっての最大限だ。そしてそこからさらに、上へ、上へ」。

キリスト教徒の医師にとって、世界という競技場に入って人類の病や不運と取り組み合うという挑戦が生じている。それは宣教地を探索し、それらの病を癒すことのできる力を供給し、教育やミニストリーにおいて同僚たちを援助し、新しい社会的、信仰的な秩序を造りだすことである。本章では医療宣教活動のこのような挑戦の本質について考察したい。挑戦は、三つのアプローチに沿って近づいてきている。

第一節　変化しつつある世界秩序からの挑戦

変化しつつある世界秩序は、キリスト教徒の指導性にとっての挑戦を構成している。医療宣教師は過去において、基盤を築き、諸事象を形成させることに現実的な役割を果たしてきた。将来の再構成の時期における役割は、いかほどに大きいであろうか。私たちはその可能性を誰も計り知ることができない状況に直面している。全ヨーロッパがるつぼの中にあること、近東における社会的・政治的混乱、極東における産業と信仰の激動によって、そして生活や奉仕のあり方がより広範に理解し直されることによって、私たちは世界史上の新しい時代への境界線の上に立っている。それは宗教改革に先行した時代のそれよりもさらに、大きな範囲と意義を持つルネッサンスであることが明らかになるであろう。そのようなものにすることが、私たちの役割として残されている。パウロと医師である彼の同行者がローマ帝国の外縁を旅し、彼らの眼前の諸州を旅することを計画していたとすれば、私たちも自分たちの目を世界地図の上において計画を立てるべきではないか。

個人の発見――それはキリスト教による発見であるが――以来、民族主義の精神だけではなく、人種間の兄弟的性格を現実のものにさせようとする世界性の意識もまた、着実に成長してきた。隣人という意識は、人々の居住するあらゆる地域の間にすでに存在している。距離は消失しつつある。兄弟という意識が、隣人という意識の後に続いていかなければならない。しかし兄弟という意識は、隣人という意識の中にキリストの精神が感じられるようにならなければ、広がらない。慣習やカースト制の障壁は、そのような精神の前に道を譲りつつある。しかし、それに兄弟という意識がなければ、隣人らしさのない隣人関係となって、摩擦や抗争が増大することだろう。だからいまこそすべてのキリスト教徒の側から諸国民に、非利己的で兄弟的な奉仕によって、キリストを理解し直して見せる努力をするべきときなのである。そしてこのような理解を可能にするには、医療宣教団の仲介による以上に適切な道はない。

キリスト教の力強さのすべてに挑戦してきている世界情勢の急激な変化の重要性を指摘することによって、宣教団の努力にとって、世界の多くの領域に対する新しい接近が可能になっていることを示すことができるであろう。その主な理由は、通信手段の発達ではない。新しい宣教地を開拓するに当たっては、物理的困難よりも宗教的頑迷や政府当局の制限が、より大きな障壁となっているからだ。しかし、これらの障壁は消え去りつつある。ペルーでは信仰の自由が与えられたし、ラテン・アメリカの他の部分でも同様の自由が与えられようとする、最近の多くの兆候がある。世界のモハメッド教の諸国民は、昨日までは頑迷で、自分たちの間でのキリスト教の諸活動を激しく拒絶していたが、今日では真に注目すべきキリスト教の使信に関心を示しつつある。アフリカを統制するヨーロッパ諸国政府は、キリスト教徒の攻勢的な活動に対して、戦争以前よりも寛容になるだろう。国際労働運動が、パリ講和会議以前に、あらゆる国における完全な信仰の自由を支持する立場をとったことは、非常に重要である。これまで関与してきた限りから、歓迎の手が最初に医療宣教団に差し伸べられるであろうことは疑いない。

これらの意義深い諸事実に伴って、新しい宣教戦略の中心地が、既存のものに加えられる可能性が生じつつある。チグリス河畔のバグダッドはメソポタミアとペルシャ湾から黒海までの地域への鍵であり、すでに医療宣教活動の中心地であるが、近い将来、前進のための補強の拠点にもなりえるであろう。全ロシアの心臓であり信仰の中心であるモスクワは、東へ、そしてカスピ海対岸地域に位置するウラル山脈の、東西へ向かって通過していく出発地点となり、やがてアジアの屋根をさまよう遊牧民の大群にまで到達するだろう。エルサレムは世界の信仰的メッカ、南はエジプトから北は小アジアにまで延びる分割の基線、十字と新月の出会うところであり、シリア、アルメニア、近東の地政上、交易上の中心地であるが、地球上の全部分におけるキリスト教の福音的諸力、慈善的諸機関と医療救助の司令部となるであろうことは疑いない。

東方諸国においては、キリスト教的生活に向けた現地の人々の強力な指導性を確保できる見通しの高まりによって、ある特別な挑戦が浮上しつつある。教育の広範な拡大、東方全域における女性の解放、数千人の人々がイエス・キリストを受け入れる意志を示している中国、日本、インドにおける知識階級間での動きが、この可能性に関与する諸要素であり、可能性の広がりは、福音宣教的あるいは教育的事業においても、少なくとも医療事業と同様に現実的である。あらゆる宣教地における肉体的・霊的な救済は、最終的には外国人にではなく、その地の息子・娘たちにかかっている。近年、これら東洋諸国は変動と急激な変化を経てきた。これらの地においてキリスト教会の指導者となるべき、多数の才能ある献身的な若い男女を呼び出し教育するということ以上に、キリスト教的西洋に対する魅力的な誘いはない。医療活動には、この線に沿った特別な促しが生じている。日本で、インドで、またそのほかの諸国で、政府が宣教病院と医学校を認知し、その働きに対して惜しみない贈与を行っているからである。

キリスト教徒の忠誠と奉仕とに顕著な挑戦を提供する社会的・経済的な意義深い変化、その数々を探求しつくすには紙幅が足りない。現代は可塑的な時代である。新しい規範、理想、手段が、身体的健康を、可能性を決定付けていくであろう。来るべき日々における諸大国の生活のすべてのあり方が、今形成されつつある。彼らの上におかれるべき、自由と変容を与えるキリストのみ手の、いかに重要であることか。

しかし一方、東方諸国において現在進行中の急激な産業の発展については、言及しておくべきかもしれない。これについては日本が、最も顕著な実例を提供している。一八八〇年から一九一六年にかけて、日本の人口が二十五パーセント増加する間に、その五つの大きな産業中心地の人口は三百二十五パーセント増加した。東京の人口は十三年間に二十九パーセント増加しているが、工場によって占められる郊外地域においては、同じ期間に四百十五パーセントの増加を示している。一八八三年には帝国全域で、一万五千人が働く百二十五の工場があったに過ぎないが、一九一六年には百万人が働く二万の工場に増加した。『週間日本通信 The Japan Weekly Mail』の責任において述べられているところでは、一九一四年には四十七万千八百七十七人の女性と子どもがこれらの工場に雇用されており、子どもの二十二パーセントは十四歳以下である。多くの人々が一日十五時間働いており、その大部分はほかの土地の農民階級から来たものである。その結果は故郷の喪失であり、道徳的自制心の弱体化であり、児童労働であり、不衛生な状態であり、肉体的な劣化であり、結核と不道徳である。(1) もし政府の統制が行われるならば、工場の女性や子どもたちに対する保護の手段になるであろう。またこの帝国の医学教育の水準の高さから考えて、日本においては医療宣教活動の余地は小さい。しかし公衆衛生や道徳、とりわけキリスト教的な立場から組織的な宣伝の一端を担うべき、社会悪についての文献の製作や流通という領域が存在している。これにはもちろん、日本の教会の大きな指導性の下に、その努力と共感的な協調をしていかなければならない。幸いにして日本には、医学教育を受けた宣教師である基督教興文協会総主事、(2)S・H・ウェインライト博士(3)がおられる。

ほかの東方諸国も、産業の発展において日本の後に続きつつあり、以上に述べたと同様な諸問題に遭遇しつつある。それらは、予防・治療両面での医療援助なくしては、解決することができない。

第二節　さまざまな宣教地からの挑戦

人類の三分の二が、医療的救助を必要としている。先行する諸節に述べてきたこのような必要性の多くは、今日さまざまな諸国にも同様に存在している。医療宣教団に挑戦を提供している大きな宣教地のいくつかについて、取り急ぎ概観してみよう。

日本それ自体には、すでに述べたように医学教育の良好なシステムがあって、帝国固有の部分には外国人医師の使命はない。しかし現在日本の一部である台湾と朝鮮（あるいは韓国）には、このことは当てはまらない。朝鮮は、当初から医療宣教における類稀な宣教地であった。政治的な立場から見れば、合衆国が鎖国王朝を外の世界に開かせる役割を担ったのだが、それはプロテスタント宣教団が韓国に導き入れた医療宣教師の先導を通じてのことであった。フット将軍(4)がわが全権公使となったのは、一八八四年である。翌年、神意によって上海に滞在していた長老派宣教局のH・N・アレン博士が中国からこの地に渡り、公使館の医師になった。ソウルに到着後まもなく、宴会の席で女王の甥の閔泳翊(5)王子が、彼の殺害のために雇われた暗殺者に剣で切りつけられた。(6)韓国人の医師が傷に熱蝋を注いだ。王子は出血のために死にそうであった。アレン博士が召喚され、動脈を結索して命を救い、王と王妃に感謝された。このことが、それまで隠者のように閉ざされていた国に、医療同様、福音的・教育的宣教団に対する門戸を開かせたのだった。

数ヵ月後のある暗い雨の夜、筆者が中国の天津でケニス・マッケンジー博士を訪問中に、不思議な使者が扉を叩き、私に現地人街での専門的な奉仕を求めてきた。(7) 使者は身元を明らかにしようとしなかったが、わたしはすぐさまそれに応じた。輿に乗って城壁の門に入り、狭い街路を縫って大きな中庭から別の中庭に入ると、光に照らされた客間へと導かれ、そこに閔王子がいるのがわかった。彼の傷口は背中全体と首と両腕に渡っており、ひとつは耳介から反対側の腰に達し、赤く、痛んでいた。彼はそれらの傷口が再び開かないかと不安を感じていた。彼の不安には根拠がないことを、私は喜んで保証した。アレン博士は自らの仕事を見事になし終え、事実、王はその見事さのゆえに彼を王立病院(8)の長に任命した。彼はその後、外交面での奉仕に移って行ったが、この国をプロテスタント宣教団に開かせる役割を担ったのが彼であったという事実は変わらない。

この開かれた扉を通じて、ほかの医療宣教師たちが入っていった。セブランス病院(9)とソウル連合医学校(10)の責任者であった長老派宣教局のO・R・エイヴィスン博士(11)とそのスタッフは大きな働きをした。中でも医学文献の作成は、この学校における小さからぬ業績であった。そこから大きな高速道路の北へ六十マイルには松都（開城）があって、ここは古代の首都であり、山頂にはワイトマン・リード博士(12)の監督するアイヴィー記念メソジスト病院(13)が立っている。市それ自体から多額の援助を受けているのみならず、周辺に所在する数百の村々や患者たちからも援助を引き出しているという点で、ここはユニークな施設のひとつである。患者たちは故郷に帰って、あらゆる方向に恵みの影響を広げていくのである。以上が、今日の朝鮮における医療宣教事業のふたつの優れた実例である。

しかしこの国における必要性は依然として大きい。天然痘とチフス、コレラと結核、性病、消化器疾患と眼疾患が広がっている。現地人の実践家は問題を増やすだけである。韓国の占い師はアフリカの魔術医師と同じような、悪霊使いである。彼は唾をかけた石や、木につるした襤褸切れや古い藁草履でまじないをかける。棒で地面のあちこちを叩き、太鼓を使って汎神的世界の諸力を導き管理すると公言している。このような人間はキリスト教の最大の障害のひとつであるが、その魔力は教育と医科学の前に確実に霧消しつつある。あたかも熱帯の沼地の瘴気が朝日の前に蒸発するように。

医療宣教団の隊列は増強される必要がある。[14] 過去にもある地域でふたつの病院に医師がおらず、別の地域では三人の医療宣教師で五つの病院を運営しようとしたことがあった。

中国は信仰と生活を賭けた最大の事業にとっての挑戦である。中国は体も巨大であるが、制度的、人種的な永続性を作り出す練達した資質においても、それに劣らず偉大である。年を経て老いたとはいえ、なお力を使い尽くしてはいない。モンゴルと満州の遊牧民に交互に侵略され、ペストの流行に荒廃させられたが、二千年前と同様に力強く見える。中国は征服者たちを繰り返し吸収してきた。この国の消化力はその困難に等しく、強力であった。数百万人を一掃した洪水や飢饉を生き延びてきた。この国の運命はまた、教育システムのための倫理的基礎を保持してきた。[15] 中国は両親を敬い老人を尊び、平和の技法を戦争の武器よりも愛してきた。ロバート・W・ワイルダー[16]の引用する中国人教授の言葉は、熟考に値する。「中国は岐路にあるように見える。物質主義を選ぶのか、それともキリストを選ぶのか……今日、中国には人々の、よき目的のために生活を犠牲にしようとする人々に対する、差し迫った必要性がある。中国が必要としているのは、人々に最高知[17]を称え、奉仕を享受するのではなく奉仕することを教える、真の信仰であって……奉仕しうる資質を有する人々は、キリストの学校にのみ見出すことができる」。偉大な医師キリストの足元で学んだキリスト教徒の医師以上に、この種の偉大な資格を保持するものはいないと、付け加えてもよいであろう。

先行する諸章では中国における身体的苦難と障害について述べてきた。この状況に対応する中国固有の資源は非常

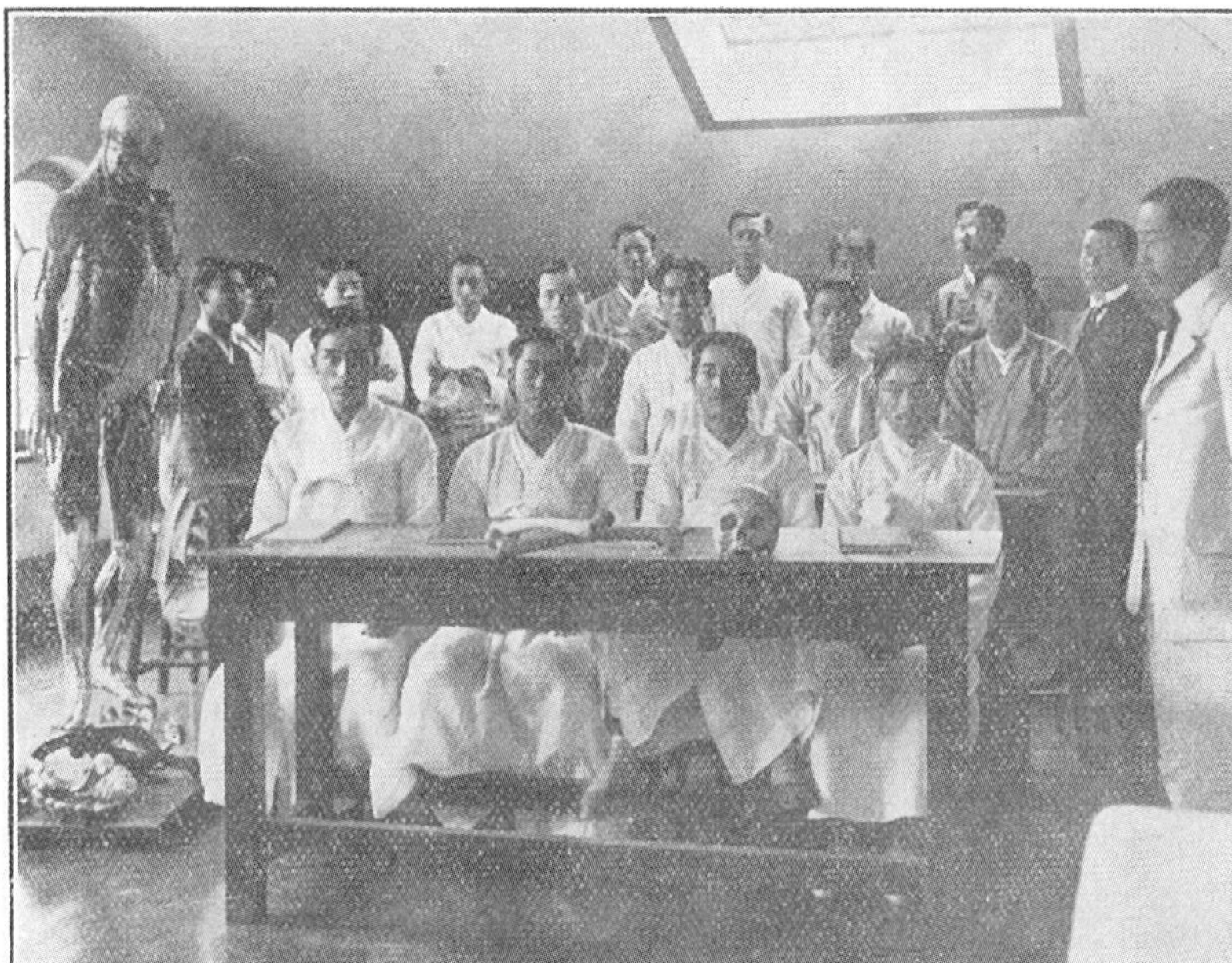

ソウル、セブランス連合医学校*の研究室

解剖学研究室で、呉兢善**教授と学生たち。

* Severance Union Medical College　朝鮮最初の王立病院（廣惠院）を基礎に、アメリカのL・H・セブランス（Louis Henry Severance　1838-1913　石油業者、慈善家）から寄付された基金によって1904年に設立された。

** 呉兢善（1877-1963）培材學堂の出身で、独立教会のメンバーとして活動。

に乏しい。偽医者や占い師たちが豊かな稔りを刈り取っている。占い師は彼の同僚のように、あまりにも信じやすい顧客を犠牲にして利益を得ようと目論んでいる。彼は医者になろうと志しているのではなく、医学も魔術ももてあそんでいるだけなのである。このような一人が、数年にわたって上海で、私たちの玄関近くの小さなテントに座っていた。賢げな顔つき、重々しい口ひげに長いあごひげは、彼に現代の孔子のような外見を与えている。後ろには箴言を書いたいくつかの巻物が掛けられ、腕ほども長い家系図、いすの前には小さな野外机があって、彼がその上でラクダの毛の筆と墨汁で書き物をするための、磨いたブリキ板が一片と、トラの骨がいくつかと、小さな薬草の束が乗っており、それが彼の道具一式である。硬く巻かれた何ダースかの煙草サイズの紙片が、彼の下敷きの横の、ふたのない箱に収められている。患者が巻物の中からラッキー・ナンバーを見つけ出すと、この半可通がブリキ板の紙の上に文章を書き、それに賢人ぶった助言が続く。患者の歯の痛み、リュウマチ、発熱や不運の原因、最善の行動についての指示である。田舎から来た農民であれ、都市の居住者であれ、それらは常に単純な精神の犠牲者を満足させるためのもののように見える。彼らは経験を獲得し、彼は金を獲得する。

非キリスト教諸国のいくつかの粗雑な理論と比較するに当たって、私たちが西洋文明の成果を不当に高く称揚することのないように、しばらく脱線して比較的最近のヨーロッパで人気のあった不条理な実地医療のことを思い起こしてみたい。当時最も有名な医師であったマエルネ[18]は、痛風についての論文を書いているが、彼の患者の二人はフランスの、三人はイギリスの王侯であった。患者には粉末化された人骨が処方され、彼の痛風パッドの主要成分は「未埋葬の頭蓋骨の削りかす」であった。彼が抑鬱に対して強く勧めたのは、こうもりから作った芳香剤であった。その成分は「マムシ、こうもり、仔犬、地虫、豚の油、牡鹿の骨髄と牡牛の腰骨」であった。

エリザベス朝の著名な医師であったウィリアム・ブレイン[19]はケンブリッジ大学で予備教育を受け、「ドイツとスコットランドで長期間を過ごし、広範な旅行で見聞を広めた」。彼は小児の神経疾患にこんな治療薬を残している。

「焼いた小さな仔ネズミ」。このような壮烈な治療法は推奨しがたいであろうが、高名なデソー[20]は「棍棒チンキ」の使用が幼い患者にもたらす卓効を保証している。イギリスにおいてもフランス同様、昔の医学実践においては医師の使う鞭が往々、道徳的欠陥と同じく身体的虚弱に対しても用いられ、盗みと同じく悪寒に対しても打撃が処方された。「古代人のひとりアントニオス・ムーサ[21]はオクタヴィウス・アウグストゥス[22]の坐骨神経痛をこの治療薬を用いて治そうとした。ゴルドニウス[23]はある種の神経過敏の症例にそれを処方した。『si sit juvenus, et non volt obedire, flagellitur frequenter et fortiter 子どもが従おうとしなければ、強くかつしばしば、鞭打つ』」。ある日、中国人の母親が打ってもらいたいと言って私のところに息子を連れてきた。彼女はローマ人の実践について知っていたわけではないが、明らかに同一の結論に達して壮烈な手段に突き進もうとしていたのであった。症状についてたずねると、彼女は答えた。「この子の心臓は片方に捻じ曲がっているので、もう私の言うことを聞きません。きつく打てば、元に戻るかも知れません」。彼はきつく打たれて、すぐに良くなった。

私たちの前に、中国での私たちの肉体的再建と癒しに向けたミニストリーの、広い入り口が開かれている。そこには人類家族の四分の一が厳しい苦難にあり、肉体の生命は哀れむべき制限を受けている。子どもたちは闘う機会を、人生はより長くなることを、苦難は解放を、共同体は健全な環境を、必要としている。合衆国とカナダには人口六百二十五人にひとりの資格ある医師がいるのに、中国（一九一七）における医療宣教師の数は六十四万四千七百六十人にひとりだけである。

インドは、献身的努力とキリスト教の政治力に対する挑戦である。無力な宗教、冷酷なカースト制、無慈悲な貧困という、三つの問題がそこにある。社会的・文化的な生活の両極端を確実に視野に収めておくべきであるが、最上層から最下層まで、無知と病気と貧困に打ちひしがれた無数の人々がいることには変わりがなく、個人と民族の救済が始められ、進めて行かれなければならない。この点は以前のままである。

シャーウッド・エディー氏は『インドの覚醒 India Awakening』にこう記している。「インドにおいて最も強力な弁証は、何人かのバラモンの改宗にあるのでも宣教師の議論にあるのでもない。それは、かつて低められ辱められた人々すべての共同体を、力強く高めるということにある。ヒンドゥー教には彼らに対するメッセージがなく、彼らにはこの世に希望がなくキリストもいない」。キリスト教はこの任務に適するだろうか。この働きにかなうということは、単なる仮説や可能性にとどまらない。キリスト教は実際に、福音を、社会的奉仕を、初等学校や、数百万人に医学的解放をもたらす病院・診療所群を通じて、それをなしつつある。

エディー氏はかつて彼が見たことのなかった最底辺の人間、指やつま先を見ながらなら苦労してゆっくり十まで数えられるが、それ以上は無理なパリア(24)のことを語っている。子どもが何人いるかと尋ねると、彼は頭をかきながら、ためらいがちに十二人と答えた。彼の妻は十人だといったが、宣教師は十一人だと推定した。「その男の息子たちに三人は大学に行っていた」と、エディー氏は付け加えている。「ひとりは説教師として出発しようとしている。ひとりはおそらくはキリスト教徒の医師として、ひとりはおそらくは政府職員として。千年以上に渡って文化と宗教を独占してきたバラモンに対抗するためである。『彼らがどうなっていくかは、いまだ明白にはされていない』」。自由にそうすることのできる男女のキリスト教徒医師であって誰が、「五千万人の不可触民」を変容させる、インドにおける奇跡的な活動の任務を、キリストとともに、宣教団とともに分かち合うことに躊躇するだろうか?

アンドリュー・フレイザー卿(25)は『医療宣教団からの呼びかけ The Appeal of Medical Missions』の序文にこのように書いている。「医療宣教団のために本国の諸教会に向けてなされた呼びかけの緊急性について、私は最も強力に証言したい。これは経験によって、聞かれるべき権利を与えられた人間の証言である」。インドでの、王冠のもとでの三十七年にわたる卓越した奉仕が、この著名な政治家のことばを権威付けている。医療宣教団の必要性を紹介する中で、ミュアヘッド博士がもたらした事実によれば、インド政府は人口稠密な村落地域の人々に手を差し伸べるべく寛大で賞賛に値する努力を推し進めている。しかし数年前のウィリアム・ムーア卿(26)の推定では「現在の医療援助のシステムでは人口の五パーセント以下にしか手が届かない」。彼は『国際宣教評論』におけるW・J・ワンレス博士の言明を引用し、インドにおける最大の医療センターであるカルカッタ（コルカタ）においても、年間六千人の人々が、適切な医療的援助を受けずに死亡している、としている。インドの辺境の村々での死亡については、ワンレス博士は九十八パーセントが最後の疾患について教育ある医師の診療を受けていないと推定している。

インドでは過去二十年間に八百万人から一千万人の人々がペストで死んだと推定されている。この恐るべき災厄との闘いにおける主要な障害は、病気を媒介するラットを殺すことを拒否するヒンドゥー教の宗教的偏見である。

アフリカのあらゆる部分で医療宣教団が、とりわけ僻遠の内陸部に自ら突っ込んでいこうとする人々が、必要とされている。彼らは異教徒の暗黒の大群のなかに、練達の一撃によって、それを通じて文明と福音の光が差し込む楔を打ち込むことができるような宣教師たちでなければならない。僻遠と孤独を別にすれば、これらの地域に難点となるものはない。一般には海岸部よりも健康的であり、人々は働きかけに対してより開放的である。宣教団の努力はこれまであまりにも大陸の周縁に限定されてきた。内陸地方では医者が欠乏している。五十年前にはアフリカの辺縁に固着する必要があったかもしれないが、現在では数千もの踏み跡に沿って、また大河に沿って、これまで接触できなかった村々や諸部族に達する道が開かれている。

ただちに医療宣教団の大きな力を、との呼びかけは緊急のものである。それは緊急というよりも、絶望的なものである。百人の医師では、現在の要求に応えられないであろう。千人でも、必要には達しないであろう。彼らは来ようとしているのか。フランスは、「真っ青になるまで」ルーマニアを援助し、その戦傷者に奉仕し、恐るべきチフスと闘うために、八十人の医師を送った。そして同盟国の兵士を訓練するためには一千人の将校を提供した。アフリカに、若い男女の軍勢とともに百の医療宣教団を派遣したとして、それがキリスト教圏全体にとってどんな影響があるだろうか。その補いは容易につけることができる。しかしアフリカにとって、彼らの意味することはどうであろうか。私たちは森の奥に、川沿いに、草原の広がりに、一方ではアンゴラの広がった台地の上に、ベルギー領コンゴの南部に、もう一方では人々がかつてキリストを聞いたことがなく、体や魂の病の癒しを受けたことがない大陸中央部に向かって、私たちの規準を持ち込んでいく、そのようなイニシアティブを取るのでなければならない。資格のある医師のいないところでは、教育ある看護婦があちこちで、全くの必要性に迫られて踏みとどまっている。南長老派協教会(27)のE・M・フェアさん(28)もそのひとりである。私たちは彼女がルエボ(29)の宣教司令部で、病気を治療し、最近の村落戦争でのけが人に包帯し、ステーションの医師のやむをえない不在の間、宣教団の健康を管理していた。無意味なことというのだろうか。このような女性たちは、単純に、欠くことができない。アフリカの人々の大半はいまだに、看護婦の援助さえ得られないでいる。

現時点では、シリアやアルメニアを別にして、いかなる宣教地における以上の、医療宣教団の緊急の必要性がここにある。イギリス領東アフリカでは大きな部族の多くに宣教団のいないことが報告されており、四十人の働き手が要求されている。ドイツ領東アフリカには、五十人の宣教師を一貫して要求している広大な地域があり、その少なくとも十人にひとりは医療宣教師たるべきとされている。アルバート湖を北へ、ベルギー領コンゴのヴェレ(30)地域は、アフリカ内国宣教会(31)を通じてこのように報告されている、「ひとつの部族、ザンデ諸族(32)だけで五百万人近い数の人々と考えられ、そのすべての地域へのアクセスは相応に快適である。大きな外洋蒸気船がモンバサ(33)に泊まる。そこからはウガンダ鉄道が、ヴィクトリア湖上のフローレンス港(34)に通じる。内陸部には自動車道が建設中である。そしてアフリカの大きな未踏の部分が、滅び行く数百万の人々とともに、私たちの門前に立っている」(35)。

さて、モハメッド教諸国と、そのほかのあらゆる非キリスト教世界の諸地域、とりわけ未開拓の宣教地の概観に移り、それぞれに医療宣教活動への燃え立つような挑戦を見い出していこう。

宣教医師とアフリカの競争相手

アメリカ人宣教医師とアフリカの彼の競争相手

さまざまな宣教地について可能ないかなる調査を行っても、私たちは苦しむ人間の生活からの呼びかけを聞くことができるが、女性たちの特別な叫びの中にあるそれを捉え損なってはならない。あらゆる非キリスト教諸国の女性の状態は、キリスト教圏の女性たちへの力強い呼びかけと挑戦とをなしている。必要性という点において、二十世紀の彼女らの状態は、物質的には一世紀のそれと違いがない。諸王朝は興廃し、諸文明は盛衰したが、人類は同じところにとどまっている。絶えることのない必要性、病気、悲しみがあり、そのすべての根源に罪がある。病はそれ自体として体の傷つきやすい臓器に根ざし、罪は魂の最も深い部分に牙を打ち込み、ウィルスを打ち込んでそこにとどまらせる。非キリスト教国の女性たちは積み重なる肉体の病を担っている。出産の救われぬ苦しみ、孤独と無視の恐ろしい感覚、そしてあまりにしばしば、優しく愛のある見守りの代わりに、疑惑と憎しみの意識。

中国での反アヘン十字軍運動[36]の間に、玉座への請願運動に関連して見出されたものの中には、書きつくせないほど悲愴なタッチのものがある。「花柳界の人々が運動のことを聞くと、彼女たちは自分たちの名前を加えることを要求してアピールを書いてきた。同じリストにではなく――そのように要求することはできなかったので、別のリストに。彼女らのほとんどはアヘン吸引者である父親に、あるいは兄弟に、夫によって、この恥ずべき生活に売られてきたのだという。そしてまた、『私たちは岸辺のない海の中にいます。私たちには助かる可能性はありませんが、ほかの誰かを同じ運命から救うことができるかもしれません。私たちが軽薄で、この生活を楽しんでいると思っている人たちがいます。私たちがどんなにしばしば、軽蔑する客たちに笑いかけなければならないでいるのかを知らないのです。私たちが胸を打ち、大声で叫んでも、助けてくれる人はいません。このようなことを書いて、お目の穢れになることを恐れます』[37]。

貧しく打ちひしがれた、ほかの人々からは石で打たれようとしていた女性に共感を抱いたのは、キリストであった。主は癒しを求める人に決して背を向けず、世界はそのミニストリーを通じてすべての真実の女性たちに中に、恵みと忠実と愛の力を見出したのだった。私たちキリスト教徒の家庭も病院も、私たちの医師も看護婦も、産院も診療所も、エーテルもコカインも、夫や友人の優しい世話も、一瞬にしてみな失われ、私たちの文明も直ちに失墜に苦しむことがあるかもしれない。しかしこのような暗黒があっても、非キリスト教諸国の状態は依然としてより暗い。人生の始まりに当たってのアラビア人の箴言は、「女の赤子が生まれると、家の敷居は四十日間泣く」。そして人生の終わり近く、妻を救うための手術が提案された時の、インドの男の応答は、「男を見させるよりも死なせたほうがましだ。別の妻を得ることはたやすい」。女性たちの身体的必要性は、すべての非キリスト教諸国においてすべての社会階層を覆っている。インドではパリアだけが、苦難と無視の独占者なのではない。イレーネ・H・バーンズさんは、最高のカーストに属するインドの女性が、彼女の監禁について話しかけてきたことを伝えている。(38) 悪霊を寄せ付けないために、家族から隔離されて、彼女はほぼ六フィート四方の藁ふき小屋に押し込められた。土の床で、昼も夜も焼け付く暑さでほとんど耐えがたかった。「私が助けを求めて叫んでも、誰も近くに来てくれませんでした」と、彼女はのちに語った。「私は湿った泥と古いマットの上に横になり、乳母が床を洗うための水をいくらか投げ落としてくれる以外には、何もしてもらえませんでした。注意をかけられなかったので、私は死の淵にいました。ああ、私がどんなに、ただひとりの偉大な神に、聞いてください、助けてくださいと叫んだことでしょう。私は力の限り主を呼び、主は私に応え、私はそこに神のあることを知ったのでした」。

生活のもうひとつの極端は、ペルシャにおける、とりわけ小児の間での高い死亡率について、コクラン博士が書いている論評の中の出来事である。あるとても貧しい女性が、夫と三人の小さな子どもたちを、哀れな病気の状態に残したまま、遠くからやってきた。「彼女は出発の朝、子供たちを牛舎の中に、動物を寝かせる乾いた肥料で覆って出かけた。彼女の言うところによれば、「子どもたちの上には天国、下には地獄があるだけ。おなかには何もない」。このような状況のもとでは、このような仕事に赴く自由があって適性を否定されたもの以外の、すべてのキリスト教諸国の若い男女が奉仕に志願しても良いようにさえ思われる。にもかかわらず、女性宣教局が医師や看護婦を確保することは非常に困難であり、これらあらゆる宣教地での勢力は需要に遠く及ばない。

西方の姉妹たちの遅れと無関心に対する非難を補うかのように、東方の女性たちは自ら、応答を始めた。大きな病院の責任者となっている有能な中国人女性たちについては、すでに述べた。日本では彼女たちは社会的改良運動に積極的に関わりつつあり、インドでは医学を学んで戦時救済における役割を引き受けようとしており、それによって発展の新しい段階が始まろうとしている。戦争が勃発するや、トルコ政府は女性たちを外国に、勉強のために出し始めた。そのうちの二百人はスイスの施設に入学するのが目的であった。モスレムの女性たちが初めて、ペトログラードで弁護士の試験を受けることを許された[39]。そこでは大勢の女性たちが大学に通い、何人かはすでに医学の臨床に入っている。時を同じくして、トルコのエジプト総督の母の庇護の下に、女性たちに対する高等教育が促進されつつあり、エジプト大学では彼女たちのための特別講義が行われつつある。

あらゆる宣教地からの挑戦が聞こえてくる。男はどこにいるのか。女とは誰のことか。私たちの隊列はのろまなのか。前線に赴く兵士の精神というわけではなくとも、生命を終える用意は、現代の教会の精神である。そうでないのであれば、教会は改革するか腐朽していかなければならない。福音なくして非キリスト教世界が滅びるということに疑問の余地はないが、しかし私たちがキリストを伝えることに失敗するならば、私たちの生存可能性もまた、同様の疑問に付されるであろう。「死に捕えられた人を救い出さず／殺されそうになっている人を助けず／『できなかったのだ』などと言っても／心を調べる方は見抜いておられる。魂を見守る方はご存じだ。人の行いに応じて報いを返される」[40]。誰が行くのか。

第三節　押し寄せる諸問題からの挑戦

このような規模の活動においては、多くの困難な問題を避けられない。この章を閉じる前に、真剣で専門的な注目を引く、新しい挑戦のいくつかを検討してみたい。

（一）本国の拠点にも挑戦があり、それは宣教地におけるそれにわずかに劣るものであるにすぎない。無気力な教会は無関心から、情熱の欠如から、信仰の貧困から、覚醒されなければならない。宣教の意識が、実際に創造されるのではないにしても、鼓舞されなければならない。熱情が生み出され、宣教研究が促進され、志願者が確保され、候補者が選抜され、活動に資金が与えられ、とりなしの祈りの精神が涵養されなければならない。

（二）本国の基地から宣教地に目を転じるならば[41]、装備の不足という問題に直面させられる。本国の基地で宣教局による緊縮財政が実施を余儀なくされている間に、宣教地では装備に限界を生じて、それが表面的な仕事につながり、宣教団によって患者が軽んじられ、医師が情熱を失い、医学が不名誉をこうむり、キリスト教が安売りされている。医療の科学性を犠牲にし、効果の基準を引き下げるよりは、むしろ必要とされている数よりも病院や医療宣教師の数を減らすほうがよいだろう。キリスト教のどの側面を提示するにあたっても、あらゆる部門で活動を特徴付ける高い基準、誠実さ、徹底した方法が維持されなければならない。それ以下にしか行わないということは、事業の顔の真ん中に究極的な失敗を書き付けるということだ。

（三）要員の不足は装備の不足以上に深刻な限定要因となっている。インド医療宣教連盟の所見によれば、あらゆる医療宣教拠点における要員の中に二名の正規の医師が、緊急に必要である。一時帰国や病気によって仕事の継続性が中断されないようにするためであり、重大な手術の実施に際して意見の交換が持たれ、責任が分担されるようにするためである。福音宣教の機会の浪費ということについて、ミュアヘッド博士は中国のハロルド・バルメ博士のパンフレットに言及しているが、そこでは宣教病院の要員は医療宣教師たちが患者の間で個人的に活動するために一日の一部を割くことができるように充足されるべきであり、また可能であれば、福音宣教の仕事に全部の時間を取ることのできる、医療宣教師ではない要員がひとり配置されるべきであると主張されている。姉妹（である医療宣教師）の行った医療活動を追跡し、百の村々に足跡を残して三千人以上の改宗者に洗礼をほどこしたインドの宣教師の例が参照されている。[42]

（四）一時帰国中の医療宣教師の時間と活力の用い方にも、もうひとつの問題がある。一方ではこの機会は、彼の休息、勉強と病院訪問のために整えられるべきである。もう一方では、彼の奉仕は公衆の宣教への関心を刺激するために活用されなければならない。医学雑誌や宣教雑誌や教派新聞のための投稿論文を用意し、個人的経験、困難や成功体験、自分が奉仕した人々の必要性や、必要に応える福音の力を紹介することで、計り知れない奉仕をすることができるだろう。さらには、自分の教会が医療活動の支持者――それはいまだ未発達な、大きな予備力である――になるように系統的な努力を払うところまで、進んで行けるかもしれない。これらはキリスト教徒の医療人男女との、本国における文通や個人的訪問を通じて、医学協会や大学に住所を伝え、ボランティア・バンド[43]を訪問し、学生集会に出席するなどのことを通じて、可能になるであろう。学生集会では、学生たちと生涯の仕事の決定について相談に応じることで、個人的な働きをすることもできるだろう。宣教局がそのような努力を権威付けてくれるならば、帰国した医療宣教師はさらに、個々の宣教師や看護婦を支援し、病床や病棟を維持し、病院を立ち上げるための自発的献金者を、他の誰よりも多くリストにあげることができるようになるだろう。

（五）宣教団の管理には協力という問題が常に存在する。宣教局は大きな宣教地に所在する医療宣教連盟[44]に、特に宣教地における医学教育と医学的教養の発達のために必要な多くの教科書の用意について、緊密に協力するよう勧告している。ロバート・C・ビービ[45]博士は、中国医療宣教連盟の総主事として、異なる諸センターで行われる教育活動の調整のためにすべての時間を捧げている。宣教局からの宣教的、財政的な支援を確保し、教養を発達させ、Y.M.C.A. の援助の下にW・W・ピーター博士とそのスタッフによって進められている公衆衛生のためのキャンペーンに協力するためである。最初は初期の医療宣教師たちによって始められたことであるが、書き言葉の知識の不足、辞書や技術的・科学的術語の欠如によって妨げられていた。キリスト教の援助の下で教養が発達することには、大きな重要性がある。そのことで、粗野で物質主義的な立場で築かれた土台を、あらかじめ一掃しておくのである。

（六）最も急がれる問題は、宣教団による医学教育である。あらゆる宣教地、とりわけ中国において、この分科の教育を現代科学の要求する光の下で、また相応しい国立機関の確立という観点から、検討することが求められている。中国の場合、日本からの不可知論的、無神論的でさえある穏やかならざる影響という要素が加わってきている。日本では大学の医学部にそのような観念が蔓延している。このことは日本が韓国を吸収し、大陸にも足場を持っているという点から見れば、さらに重要である。トマス・コクラン[46]博士は、最近の論文で、南満州鉄道会社によって奉天（瀋陽）に建てられた日本の医学校に注意を喚起している。「それらは十分な要員と、おそらくあらゆる中国の医学校の中で最高の建物と装備を有し、教育は日本語で行われている」。

一九一四年の、ロックフェラー財団を代表するコミッショナーの訪問とそれに続く、医学教育の促進を目標とする中国医療局[47]の設立は、科学的教育と研究活動の新時代を創造する見通しである。北京に一カ所、上海にもう一カ所、ふたつの医学センターの設立は、海岸に沿った基礎的な線を引くことになるだろうし、そこから後日、宣教団の主導による財団の援助のもとで、あるいは政府の事業として、他にもセンターが設立されることであろう。コクラン博士の論文は「宣教諸協会の仕事を特徴付ける科学的効率性が、努力の分散によって犠牲にされる、非常に現実的な危険」があるとの、必然的な結論を述べている。シカゴのマクディィル博士は、その医療宣教活動についての考察の中で、宣教団それ自体についてはその効率性や自己犠牲に対して高く賞賛しながらも、同様の結論を導いている。すなわち、諸宣教団の援助の下で指導されている医学教育活動は効果的でなく、したがって不満足なものである、と。

宣教団諸教師の効果について語ったコミッショナーの言及が引用されている。「われわれは中国の全体としての利益を考慮し、状況を冷静に観察している。われわれは、それが数百万ドルを要する以上、効率性を確保しなければならないと決定した。あなたがたにはわれわれとともに良好な連携を作り上げ、医学におけるわれわれのように、キリスト教において鋭敏である用意があるのだろうか」。これが、本国の拠点で、宣教地において、私たちとともにある多くの精力的な若い男女に対して、闘いに加われという恐るべき挑戦でなくて何だろうか。財団は研究所で、教室で、病院で、どのひとつの宣教局、ほかにも仕事を持った半ダースの宣教局にさえ、おそらくはできないようなことをする、財政的な資源を持っている。すでに確立されたふたつのセンターに開設されるべき施設には、十分な要員が満たされなければならない。科学上の資格を持った人々が求められているのであるが、同等の資格を持つキリスト教徒であればより望ましい。人々をしてこのような奉仕に応じさせ、そこで求められることになる最善の準備を確保させ、宣教地に赴いてその教育と経験と個人的影響力のすべての重みを、投じるようにさせようではないか。中国人医師・外科医師の隊伍を訓練し、彼らが順次、政府の病院や宣教団の人間になるにとどまらず、この国の諸施設において道徳的純粋さや信仰的生活の影響力ある要素になることができるようにするために。

ここで偉大な大義が危機にさらされている。すなわち医学教育の効率性と性格、そして中国における専門職それ自体のことである。効率性がなければ、それは無価値なものになろう。キリスト教的でなければ、来るべき世代の医師の上にも患者の上にも、暗い影がさすことになろう。「医療宣教事業は中国から不滅の感謝を獲得した。その若い職業人の多くは、キリスト教徒であるか、キリスト教に好意的である」と、トマス・コクラン博士が言っているのは正しい。それが今後も続いていくのを見ることができるかどうかは、本国の宣教局と、宣教地の宣教団とにかかっている。

だからすべての関係者は、個人的利害を無視し、共通の関心事を促進し、以下を活動の基礎とすることに合意すべきである。

①　精神と努力における統一の促進するような、より広範な教育政策・計画の協調。それは宣教活動の行われるひとつの偉大な目的を、もっともよく確保することになるであろう。そのような計画は十年を目標とすべきものではなく、一世紀を視野に入れるべきものである。

②　沿岸部に三カ所、内陸部に少なくとも一カ所の、大規模センターへの集中。地理的には、中国自体がこのような分布に適合している。それより少なくては、戦略的要点を捕らえそこない、医学教育の影響力を広げていくセンターにすることができない。現状においてそれ以上の拠点を占めようとすることは、過去の失敗を繰り返すことになろう。

③　さまざまな宣教局や協会の代表者たちについては医療宣教連盟を通じての、また成長しつつある正規の中国人臨床家たちの隊列については中国医師会[48]を通じてのチームワーク。寛大で共感的な協力は兄弟的な感覚を生み出し、運動全体を後押しし、集団的士気[49]の誕生を助けるであろう。

④　高い職業的基準が常に、確実に、視野に入れられていなければならない。低水準の医療活動は本国から来た人間には価値がないし、同様にその分野で資格を得た現地の臨床家にも信用を失う。にせものの、非効果的な仕事は不名誉な仕事であって、宣教局も、いかなる宣教団病院も学校も、それを許容するべきではない。

⑤　ロックフェラー財団の中国医療局による寛大な寄贈は、宣教病院の要員と設備とを増やし、またそれらは財団の設立する医学校と相互に関係するもので、受け入れるべきである。これを受け入れることによって、医療宣教団設立のひとつなる目的、病を癒し神の王国を拡大する目的が、いかなる意味でも曲げられたり妨げられた

りすることはないからである。

今日の教会にとって、その医療宣教事業を豊かに拡張すること以上に大きな挑戦は存在しない。医療宣教の活動は、すべてのキリスト教的活動同様、信仰への挑戦である。不信仰という流砂の上に立てられる活動は、これほどに力強くはありえない。かつて祈りと信仰において偉大でなかったような男女の医療宣教師で、真に成功しえた者は誰もいない。すべての準備、すべての科学的装備、すべての人間的熟練も、信仰という要素が欠けていれば一瞬にして危機に陥る。だからその偉業が最高の達成にいたるためには、人間の意志が神的なものに高められねばならないように、人間の信念は神の子への信仰に結び付けられ、それと一体のものになっていなければならない。これこそが偉大な真理、偉大な神秘であるが、あくまでも神の行われることであり、神の行われることは、私たちのそれよりも高みにある。神の御子への信仰の力に中に進む医療宣教師は、かの練達の働き手が「(あなたたちは)もっと大きな業を行うようになる。わたしが父のもとに行くからである」[50]と言われた、その権能を持って進むのである。神に遣わされる人は、ひとりで働くのではない。

医療宣教団の活動はまた、愛に対する挑戦でもある。繰り返して言おう。愛は宣教の偉大な動機である、と。宣教の偉大な大義を広めていくためには、その動機は十分に大きくなければならない。単に個人に対する奉仕をうながすためもの、一国を私たちの高い目標で包囲するためだけのものであってはならず、世界を犠牲的・キリスト的な愛の言葉に包括しようとするものでなければならない。それは遠心的であると同様、求心的でもあらねばならない。最も低められた、最も必要性ある人間に触れようとする努力のうちには、復活のキリストとの接触から来る躍動感と霊感とが、見出されなければならない。

筆者も、宣教地に着くまでは、宣教師の動機の真の重要性を決して完全には理解していなかった。ある日私たちの蘇州の病院にひとりの中国人女性が入ってきて尋ねた。「なにか、していただけますか」。「できることでしたら。どんなことでしょう」と、私は応えた。そして彼女は、自分の物語を語った。「私は小さな農家の嫁です。私たちはとても貧しい。七十年の私の人生は厳しいもので、多くの苦しみを舐めてきました。来る日も来る日も、夫と一緒に泥の中を這い、手とひざで稲を育ててきました。私たちには牛もいなければ鋤もないのです。私の体はリューマチに痛めつけられて死にそうで、熱で燃え上がっているのです」。

彼女はベッドに迎えられ、薬を与えられ、できる限り心地よく一晩を過ごした。翌朝、術後の症例を診たあと、私はこの女性の病棟に行ってベッドサイドに立ち止まり、彼女の手をとって尋ねた。「今朝はどんな具合ですか」。「ああ、いい気分です」と、彼女は答えた。「ではどうして泣くのですか」。彼女の日焼けした頬に、涙が滴り落ちていた。「ああ先生、こんなによくして下さって。私は年老いた女です。生活が苦しくて、死なんばかりです。三人の子を産みました。子どもたちは成長すると、結婚して出て行ってしまった。誰一人、私の手を取って息子らしく優しい言葉をかけてくれたものはいない。ああ先生、私が元気になっても他所にやってしまわないでください。ここは天国です。床掃除や飯炊きに使ってください。年老いた夫が野原を探して門で待つかも知れませんが、それでも私を置いてください。ここだけが、私のような年老いた女の天国なのです」。

彼女の荒れた手をさすりながら、私の目にはどうしようもなく涙が出てきて、彼女の顔がかすんで見えなくなった。そこにもうひとつの顔が見えてきたので、私はしばらく見つめていた。その顔は「わたしの兄弟であるこの最も小さな者の一人にしたのは、わたしにしてくれたことなのである」[51]と言われた、かの偉大な医師である方のお顔であった。その時私は、宣教の真の動機を発見した。いかに深く、訴えるものであっても、それは個々人の必要性なのではない。無数の群衆からの訴えであっても、それは中国人なのでもない。それが命令的な意味を持っていても、それは戒命なのではない。それは主、主ご自身と主の愛なのだ。ここに迫りくる力が働く。これらの弱い人々を無視することは、主を無視することだ。彼らの必要に仕えることによって、私たちは主にお仕えするのである。宣教の真の動機は主の生き方に包まれており、主の愛へと方向付けられている。

注

（1）新たな産業化の状況だけが要因なのではないが、日本における社会悪は憂慮すべき大きさのものと思われる。一年の間に千六百二十一万二千六百六十九人の顧客によって四千万円が支払われたと言われる。非公認の売春にいくら支払われたかは、知りようがない。『日本帝国におけるキリスト教運動 Christian Movement in the Japanese Empire』1917, p.310（原注）

（2）Executive Secretary of the Christian Literature Society

（3）Wainright, Samuel H. 1863–1950　パルモア学院院長、関西学院神学部教授を歴任。基督教文学委員会（基督教興文協会を経て教文館）で活動。（キリ人）

（4）Foote, Lucius Harwood 1826–1913　法律家、外交官。一八八三年に朝鮮公使に任命されている。（以下、著者の認識には一年のずれが生じている）（DAB）

（5）Min Yong Ik　皇后閔妃の甥、朝鮮の政治指導者。

（6）一八八四年十二月四日の甲申政変における襲撃事件を指すと思われる。

（7）この事件については、本書以外に確認できる文献がない。

（8）Government Hospital 広恵院。のちにセブランス病院、今日の延世大学付属病院群に発展。
（9）Severance Hospital
（10）Union Medical School in Soul
（11）Avison, Oliver R. 1860–1956 医療宣教師。
（12）Reid, Wightman 医療宣教師。一九〇七―一九二八に朝鮮で活動。
（13）Ivey Methodist Hospital
（14）総督府（Government General）の最近の法令によって諸外国からの医師が韓国から追放されるという恐れには、根拠がないことが明らかになった。総督府は単に日本と医師資格の互換性が定められていない諸国から来る医師に対して、それらの諸国に赴く日本人医師が実地免許の取得以前に要求されるものと同様の試験に合格するべきことを法制化したにすぎない。試験は東京において、英語で行われる。（原注）
（15）科挙制度のことか？
（16）Wilder, Robert W. 不明。
（17）Supreme Intellect
（18）de Mayerne, Sir Theodore Turquet 1573–1654/55 医師。フランス・イギリスで国王らの治療に当たった。
（19）Bulleyn, William c.1515–1576 医師。（DNB）
（20）Desault, Pierre-Joseph 1738–1795 フランスの解剖学者、医師。
（21）Antinius Musa 古代ギリシャの植物学者。ローマ皇帝アウグストゥスの医師。
（22）Octavious Augustus 前六三―一四 ローマ皇帝。
（23）Gordonius 不明。

(24) Pariah　社会的スティグマを捺されてカースト外の身分とされた人々。

(25) Fraser, Sir Andrew Henderson Leith 1848–1919　インドの行政官。(DNB)

(26) Moor, Sir William　不明。

(27) Southern Presbyterian Church

(28) Fair, E. M.　不明。

(29) Luebo　インド民主共和国中南部の町。宣教団のステーションが置かれていた。

(30) Welle　旧ベルギー領コンゴの最北部。

(31) Africa Inland Mission

(32) Azande（Zande の複数形）　現在の南スーダン、中央アフリカ、コンゴ民主共和国にかけて分布する諸民族の総称。

(33) Mombasa　ケニア海岸部の港湾都市。同国第二の人口をもつ。

(34) Port Florence　ウガンダ鉄道の終着駅。一九〇一年開港。

(35) 『学生ボランティア運動会報 Student Volunteer Movement Bulletin』一九一六年一月号、四一頁。（原注）

(36) Anti-Opium Crusade

(37) チョーンシ・グッドリッチ夫人『今日の中国 China's New Day.』六四頁。（原注）Goodrich, Chauncey　不明（キリ人に同名の男性神学教授の名が収載されているが、おそらく別人）。

(38) 『生と死の間で』（原注）

(39) 『国際宣教評論』一九一五年一月号、三九頁。（原注）

(40) 箴言二四・一一—一二

(41) ミュアヘッド博士は医療宣教の失敗のありうる原因を六か条に要約している。「医療・看護要員の不足、医療設備の不十分さ、福音宣教の機会の浪費、多くの拠点を開きすぎること、新人の医療宣教師を責任ある地位につけること、十分な卒後研修を欠いた新人の医療宣教師を派遣すること」。R・F・ミュアヘッド『医療宣教団からの呼びかけ』一六〇頁。博士は失敗があったと印象付けることを避けているようであるが、低級な活動には正しく反対し、可能な限り最高の専門的成果のために論じている。（原注）

(42) Balme, Harold 1878-1953 医療宣教師。中国名・巴姆。

(43) Volunteer Bands

(44) Medical Missionary Association

(45) Beebe, Robert C. 中国医療宣教連盟総主事。中国名・比泌。

(46) Cochran, Thomas 1866-1953 医療宣教師。中国に西洋的医学教育を導入した。

(47) China Medical Board

(48) China National Medical Association 一九一五年創立。

(49) esprit de corps

(50) ヨハネ一四・一二

(51) マタイ二五・四〇

第八章　力の秘密

「よき医師は同時に本物の、聖人、神の人であらねばならない」
アミエル(1)

「ああ、私たちには力が必要だ。これらの魂の死には、ある種恐るべきものがある。罪とは何かということについての全くの無知、彼らの陥っている恐るべき無気力。それら全てが、私たちの唯一の本質的な力が、神的なもの、生命を与える力であることを明らかにしている。キリストのうちに、私たちにその全てを備えられた神に感謝」。

ケニス・マッケンジー博士

エディンバラのアレキサンダー・シンプソン(2)博士は、中国における宣教団総会(3)への旅の途上、東京を訪れた。産科学の著名な権威者として歓迎会が催され、帝国大学医学部で講演を行うよう招かれた。六十人以上の教授たちが出席した。専門分科の権威者として語ることのできる人物として知られていたので、またイギリスで始めてクロロフォルムの使用を経験した有名なジェームズ・Y・シンプソンの親族であることも注目されていたので、なにか産科学的な、あるいは科学的な主題についての講演が期待されていた。

　それが生涯における唯一の、そしてひとつとして無駄にできない機会であるとの理解のもとに、アレキサンダー卿は、かの偉大な医師が彼個人に対して何をなし、そして人々の肉体の、また同様に魂のために何をなしたのかを最も単純なことばで語るために、半時間を費やした。それは美しい光景だった。白髪の老いたベテランがその輝く顔を階段教室いっぱいの教授たちや学生たちに向けたのだ。彼らの多くは不可知論者であり、少なからぬ人々は無神論を公言していた。尊敬に満ちた沈黙、ほとんど畏敬というべき静寂、専門的地位への敬意と、年齢と誠実さに対する尊重。そのすべてが、彼が言葉を通して勝ちえた新しく開かれた門戸、理性的な議論と物質的な研究に年月を捧げてきた人々の心への入り口を、指し示しているように見えた。

　このひと時の課業を、どう見ることができるだろう？　最後まで罪と闘おうとする人は、その戦いを肉体的な本性の闘技場で始めなければならない。私たちの本性のより高い領域における能力は、神秘によって、より低い領域での能力に依存している。だから、肉体の神聖さは魂の神聖さと同義のものということになる。最終的には、そしてこの点にこそすべてが導かれるのだが、もし誰かが生きることの、義務の、なにか真実の基盤を見出そうとするならば、まず神を見出さなければならない。非キリスト教的大学の医学部教授団にとっては、それは通常の思考から外れたことであり、アレキサンダー卿は彼らに予期せざる結論を提示したのであった。

　いかなる人にとっても、現実の生活はただ現実の神を発見したときに始まる。大戦を扱ったH・G・ウェルズ[4]の『ブリトリング氏は考察する Mr. Britling Sees it Through』[5]は、このことの顕著な実例である。著者はまれにみる技巧によって、主人公を安易な楽観主義、無色透明な非倫理的生活と人間的可能性の罪深い浪費から、彼がロンドンからの客人とホッケーを楽しんで日曜を過ごす間も、世界が戦争の大火の中にあるという厳しい現実理解に導いていく。彼は神なしにさ迷っていた。彼の秘書は国王軍に加わって捕虜になる。彼の息子はお尋ね者になって殺される。そして今、ブリトリング氏は神を、真の神を、そして義務を見出すのである。それはイギリスの、厳しい現実生活とその悲劇に対する目覚めの物語である。それはすべての人の、神と友人への奉仕のために自分自身を留保なく投げ出す人格的義務に向けての、覚醒の物語でなくて何であろう。人間の、人間のための、肉体的、精神的、霊的なミニストリーは、世界を勝ち取ることができるし、もしそれが神を中心とする生き生きとした信仰に依拠しているならば、世界を勝ち取るであろう。神は現実のものにならなければならない。現代人たちは事物に現実性を要求し、現実の神、全能の神を欲している。弱い神では強い人間を満足させることはできないだろう。それは理論や教義や、あるいは観念の問題でさえなく、力学と権力の問題なのである。人類を獲得するであろうものは、倫理的な諸基準ではない。「キリスト教はその倫理的諸基準を現実のものにするための十分な原動力を備えた唯一の宗教である」[6]。それは神を説明する生命の物語、あるいはそれ以上のもの、生命そのものである。それは宇宙で最も有力な力、人格的で、生き生きとした、再生産的で、あらゆる人に関与する力である。その力とはイエス・キリスト、世界の救い主であり、医師のうちに人格的に存在し、病院のうちに常に存在し、主自らの世界のうちに永遠に存在している。主の人格を受け入れ、主を現実のものにし、主を生き、肉体を病み、魂を病んで死に至ろうとする人々に主が仕えになったように仕えることは、神の現実性を見出すことである。これが力の源泉、福音の心、宣教事業の魂である。任務とその成果に向けて自らを整えようとしている宣教師は、この超人間的なエネルギーの持つ権能のうちに生きなければならない。

第一節　神への信仰の力

リアルな神への信仰は、私たちの時代にもまた他の時代にも、個人的な経験であれ建設的な事業であれ、すべての力の源に位置している。「今日私たちに必要なのは、使徒時代の英雄的で挑戦的な気風を再生させることである。当時のキリスト教共同体は小さなものであったが、静かで大望あるまなざしを、はるか西方世界の野蛮な混乱全体に向けようとしていた。そしてその全てをキリストの御国のために征服しようという不可能な夢を抱き、夢を現実にする計画に挑戦しようとしていた」[7]。このような征服事業を再現し拡張するためには、力ある信仰を持つ人々、その信仰の大胆さによってこそ、あらゆる任務の中で神をリアルで、現在のものにすることのできる人々が必要である。信じて、そして挑む人々、祈り、大きな望みを持つ人々、展望を持ち、神のために冒険する用意のある人々、天の展望するところに不服従であろうとはしない人々が、必要とされている。

医師の信仰は、患者に信頼を生み出す。行いの伴わない信仰はむなしい[8]が、身体的回復は道徳的回復同様、行いとともに信仰に依存している。A・T・ショフィールド博士[9]は言う。「患者の目が医師の目と出会うとき、まさに生じようとしていた治癒が始まる」。医師の人格、彼が何者であり、何を信じているかには、医師自身が考えている以上のものがある。このことは、資格や熟練の価値を低めるものではない。しかし最も不向きで試練に満ちた状況の下で働く医療宣教師たちの活動が到達したすばらしい成功の多くには、このことが貢献しているのではなかっただろうか。彼らが人々の上に頼もしい手を置いたのは、かのもうお一人の方が、彼らの生命の上に手を置いたからなのだ。そこに臨在される主に対して開かれた彼らの態度、主のみ力への信仰、それによってこそ、彼らは患者の信頼を勝ち得ているのだ。現地人は、いかに自負心が強くても、良くしてくれようとする正直な男女の誠実で真実な魂を、常に認め、しばしば尊敬にさえ達する。「あまりに純粋な人だったので、彼の顔を見るとうそがつけなかった」と、宣教師について語られるのを、聞いたことがあるだろう。

主のみ名には力がある。ペトロやヨハネに与えられたような奇跡的治癒の賜物は私たちにはないが、神殿の「美しい門」に横たわっていた、母の胎の中にいるときから足が不自由であった男の治癒の物語は、なんと示唆的で確信を持たせてくれるものであることか。「ペトロはヨハネと一緒に彼をじっと見て、『わたしたちを見なさい』と言った。その男が、何かもらえると思って二人を見つめていると、ペトロは言った。『わたしには金や銀はないが、持っているものをあげよう。ナザレの人イエス・キリストの名によって立ち上がり、歩きなさい』」[10]。救いのない男に対してペトロのしたことは何だっただろうか。救いの希望への促し、み名への信仰、ヨハネと彼自身に対して復活のキリストのもたらした感動。これらはあらゆる医療宣教師の特権ではないだろうか。それらなしに前に進むことは無益であり、それらとともに私たちは約束を共有するのである。「はっきり言っておく。わたしを信じる者は、わたしが行う業を行い、また、もっと大きな業を行うようになる。わたしが父のもとへ行くからである。わたしの名によって願うことは、何でもかなえてあげよう。こうして、父は子によって栄光をお受けになる」[11]。

中国のW・E・スットヒル[12]牧師は言った。「医学は私たちにとっての奇跡の代替物です。理由はどうあれ、私たちには使徒たちが行ったような驚くべき業をなすことはできません。私たちの信仰に欠けるところがあるからかもしれませんし、その目的のための力がすでに失せてしまったのかもしれません。あるいは、その力はここに、人類が到達したことのうちに、以前と同様に存在しているのかもしれません」。私たちにあるものは、神の不在なのではない。神は今日の世界と分かちがたく存在しておられる。私たちがなそうとしているのは、使徒たち以上の驚くべきわざである。力は失われたのではない。それは分散されたのだ。その表現は数千の機関や要員に見出される。「すべての力は神にあり、神の力は用いることができるのです」。毎日の務めを、力ある信仰とともに果たすようにしよう。そうすれば、私たちが完全にかつ恭しく持てるものを行使するように、神は私たちにもっと大きな力を下さるだろう。

言い換えれば、力は私たちの従順に従って与えられるのである。キリスト教とは従順の宗教であるからだ。イエス・キリストの権能ある力の第一の秘密が神への信仰であるとするならば、第二のものの意義もそれに劣らない。「（主は）多くの苦しみによって従順を学ばれました」[13]、そしてその鍵によって人に自然と恵みの神の王国への神秘を開いたのだった。「軍人の美徳である従順、勇気、自己犠牲は、キリスト教徒の美徳でもある」と、ジェファーソン博士は言っている。「キリストの最初の命令は従うということであった。主は従順を、知識の器官であると言っている。神の意志を行おうとするものは、それを知らなければならない。『このことが分かり、そのとおりに実行するなら、幸いである』」(14)。従順によって、宣教師は風や波に立ち向かう。漂流するのではなく、航海するのだ。彼は運命の犠牲者にはならない。神の意志を行おうとするならば、彼は皇子のように、王の子であるように、振舞う。カッシウス(15)の叫びを聞くがいい。

人間は往々にして運命の主となる。
ブルータス、我々が斯んなに劣者となっているのは、其罪我々の運星にあるんじゃなくって
我々の心にあるのぢや(16)。

神への生き生きとした信仰を持っている宣教師は、神の宗教への力強い信仰を持つことができるだろう。キリスト教は希望と良き快活さの宗教だからである。それは疲れ、弱った肉体に対する強壮剤に似ている。それは、エルサレムとエリコの間で盗賊たちの手に落ちて打たれ、血を流していた哀れな仲間に対する善きサマリア人(17)である。その希望の基礎には、子どもたちに対する御父の愛があり、罪びとや失われた者たちに対するイエス・キリストの働きがあり、神のみ言葉の変わらざる巌があり、力と永続する真理とがあり、人間の破壊しえない信仰があり、正義の究極の勝利があり、ゆるぎなく除かれることもない不死への希望がある。宣教師たちはいつでも、常に楽観的であった。すべての偉大な宣教の働き手たちは、その希望が信仰の高みにまで挙げられた男女たちであった。
キリスト教は慰めの宗教である。罪の引き起こす惨害、病気や死に直面した人間は、慰めの神への信仰を持たなけ

ればならない。力ある砦である方、病室に、恐怖に代えて安心と平安をもたらされる方。異教徒の死は、キリストのいない人の死である。見開かれた目、握り締めたこぶし、恐怖の叫びを、誰に描きつくすことができるだろう？　それは彼にとって神が、悪と、不幸や死と結びついたものであるからだ。キリストなしの人間の経験することについては、シェークスピアがフォールスタッフの死を、酒場の主人の妻の口に乗せて描いている。

「『神さま、神さま、神さま』と二、四度も呻きなすったからね、力づけるために、『神さまの事なんかお考へなさるな、まだそんな事思ふには及びませんよ』といったのさ」[18]。

神への生きた信仰は、宣教師が公式に述べる神の使信に対する信仰だけでなく、神が彼を遣わした使命に対する信仰をも、もたらしてくれる。力の秘密は、任務の追求にわれを忘れかねないでいる彼とともにある。人が時間の乏しさを克服し、平衡を取り戻し、ほとんど神的な忍耐力で、心の傷に優しく触れる機会を求めて祈る時間を見出す。それこそが、闘いに勝利を得る時である。スピア博士は、ジョゼフ・コクラン博士に宛てられたベンスン大主教[19]の規則を引用している。「込み合った仕事に、ささいな疲労に、細かい経験に、注意を向けないこと。時の流れの中で、私の残酷で不注意な手が作った傷を癒すこと。好意や同情を見つけ出そうとしないこと。もちろん優しさを要求しないこと。助言や意見を求められなかったり却下されたりしても、不快を感じないこと」。だから私たちは、彼の宣教主事が宣教地を訪れてこう語ったことにも驚かないのである。「彼は真の強さの持つ、沈着と平静の実例であり、それは私がかつて出会う喜びに恵まれたいかなる人物以上のものである。今年私は初めて、狭量で気難しい性格の現地人との絶え間ない接触によって、ひとりの人間の気質と神経にこのような持続的な負荷がかけられていることを知った。私はここに来る以前は、自分が愛想の良い人間だと考えていたが、この自己評価は修正されなければならなかった。そして日々、忍耐を求めて祈っている」[20]。

あらゆる働き手の中で、宣教師は最後に落胆するひとりでなければならない。彼の高い目標と、主の存在の現実感が、希望を強め、疑念や恐れを遠ざけるのである。ジェームズ教授は言う。「不安に対する最上の治療は宗教的信仰である」。このことは正しいが、それはキリスト教信仰でなければならない。C・W・サレービー博士[21]がこう語ったと引用されている。「不安に対する二つの偉大な宗教は、仏教とキリスト教である」。だが仏教はどう言っているか。「不安は人生に避けがたく付随するものである。不安を逃れるためには、生への希望を打ち壊さなければならず、全ての存在の目標はニルヴァーナ、没我と消滅である」。キリスト教はどう教えるか。「大いなる終末とは、より貧しいのではなく、より豊かないのち」、没我や消滅ではない何ものかである。それは人生の真実の意味を見出すことであり、人生の新しい中心となって、それを強めてくれる要点を発見することである。そのときにこそ人間の生命は神的なものへと高められ、導かれていく。

イエスの抱いていた穏やかな確信は、「永遠性から来る、魂の平安」[22]であった。主を受け入れれば、主の平安が私たちのものとなる。いや、それ以上に、主ご自身が私たちの平安なのである。神的な恵みの無限の源泉に対する信仰を強め、確信を吹き込む主の霊に満たされるのでなければ、人は誰も練達にいたることはできない。いやむしろ、無限なるものに触れるなかで、魂の静寂さがやってくるのである。イエスがその力あるわざをなしたのは、このような霊のうちにあってではなかったか。そこにはためらいも焦りもなかった。ご自分の力が自然に、人間と悪霊に優越するというひとつの意識のもとに、主は着実に前へと進んでいかれた。そしてなお、御父へのつつしみ深い従順と、何事にもご自分の意志を行う至上の望みとを常に示された。主の信仰は、主の大義のなかで決して揺れ動くことはなかった。

大義に対する信頼を欠いているような人は誰も、活動のための力を持つことはできない。このことは自分に対する信頼を持つということ以上に重要であり、本質的でさえある。最初から最後まで自分の生涯の仕事を成し遂げることに完全にわれを忘れることのできる人は、招かれた職業で成功を収めるのみならず、さらに良いことには、自己の人生、自己の目的の誠実さに対して、他の人々の信頼を勝ち取ることができるであろう。

だから力の秘密は、何よりもまず宣教師の神に対する信頼の生活に存しているのである。その生活の質は、いかに豊かに広がっていくものであることか。神がご自身を現されるにつれて、人は育っていく。「人はその目的の大きさとともに育つ」のだ。彼は真理を把握するたびごとに、共感が強まるたびごとに、動機が深まるたびごとに、そして理想がますます高められるたびごとに、成長していく。宣教師が改宗者とともに、信徒の集団とともに、現地の教会とともに成長しようとするのであれば、生ける信仰を保っていかなければならない。彼にあっては、救済の目的と計画の観念がいつまでも大きくなっていくのでなければならない。このことに失敗するならば、彼の失敗は危険なものとなり、あらゆる霊的感覚の死につながる。ゆるやかな麻痺の症状が生じてくる。このような状態のもとでは、召命は専門職主義へと変質し、霊的な力は失われる。現地の教会の信仰が彼自身の失敗にもかかわらず存続し、知的にも活力的にも成長するとすれば、彼は指導的な立場を失い、指導者ではなく追随者となって、宣教地における地位に対する権利を喪失する。このことは、生ける神への信仰を勝ち取った男女を見てきたすべての有力な宣教団にとっての真実であった。

第二節　神のみ言葉の力

聖書は宣教師の教科書である。それは命の書、世界の救い主、御子イエス・キリストにおける父なる神の啓示である。それなしには人は誰も真に偉大な人生を生きることができず、また自分自身が直接に、原理として働く知識を持ちあわせているのでもなければ、ほかの人々の人生に対する伝道者となることを期することもできない。エマソン[23]は言った。「かの最後の偉大な人間が生まれてくる時まで、聖書は閉じられることがない」。聖書は霊的真実において第一の地位に立っている。それ自体として歴史や哲学や科学における優越性を主張するのではないが、道徳や信仰の領域においては至高のものなのである。聖書が強調するのは、救い得るもの、救われたものとしての人格性、すなわち「最も興味深く、最も傑出した、世界中の資産リストの中で最も高価なもの」である。

聖書だけが、世界の心の渇きを満たすことができる。「聖書は霊感による。私がそのことを知っているのは、私という存在を他のいかなる本にも勝る最大の深みにおいて見ているからだ」と、カレッジは言った。日本の新島襄(24)は、神を求めて故郷の山を出るにあたって、その刀を新約聖書と交換し、神を見出すことによって、彼の真実とより高い自己とを見出した。ソーステネス・ファーレス(25)はマクシミリアン軍(26)の兵士たちの一人からフランス語の家庭聖書を受け取り、彼の周囲に一群の乾いた魂を集めてメキシコの都市に福音的教会の基礎を置いた。サンティアゴの街で、三十年にわたって閉ざされたドアの後ろで毎日自分の聖書を読みながら、この島が福音に開かれることを祈っていたのは、あるキューバ人の女性であった。そしてサンプソン提督(27)の砲撃を祈りに対する応答として聞いたのだった。それがキリストを知らしめるために赴いた宣教師の手にある場合にも、またメッセージを届けられた現地の人の手にある場合も、聖書が満たすことのできないような慰めへの熱望、真理への飢え、神への渇きというものは存在し得ない。

十二の部族がひとつの民族に溶け合わされ、神の思想の保管所となった。世界の最も偉大な二つの言語、ヘブライ語とギリシャ語が、人間に対する神の啓示のための鋳型を形成した。聖書は世界の良心を創造し、神への意識を深めた。それは文明から離れた諸国家と諸民族を活性化させた。それは徹底した改革を導き、偉大なリバイバルの動きを生み出した。それは文学的事業や個人的経験を豊かにするために、尽きることのない泉を開いた。医療の専門家として名高いウィリアム・オスラー博士(28)は、そのハーバード・レクチャーである『科学と不死性 Science and Immortality』において全四十三頁中で四十一回にわたって聖書に言及、あるいは引用している。ジョンス・ホプキンスのハワード・ケリー博士も、同様に自己の専門分野における傑出した存在であったが、日々勤勉に神の言葉に学ぶ学生でもあった。「この小さな本の中に、世界の知恵のすべてがある」と、偉大なしもべは主張した。その統一性、継続性、計画の包括性、神の啓示、元気さと新鮮さ、決して古びることのない人間らしさ、道徳的活力と霊的な力とが、日本の元首相である大隈公爵(29)にこう主張せしめたのである。「近代文明はユダヤの賢人の教えから立ち上がったのであり、進歩の活力はただその中にのみ見出される」。

その原理は偉大な宣教師たちにとっての霊感であったし、その翻訳は彼らに王冠を飾る業績であった。中国への宣教の先駆者であるロバート・モリスンのことを思い出せば、彼がまだニューカッスル・オン・タイン(30)にいた早い時期から、一日に十二時間から十四時間も努力し、「さらに読書と瞑想に過ごすための一～二時間を見つけ出した。仕事の間中、彼の前には聖書か何か他の書物がいつも開かれていた」ということを見出すであろう。ノッティンガムの敬虔な靴職人ウィリアム・ケアリは、聖書をとても熱心に原典で読んでいたので、インドに行ったときにはそれをいくつもの言語に翻訳する準備が整っていた。アドニラム・ジャドスン(31)はビルマ語に、ヘボン博士は日本語に、ヴァン・ダイク博士はアラビア語に翻訳した。

ショフィールドの雑誌には以下のような記録が書かれている。「一八七六年一月一日。二十五歳のときに、毎年旧約聖書を一回、新約聖書を二回、通読する習慣を始めた。『わたしの魂よ、沈黙して、ただ神に向かえ。神にのみ、わたしは希望をおいている』(32)『あなたがたはもはや自分自身のものではないのです。あなたがたは、代価を払って買い取られたのです』(33)。ある程度、私は神の言葉を読むという自分の決定を守ってきたと思う。神は今年もみ言葉通りに過ごせるよう助けてくださった。折あるごとに聖書を読むこと、いつもそれについて黙想すること、聖霊により頼みつつ聖書を用いること。自らを省みるに当たっても、他者への剣とするときも」。

第三節　神との交わりの力

J・C・ヘボン博士の生涯については、簡潔だが最も有意義な証言がある。「彼らはただちに、住んでいた古い寺院に家庭祭壇を築いた」。静かに、控えめに、トランペットの演奏もなく、この神の人は日本帝国に生ける炎をもたらした。アテネの人々がそうであったように、新しいことを耳にすることを好む人々の地に築かれた祭壇は、「まだ見ぬ神」(34)のためのものではなく、知られた神、試験済みの神、その霊によって人の人格を力づけてキリスト的生き方へと促す神のためのものであった。だから、このベテランとその妻の歓送の集いで、ある日本人がこう語るよう促されたということに、何の驚きがあろう。「愛国者にとって手に刀を持つことが慣わしであったころ、わが国に一人の男が、平和の福音を携えて来ました……かつての若く有能なカップルは、いまは年老いて白髪のカップルになっています……先生がわが国の人々にもたらされた贈り物は、そのお働き以上の、その人格でありました……」。

医療活動と翻訳の初期の日々、太平洋に向かって延びる美しい入り江の岸辺に立つ古い仏教寺院で、日の出ずる王国の民衆のために多くの祈りが捧げられた。宣教師は彼らを自分の民とし(35)、彼らが彼の子どもたちであるかのように、彼らのためにとりなしていた。

祈りは、本当に事物を変化させるだろうか。大勢の宣教師たちの経験から、私たちは断固として肯定的な答えを持っている。意志が確信を得て、心が確信のもとに置かれ、気分は変化し、長年の慣習が破られて人生は完全に変容する。身体的組織や容姿の外貌さえも、ある種の奇跡的な影響力のもとに置かれるようになり、悪意や憎しみは親愛や親切心や配慮へと変えられる。アフリカ人の残忍な部族長がモファット博士の祈りの魔力の下に、そうであったように。治癒が、驚くべき治癒がもたらされ、発熱は叱り飛ばされ、健康が取り戻されて生命が保たれる。

ハクスリー[36]は、祈りは汽笛が機関車を走らせる以上の変化を生み出せない、と語るのが常であった。しかし強い祈り、希望や暗示によってある種の病気に驚くべき治癒が生じるという点において、経験ある生理学者や医師の誰も、今日このような独断的言明に同意を与えるものはいないであろう。私たちが知っているように、人間の意志は神の意志と協調する力を持っており、いずれの要素が欠けたとしても生じなかったことであろう結果を生じせしめる。現代心理学の基本的な定説は、心身の一体性である。この事実の意義を強調しすぎることはない[37]。

身体的にせよ精神的にせよ、まだ見ぬ世界に働いている諸力に向かっていくのが、現代思想の最も顕著な傾向である。精神は精神に影響し、また精神は事物に影響する。血液循環の促進、いくつかの特定の臓器におけるその変化、体温の上昇、痛みの感覚の増大、食欲の減退、消化機能の障害、また一方では、治療薬や医師や看護婦に対する信頼のもたらす良好な諸結果、信頼する友人の祈り、これらのことは身近に過ぎて、反論の余地がない[38]。

ジェームズ教授は言う。「病人のための祈りについて言えば、もししっかりと立つためにいかなる医学的事実も受け入れようと考えるならば、ある環境のもとで祈りは回復に貢献することができるのであって、治療の方法として推奨されるべきなのである。祈りの影響力の下に、驚くべき回復が起こる。一方、人々が非道徳的になって信仰と希望と生きる意志を失うならば、往々にして最も些細な原因で死んでしまうということも、よく知られている。病気に対する祈りの力の最も顕著な実例は、おそらくルター[39]とメランヒトン[40]のものであろう。よく知られているように、祈りはメランヒトンを死の顎から救ったのだ」[41]。それでもなお、祈りの効果については多くの場所に不信が潜んでいる。

リチャード・ロバーツは言う。「祈りにおける私たちの信仰の回復を助けてくれるどのようなことも、人生の可能性に実に多くのものを付け加えてくれるだろう」。

ハクスリーの不可知論のあとでは、ケニス・マッケンジーのような人物の経験の、なんと新鮮なことであろう。彼はイングランドで可能な最高の医師免許を持ち、その外科的熟練には疑う人もなく、信仰生活は中国人たちに、彼が告白したとおりに生きており、彼の言葉は絶対に信頼できると確信せしめるものであった。彼はこう書いている。「彼のためにできるすべてのことをした後、私は、麻痺の患者の癒しを求めて主の前に連れてきた男たちを真似て、この患者をイエスの前に横たえた。主は私の祈りと、愛するミリー(42)の祈りを聞かれた。翌日の朝、男には大きな回復が見られ、そのときからは日ごとによくなっていった」(43)。

天津における医療活動の発展期に、もし李（鴻章）総督が死去するかこの市を離れた場合にどうなるのかという質問が提議された。人間的には、当時はすべてが彼の好意と後援に依存していたのである。マッケンジーは応えた。「私は私たちの業ではなく神の業を信じているので、そのような偶然に煩わされることはない。私たちはこの世の皇子たちにではなく、すでにこの活動を開始された王の中の王である方の助けに信頼を置いているのだし、主が見捨てられることはないと、私は確信する。私たちにはただ、イエスへの信仰と通じて祈るという私たちの特権を用いることだけが必要なのだ。神がイエスの名による祈りを聞いてそれに応えると約束されたことを考えるのは、素晴らしいことではないか。私たちが必要性を感じているとき、それはとりわけ明白なことだ」。

神と共に働くということは、ハロルド・ショフィールドに蓄えられた力の秘密であった。彼には祈りのための力ある信仰があった。彼の兄弟の手による『思い出』のなかに、このような観察を見出すことができる。「困難な手術を始める前にはいつも、彼は常に変わらぬ誠実さで簡単に、言葉少なく祈りを捧げた。あるとき、医師は古い股関節脱臼の症例の整復を試みていた。幾度かの試みのあと、成功が期しがたく思われたとき、医師は数語の祈りを捧げ、その後まもなく股関節を正常の位置に復元することに成功した。このことは彼が仕事をなすに当たっての精神を示している。彼は『神の協力者』(44)であった」。このことは、偉大な下院議員で偉大なキリスト教徒でもあったウィリアム・E・グラッドストーン(45)の習慣を思い起こさせる。議会での討論のさなかにも、あるいは何かの重要問題について演説するときにも、しばらく間をおいて祈りに向けてこころを上げ、神的な助けを求めるのが彼の習慣だった。それは議会のメンバーたちに気づかれることはなかっただろうが、神は見ておられ、助けが来たって、その効果は時として圧倒的なものであった。

ショフィールドはいつも神に、世界中の宣教地における必要性を大学やカレッジの学生たちのこころに留めさせてくださるよう、とりなしていた。「これらの祈りは応えられた」と、彼は兄弟に書き送っている。「よく知られたケンブリッジ・バンド[46]の出発によって、イギリス諸大学の学生集団の青年達に宛てられたスタンリ・スミス[47]とC・T・スタッド[48]両氏の影響力によって、そして『学生ボランティア運動[49]』の形成と成長によって」。こういったとりなしの祈りが行われたのは、はるか内陸の山西省における、彼の医療宣教師としての最初の日々であった。彼の奉仕の期間は短かったが、あたかも人生が長いものではないかのように、生きた。J・ハドスン・テイラー博士はそのすべてを評して述べている。「これらの祈りこそ、ハロルド・ショフィールドが達成した最も偉大な仕事であったと、思うことがある。彼は神から与えられた仕事をやり遂げ、そして永遠の報いへと導かれた。あなた方の誰が、彼に続いてキリストに従っていくのだろうか[50]」。

ジョン・R・モット博士[51]『宣教運動の決定的時期 The Decisive Hour of Missions』のなかで、いみじくもこう言っている。「キリスト教の拡大の中で成功裏に克服されてきたあらゆる深刻な危機は、秘められた場所でのキリストの弟子たちの信仰によって克服されてきた。一方からはキリスト教徒の祈り、もう一方からはキリストのご計画の啓示、働き手の立ち上げと神の王国の偉大な霊的な力の解き放ち、この両者の必然的な結合は、およそ確立可能なあらゆる事実同様に明白に確立された事実である。神がかくも大きな拡大を条件付けられているので、祈りのうちにある神の子たちの信仰と忠誠のうえに神の王国の進歩と実りがあることは、最も深遠な神秘のひとつであると同時に、最も驚くべき現実のひとつでもある」。

宣教医師たちをも含めて、すでに名前を挙げた、またそのほかの多くの偉大な宣教師たちにとっては、祈りは人間的な事件に生ける神の活力の介入を求めるという以上のことを意味している。それは「神の臨在を経験する」ということを意味してきたし、今も常に意味している。ヘンリー・チャーチル・キング博士は言う。「すべての生命の偉大な秘密とは、それが至高なるもの、偉大な事実、偉大な真理、偉大な人格、ひとりの偉大な人間、キリストの存在のうちに常にとどまっていると言うことである」。それは私たちの人生の意義と有効性を最終的に決定付ける、かつて人間に対して示された、最善たるのみならず至高なる人格への、日々の、期待に満ちた、情熱的な関心なのではないか。これこそが、人生の全ての過程を深め、豊かなものとする、かの偉大な医師とその弟子たちの間の関係性なのである。

神はハロルド・ショフィールドを通じて働かれた。そうなさったのは、両者の間に親密さが生じたからである。そのことを、私たちは恭しくもこのように言うのである。「神と人とが親密な出会いをするところでは、何が起きるか計り知れない」。何度でも、彼の雑誌に戻ろう。それはあたかも、礼拝と捧げものの祭壇に注がれた聖杯のようである。

主イエスよ、あなたが私にとって、生きた輝ける現実となってくださいますように。なによりも主の十字架と復活、それは私が真に栄光の福音へと入っていくためのものであります。

主よ、私が無限の値によって贖われた一日一日を、私にではなくあなたにこそ属するものであることをさらによく知り、私が「罪に死に」ただあなたによって生きていることを理解することができますよう、私の信仰を強めてください。

一時ごと、一日ごとに前に進むことができますように、またあなたとの交わりのうちに欠けるところなく結ばれ、実際にキリストを生きる恵みに満たされることができるようにしてください。

私を現実のもの、主を待ち望むもののひとりとしてください。いつも、あなたのみことばを瞑想させてください。あなたのみことばがつねに私の魂の糧となりますように。あなたのみこころを、少なくとも行うという願いを、常に私に抱かせてください[52]。

ケニス・マッケンジーは書いている。「主は、子なるイエス・キリストと天の御父の間に存在したのと同様の関係性が私たちにも通じているということを、私たちに正確に学ばせようとしておられるように思える。主はつねに御父の助けにより頼み、つねに御父に付き従おうとし、御父との最も親しい交わりのうちにあった。私たちはぶどうの木との生けるつながりのうちにあってこそ、実り豊かな枝として生きることができる。この霊的な糧はイエスから直接にしか得ることができない。朝寝をしてみ言葉における神との交わりを失うとき、私は誘惑に陥る。なにものも、どんな共同の礼拝も、家庭の祈りさえ、その代わりにはならない」。

第四節　神の聖霊の力

『使徒言行録』において遣わされたときのように、聖霊がそのような宣教運動の先駆者、管理者となってくださるとき、聖霊は人格的な責任を引き受け、人々を探し、見出し、任務のために取り分け、力を与え、拡大のための神的な隊列を前に進める権能をもって、送り出してくださる。愛された医師ルカ、探検家リヴィングストン、治療者ポスト、外科医カーの場合がそうであった。ウィリアム・ラムジ卿[53]は、トロアス[54]で使徒パウロの幻に現れたのはルカであったと論じている。すでに挙げた人々やその他の人々は、聖霊の力を持っていたがゆえに、神の御手の力の器であった人々である。

使徒教会の日々に、聖霊は宣教計画の概略を定められた。聖霊はつねにそれに方向性を与え、意味を置かれた。聖霊は人々を、時を、出来事を通じてご自身を現す途を求め、驚くべき神意、神の王国の統治と神的な目的への前進を通じて、人々をひとつにされた。タンガニーカ湖[55]でのスタンレーとリヴィングストンの出会い、マッケンジーとその小さなグループが総督との接触の機会を求めて祈っていた、まさにその時の天津における李夫人からの宣教医師の呼び出し、閔皇子を治療すべきときにH・N・アレン博士が上海からソウルに行っており、それによって韓国を福音に開かせたこと、これらはまさしく聖霊の導きのもとに起こった諸事件であった。

ルカの場合のように、使信は医療宣教師によって羊皮紙の上に刻み込まれることもあるし、感受性を持った人々の心の上に、光と愛の線によって刻み込まれることもある。しかし、使信を送るものが聖霊によって、父なる神の約束によって、それに先立って強められていなければならない。聖霊の働きは、自覚を促し、確信を固め、イエス・キリストへの人格的責任の意識を生み出させる。ワルネ主教[56]はこのような特筆すべき証言をしている。「二十年にわたる個人的経験と密接な観察をもとに、私はこう証言することができる。非キリスト教徒に罪を自覚させる聖霊の直接の働きを離れて、真のキリスト教徒の生活と経験に向けて個人的改宗を遂げた人を、私はひとりも知らない。個人を人格的自覚や道徳的責任感の欠けたままにさせている、インドの突飛なヴェーダ哲学によって道義心を教育されてきた人々の間で、神なる聖霊の直接的な働きによる以外には、罪の自覚と道徳的責任感が呼び覚まされ、あるいは生み出される望みは絶対的にありえない。私は奇跡にほかならないような人格の目覚めや変容の実例を、何千と見てきた」[57]。

J・E・アダムス牧師[58]は、日本のヘボンやベリー、中国のカーやジャクスン、インドのスカッダーやペネルのような医療宣教師たちの確信するところを、韓国からのこのように書き送っている。「私は人間を回心させる仕事における聖霊の有効性、その一貫性と変わらざる結果を経験し、試し、証明してきた。そしてこの主題についてのいかなる疑問も、ずっと以前になくなった。それは人生に働く自明の公理のひとつとみなされるようになった。私の生きたような条件の中に生きた人なら誰でも、科学的観察の最も単純な衝動しかないような人であっても、福音が神のみ力であるという以外の、いかなる確信にも到達しえないであろう」。

宣教活動の枠組み全体が、神の霊によって力づけられていなければならない。一国が物質主義化の災厄に直面しているならば、教会も同様であり、宣教団も同様である。霊的活動のダイナミズムに代えて、キリスト教的活動を科学的な決まりごとや技術の発動に矮小化しようとすることの危険性は、きわめて現実的である。最近のニューヨーク教区総会[59]の開会に先立って発せられた、デヴィッド・H・グリーア[60]監督の覚書以上に時宜にかなったものはあるまい。彼は社会的奉仕やそのさまざまな、見事な諸活動の中にさえ、教会における物質主義の危険性を指摘している。彼は一瞬たりとも、「民衆の社会的地位の上昇と福祉、その物質的状態の改善や改良、よりよい住居やより衛生的で有益な環境」を低く見るのではない。彼はそれが良き、大いに必要とされている活動であるとは言っているのだが、それで十分なのではない。私たちはもっと深いところに達する必要がある。彼は続けて言う。

> 富んでいても貧しくても、私たちが社会生活を形作っていくためには、新しい精神をともなった新しい生活の変化、その新しい方向付け、上昇が必要とされているのでありますが、「向上」を与える、身体的環境の新しい変化以上の何物か、生活そのものにより深く根ざしていく、霊的な変容を伴って生活を変化させ変容させる何物かが、より必要とされているのです。
>
> それこそが、まだ見ぬ現実性と気脈を通じせしめる、より早く気脈を通じせしめる、社会的奉仕の目的、究極の目的と目標でなければなりません。そしてそれは私たちの社会的生活に物質的のみならず霊的な変容をもたらし、単により大きく平坦な物質的地平に広がりあふれていくのみならず、そこにさらに「向上」の力、イエス・キリストの更なる霊的な力を、持ち込んでいこうとすることなのです。

これこそがそれである。キリストの「向上させる力」だけが、社会的な奉仕や、いかなる人間的な救済の活動に対しても、真実性と恒久性とを与える。ロンドンのセント・ポール大聖堂(61)、この建築物も、ウルミアの宣教病院が四分の一世紀に渡って神と魂の宮である肉体の建設者であった一人の人物(62)の記念物であると言う以上の意味で、クリストファー・レン卿(63)への記念碑以上のものであるわけではない。このような人生における労苦は、建築家のそれに比べて、より困難に満ち、より才気を要し、より建設的で忍耐強いものであった。ひとりは、石材と鉄とで建てるが、それは歳月の残酷な牙に耐えることはできない。もうひとりは物質とともに残る。罪にのろわれた世界の腐食性の酸にも耐える人格性の中に、それを持ち込んだからである。

結語　すべての宣教団の主

異教徒へと向かった偉大な使徒の時代以来、人々は問いへの答えを捜し求めてきた。私たちの時代にとって至高にして最終的な必要性とは何であるか。答えは、単純にして全く包括的なものである。それはイエス・キリスト、生ける神の子、それこそが私たちの、あるいはすべての時代の必要性に対する至高にして最終的な回答である。全ての信仰は主に向けられ、全ての活動は主のみわざに結ばれ、全ての生命は主の生命によって活気付けられなければならない。私たちのキリストは人格における、信仰における、権威と力とにおける王である。王なるキリストは御国の福音によって代表されなければならず、福音はあらゆる人に、人のうちにある全てのものに、人類全てに及ぶ。主の救済の計画はその構想において世界におよび、恵みのみことば、人に信仰をもたらす霊感であり、人の最も深く緊急の必要性に適用される。主のご計画は、主の教会の全会衆に命令する王の布告であり、全ての国民を教え、病を癒し、人生そのものを終えるときまで、主への信仰の証人となるべき義務を負わせる。

私たちが打ち立てようとしているキリスト教文明においては、イエス・キリストこそが卓越したものとされなければならない。至高の位置を占めるべきは、科学ではなく、哲学でも、倫理学でも、道徳ですらなく、キリストである。キリスト教を離れて、語るに値する文明は存在しない。中心的な人間像であり、創造の力であり、身体的・霊的宇宙に人格を形成していく駆動力である生けるキリストを欠いたキリスト教は偽物であり、まやかしであり、道徳に欠けるものである。イエス・キリストを中心におくキリスト教は、その若々しさと強さとを常に新たにしていこうとする。それ自体は何物でもないのだから、それ自体に固有の美徳によるのではなく、その生命の神的な源泉に戻ることによるのである。そこにこそ、その恒久性、活力、世界を獲得する最終的な希望が存している。キリスト教の魂であられる主との、絶え間ない祈りに満ちた人格的関係性なしに、常に変わらぬ信仰を保ち、仕事を進めることのできる宣教師など、誰もいない。

「彼の人生は最高の理想への純粋な献身であり、義務への絶対的で非利己的な奉献であった」。これはJ・P・クラン博士の人生についての、彼を良く知るひとりの評価である。「彼は最も約束された専門的キャリアへの誘惑的な野心を捨てて、熱狂的なペルシャ人異教徒による危難と欠乏のただなかで、日々、毎日、キリストの生活を生きた。キリストの教えと模範なしに、このような人生は説明することができない。彼は私の知る誰よりも、主の精神を持っていた」。それは合衆国における輝かしいキャリアを、遠い宣教地での絶え間ない苦難と切迫した危難のなかでの生活のために放棄するということであった。しかしためらいも、知的な留保もなかった。彼が意識していたわけではなかったが、それは専門的熟練という人間的なものの奉納であり、偉大な魂の大義のための奉献であり、真の偉大さのために常に重要なこと、大いなる仕事を成し遂げるための、神への道を開くものであった。それは、彼の人生のイエス・キリストへの奉献であった。その放棄は、ローマ帝国の征服に着手するにあたって、かの使徒がこう願ったことと同じである。「そして、どんなことにも恥をかかず、これまでのように今も、生きるにも死ぬにも、わたしの身によってキリストが公然とあがめられるようにと切に願い、希望しています。わたしにとって、生きるとはキリストであり、死ぬことは利益なのです」[64]。

イエス・キリストへの献身は、つねに偉大な宣教師たちの明らかな特徴であっただけでなく、あらゆる宣教地において、国民教会の指導者たちの特徴でもあった。イサーク・ヘッドランド博士は『今日の中国』に、中国人キリスト教徒医師の側からの、キリストへの英雄的献身の実例を挙げている。彼は中国のキリスト教徒家庭の、キリスト教教育と医療宣教団を通じて生み出されつつある多くの人々の一人である。ワン[65]のような人物を生み出すことは、いかなる人にとっても、人生を賭けるに値する事業である。

ワン博士は、北京大学医学部の最初の卒業生のひとりであった。義和団事件[66]が北京に及んだとき、彼は幼い息子と一緒に逮捕された。義和団は信仰を放棄して寺院で諸神に香を焚こうとしない者は全て、死刑にすることを命じた。中国には教育のある人は少なかったので、人々は彼に言った――

「『ワン博士、あなたは教育のあるひとです。あなたを死刑にしたくありませんが、私たちにはその自由がありません。私たちと一緒に行って、いくらかの香を焚けば、放免してあげましょう』。

『いや』、彼は言った。『香は焚きません』。

『いいでしょう、あなたが受け入れられるようにします』と、彼らは続けた。『誰かに、あなたの代わりに香を焚きに行かせれば、それでよいのです』。

『いや、誰にも、私にために香を焚かせたくない』、彼は主張を続けた。

『いいでしょう、あなたの代わりに香を焚く人は私たちで探します』、彼らは続けた。『あなたは私たちと寺院に行くだけでよいのです』。

『いや』、彼は答えた。『私は行きません』。

『では』、彼らは続けた。『殺さなければなりません』。

『殺せばいいでしょう』、彼は答えた。『それでも私はあなたたちの神々には礼拝しません。私のキリストのことを何も言わずに寺院で香を焚いたりしたら、私の先生たちに顔向けができません。祖父、父、私、この幼子、私たちは四代のキリスト教徒なのです。この子に、父が救い主を否認するところを見せることができるとお考えですか？　お望みなら殺せばよいが、私はわが主を否認しません』。彼らは彼を剣に架けた」。

宣教師それ自身について、召命について、動機について、任務について、宣教地での仕事について、そしてそれなくしては任務をやり遂げることのできない力について、本書でことごとく述べてきたあとに、主題はかのひとりなる、偉大な練達の働き手に戻ってきたのではなかろうか。主は人格的原動力、全てのものの霊感であられる。「あなたがたがわたしを選んだのではない。わたしがあなたがたを選んだ。あなたがたが出かけて行って実を結び、その実が残るようにと、また、わたしの名によって父に願うものは何でも与えられるようにと、わたしがあなたがたを任命したのである」[67]。

イエスのとりなしの祈りについて述べる中で、『理性的な生 Rational Living』の著者はふたつの主要な願いを指摘している。第一は、神との交わりであり、第二は、神から与えられる仕事である。イエスに従うものたちは父の御名のうちに、神との交わりのうちに、とどめられていなければならない。そしてイエスが世に遣わされたように、世に、神的な使命に遣わされる。著者は言う。「これらふたつの願いが捧げられた方の人格の中に、影響力の中に、喜びの中に、すべての生命が収められていかざるを得ない。かの偉大な同伴者を[68]、そして神の与えてくださった仕事を見出すこと、これこそがすべてである」[69]。神から与えられた仕事と、かの偉大な同伴者。そのひとつを与えられるとき、私たちはもうひとつを見出す。それが真実なのではないか。異教の牙城、中国の眉をひそめさせる巌の前に立つピーター・パーカーに尋ねてみよう。チベットの山道に生涯を終えたロフティスに。ラブラドル(70)の結氷した岸辺の病院船でグレンフェル(71)に。シリアの暑さと厳しい陽光の下で苦難したポストに。インドのゼナーナに通じるドアのカーテンを開いたクララ・スウェインに。中国の指導的な総督とその宮廷の女性たちの信頼を獲得したハワード博士に。あらゆる宣教病院から、あらゆる宣教地から、かの偉大な同伴者の存在と協働性の証言が聞こえてくる。

アフリカの未踏の数万マイルへの、先駆的な医療宣教師のこの言葉以上に、本書を閉じるに相応しいものはあるまい。彼はかの偉大な同伴者を見出し、その発見の中に、自分の任務と自分自身とを見出した。かの同伴者はまた、宣教師であり医師であり、その任務は、世界に開いた赤むけの傷を癒すことであった。

一八七二年、生涯の終わり近くに、リヴィングストンは自分の雑誌にこのように書き込んでいる。ヘンリー・M・スタンリーがウニャニェンベ(72)で別れの挨拶を交わした、わずか四日後のことである。

三月十九日。誕生日。

私のイエス、私の王、私の命、私の全て。私は重ねて、私の全てをあなたに捧げます。許して、受け入れてください。ああ慈しみ深い父よ、この一年が過ぎ去る前に、私が務めを終えることができますように。イエスの御名によって願います。アーメン。みこころのままに。

注

（1）Amiel, Henri Frederic 1821-1881　スイスの思想家、文学者。（キリ人）

（2）Simpson, Sir Alexander Russell DNB の Simpson, James Young（一八七三―一九三四、自然科学者）の項目中に、「同名の父親でクロロフォルム麻酔の発見者 Simpson, James Young の甥、エディンバラ大学産科学教授」として記載されている。

（3）General Missionary Conference in China

（4）Wells, Herbert George 1866-1946　小説家、社会批評家。『タイム・マシン』『宇宙戦争』などで知られる。（DNB）

（5）一九一六年刊行のエッセイ。

（6）出典は示されていない。

（7）ロバーツ『信仰のルネッサンス The Renascence of Faith』二五七頁。（原注）

（8）Faith without works is vain　ヤコブ二・二〇か。KJV では、O vain man, that faith without works is dead?

（9）Schofield, A. T.　本書の内容から、ハロルド・ショフィールドの弟で、伝記の著者。ほか、不詳。

（10）使徒三・四―六。（原注）

（11）ヨハネ一四・一二―一三。（原注）

（12）Soothill, W. E.　不明。

（13）ヘブライ五・八

（14）ヨハネ一三・一七

（15）Gaius Cassius Longinus　前八七、八六―前四二　ローマの軍人・政治家。カエサルを暗殺した首謀者の一人として知ら

れる
(16)『ジュリアス・シーザー』第一幕第三場。坪内逍遥訳（名著普及会、一九八九復刻）による。
(17)ルカ一〇・三〇—三七
(18)『ヘンリー五世』第二幕第三場。坪内逍遥訳（名著普及会、一九八九復刻）による。
(19)Benson, Edward White 1820-1896　一八八三年からカンタベリー大主教。（キリ人）
(20)ロバート・E・スピア『外国の医師』三七四—三七五頁。（原注）
(21)Saleeby, Caleb William Elijah 1878-1940　作家、遺伝学者。（DNB）
(22)引用不明。
(23)Emerson, Ralf Waldo 1772-1834　詩人、批評家、哲学者。（DNB）
(24)Neesima, Joseph 1843-1890　教育者、同志社の創立者。（キリ人）
(25)Juares, Sosthenes　-1891　信徒。メキシコにおけるメソジスト教会の建設に尽力した。
(26)Maximillian, Joseph Fernand 1832-1867　メキシコ皇帝。一八六四年王党派の支援のもとに即位。
(27)Sampson, William Thomas 1840-1902　アメリカ海軍軍人。米西戦争（一八九八）で活躍。
(28)Osler, William 1849-1919　医師、医学教育の改革者として知られる。（DAB）
(29)Marquis Okuma 1838-1933　教育者、政治家。この引用の典拠は不明。
(30)Newcastle-on-Tyne　イングランド北東部の都市。通常単にニューカッスルとして知られる。
(31)Judson, Adniram 1788-1850　宣教師。アメリカン・ボードの組織者。（キリ人）
(32)詩篇六二・六（KJVでは六二・五）
(33)第一コリント六・一九—二〇

（34）使徒一七・二三
（35）エレミア三〇・二三
（36）Huxley, Thomas Henry 1825–1895　生物学者、科学教育者、不可知論者。（DNB）原文ではRuxleyとなっているが、文脈からHuxleyの誤記あるいは誤植と考えられる。
（37）偉大なイタリア人医師モソは、思考と脳の血液循環の間の緊密な関係性を示して見せた。よく平衡の取れた人間がテーブルに横たわり、ある部分に思考を集中するか、あるいは睡眠中に雑音を聞かせただけでも、感覚器官が影響をうけるので脳の血流にわずかな変化が生じ、頭を乗せたほうのテーブルの一端が反応して、わずかに圧迫されるのである。（原注）
Moso　不明。
（38）彼の兄弟による『ハロルド・ショフィールドの思い出 Memorials of Harold Schofield』（原注）
（39）Luther, Martin 1481–1546　ドイツの宗教改革者。（キリ人）
（40）Meranchithon, Philipp 1498–1560　ドイツの人文主義者、宗教改革者。（キリ人）
（41）ウースター『信仰と医学 Religion and Medicine』三〇九頁に引用されている。（原注）
Worcester　不明。
（42）Millie　ケニス・マッケンジーの妻と思われる。ほか、不詳。
（43）M・I・ブライソン『ジョン・ケニス・マッケンジー John Kenneth Mackenzie』一九〇頁。（原注）
Bryson, M. I.　不明。
（44）第二コリント六・一
（45）Gladstone, William Ewart 1809–1898　自由党首、首相。普通選挙法に尽力。（DNB）
（46）Cambridge Band　一八八五年に中国に向けて出国した、ケンブリッジ大学出身者を中心とする七人の宣教師団。ケンブリッジ・セブンとして知られる。
(47) Smith, Stanley Peregine 宣教師。ケンブリッジ・セブンのひとり。
(48) Studd, Charles Thomas 1861-1931 宣教師。ケンブリッジ・セブンのひとり。(DNB キリ人)
(49) Student Volunteer Movement
(50) 『ハロルド・A・ショフィールドの思い出』参照。(原注)
(51) Mott, John Raleigh 1865-1955 エキュメニカル運動、宣教運動の活動家。(ANB キリ人)
(52) ショフィールドの雑誌から。(原注)
(53) Ramsey, William Mitchel 1851-1939 新約学者、教会史家。(キリ人)
(54) 使徒一六・七以下。
(55) タンザニアとコンゴ民主共和国の間にある大湖。
(56) Bishop Warne 不明。あるいは監督とすべきか。
(57) モットによる引用。『宣教運動の決定的時期』二〇五頁。(原注)
(58) Adams, J. E. 宣教師。李省展『アメリカ人宣教師と朝鮮の近代』(二〇〇六)に記述がある。
(59) Convention of the Diocese of New York
(60) Greer, David Hummel 1844-1919 メソジスト教会監督。(ANB)
(61) 国教会ロンドン教区の主教座聖堂。一七一〇年にクリストファー・レンによって再建。
(62) ウルミアに宣教病院(ウェストミンスター病院と名づけられていた)を建てたジョゼフ・コクランを指す。
(63) Wren, Sir Christpher 1632-1723 建築家、数学者。(DNB 岩波)
(64) フィリピ一・二〇—二一

(65) Wang　不明。
(66) Boxer trouble 1900
(67) ヨハネ一五・一六
(68) the Great Companion
(69) H・C・キング『理性的な生』（原注）
(70) Rabrador　北極圏に近いカナダ北部地方。
(71) Grenfell, Sir Wilfred Thomason 1865–1940　医療宣教師。カナダ北部で活動。第三章から第五章に登場したアフリカで宣教活動を行ったジョージ・グレンフェルとは別人。
(72) Unyanyembe　ウガンダ北部の町。

付録

付録A

いくつかの重要な質問への回答

1　医療宣教師への召命を構成しているのは、どのようなことでしょうか?

必要性
必要性に応ずる能力
医師の供給の不十分さ
任務の緊急性
妨げるものなき神意
教会の声
神の戒命——病むものを癒せ

2　志願者の適性とは、どのようなものでしょうか?

身体的に……　強壮な健康、筋肉質な体格、消化力、よく眠れること。

知的に………　鍛えられた精神、良い記憶力、語学の能力、伝達能力、注意深さ。

霊的に………　神への強い信仰、人々への愛、希望、祈り、共感性。

性格的に……　忍耐強さ、心配性でないこと、徹底性、情熱、ユーモアのセンス、引き出しの多さ。

3　志願者は誰に採用のための願書を出すのでしょうか？

願書は志願者の属する教派の Candidate Secretary of the Board Missions を通じて提出されなければなりません。そうすれば必要な準備に関することを知らせてくれるでしょう。それぞれの Board での特別な必要事項に関しては、Candidate Secretary of the Student Volunteer Movement（New York City）に書き送ってください。

4　年齢制限は、どのようなものでしょう？

どのような宣教地であれ、三十五歳以上の志願者が採用されることはまずありません。新しい言語を習得すること（特に極東諸国の諸言語）、気候や民衆に適応することが困難だからです。宣教団が二十五歳以下の人を派遣することは、一般的にはありません。

5　誰が宣教地について決定するのでしょうか？

Secretaries and Executive Committee of the Board です。希望は考慮されますが、志願者の個別的な適性と、活動上の緊急性とが決定的な要因です。

6　奉仕にはどのような任期が要求されますか？

一生の期間です。偉大な宣教師たちは自分自身を生命の留保なしに捧げてきました。特別な理由がある場合には、特別な短期契約が結ばれることもあります。奉仕の最初の任期は宣教局や宣教地によって異なりますが、三年から七年になるでしょう。

7　医療宣教師は単身で、あるいは既婚で、どちらで赴任するべきでしょうか？

開拓的な宣教地の場合は、短期間の単身での赴任が最善です。その理由は明白です。それ以外では、ほとんどの宣教局が既婚者のほうを好んでいます。

8　どのような気象条件を考えておくべきでしょうか?

メキシコ、ペルー、ボリビアとチベットでは高度の影響。ブラジル北東岸、アフリカの東西海岸のような海の高さに近い熱帯では、湿気と暑熱。南インドや中国の中部・南東部・海岸植民地では、気力を奪うような気候。

9　言語学習については、どのような傾向がありますか?

どのような外国語も容易には習得できませんが、南アメリカのポルトガル語と中央アフリカの部族言語は最も獲得しやすいでしょう。しかし日本語、中国語、アラビア語、インドの固有言語については、長く勤勉な学習が要求されます。

10　誰が、どのような財政的手配をしてくれるのでしょうか?

供給は宣教局によって行われます。それは単純に、必要に応ずるに十分な額の合計であって、宣教地、奉仕の期間、家族の数、特別な必要によって異なります。通常は賃料なしの住宅と宣教地からの旅行費用が整えられます。各宣教局の主事か Treasurer が細部を整えてくれるでしょう。

11　宣教局は内科的・外科的な装備を提供してくれるのでしょうか?

宣教師の出発に先立って特別な予算によるか、あるいは宣教地に装備を転送するかによって、通常はそうします。自分で小手術の症例を受け持たなければならないからです。

12　医療宣教師はどんな書物を携えていくべきでしょうか?

本国で最も必要だったものに加えて、彼の宣教地に固有の諸疾患を扱っている少数の特別な医学書です。仕事の要求する必要にしたがって、時間をかけてそれに付け加えていくことで、最善の蔵書を備えることができるようになるでしょう。内科学と外科学の雑誌を少なくともひとつずつ、また一般的な性格の選集をいくつか、購読する必要があります。小型の百科事典は無価値です。

13 宣教地で研究的な仕事は可能でしょうか？
宣教地は材料が豊富で、それぞれの医療宣教師には顕微鏡や器具や試薬が備えられているはずですが、それらは診断のためであると同様、独自の研究のためでもあります。

14 医師と宣教団の関係はどのようなものですか？
医師の宣教団に対する関係は通常の宣教師としてのそれであり、そのあらゆる諸問題に共感を抱き、責任を共有する用意を持ち、すべての人々に同じく霊感を与える大義に向かって祈り、信じることであります。

15 医師と現地人の関係はどのようなものですか？
共感性においては兄弟であり、助言に当たっては父であります。医師は他の誰よりも、苦難や抑圧のときに助けを求められるでしょう。このことが彼に、肉体的・精神的・霊的なミニストリーの最高の機会を構成してくれているのです。

16 年次休暇の期間や一時帰国に際しては、何が提供されるのでしょうか？
夏ごとに数週間の休暇が、宣教局によって手配されます。一時帰国はさまざまで、三年から十年の期間の終わりに、六カ月あるいは八カ月から一年半になります。

17 一時帰国はどのようにすれば、最も有効に使うことができるでしょうか？
出発のときから、休息に最大限の時間を確保し、勉強し、また自分の宣教地で特に関心のもたれる医学上のあるいは一般の組織に接触する機会が持てるように、計画しておくことです。いくつかの高等 Bible Training School で霊的な刷新のための、あるいは男女の霊的な必要事項を扱うための教育を、受けることもできます。

付録B

医療宣教団に関する世界的統計

以下の統計諸表は"World Statistics of Christian Missions," 1916による。

医療活動

Foreign Physicians Men	七四三
Foreign Physicians Women	三〇九
Foreign Nurses	五三七
Native Physicians	二三〇
Trained Assistants Men	九六八
Trained Assistants Women	一、一三八
Dispensary Treatments	八、八三三、七五九
Dispensaries	一、二三四
Individuals Treated in Dispensaries and Hospitals	三、一〇七、七五五
Hospitals	七〇三
Beds	一七、三六四
In-Patients	二五三、六三三
Major Operations	三六、〇四四
Fees Received	四四六、一六四ドル

慈善活動

Orphanages:

Institutions …………………… 二四五

Inmates …………………… 九、三七六

Leper homes:

Institutions …………………… 三九

Inmates …………………… 一、八八〇

プロテスタント医療宣教団の概略

AREAS		STAFF						DISPENSARIES AND HOSPITALS							
		Foreign Physicians Men	Foreign Physicians Women	Foreign Nurses	Native Physicians	Trained Assistants Men	Trained Assistants Women	Dispensary Treatments	Dispensaries	Individuals Treated in Dispensaries and Hospitals	Hospitals	Beds	In-Patients	Major Operations	Fees Received
		1	2	3	4	5	6	7	8	9	10	11	12	13	14
Grand Totals	1	743	309	537	230	968	1,138	a8,833,759	1,234	a3,107,755	703	a17,364	a253,633	a36,044	$a446,164
Japan (includig Formosa)	2	11	1	5	26	24	68	200,429	8	73,696	10	347	6,734	2145	21,986
Chosen (Korea)	3	31	5	5	12	15	6	188,387	31	99,794	29	301	3,172	182	25,757
China	4	328	92	127	102	362	327	2,896,002	386	1,082,337	265	8,104	117,251	13,074	132,917
Siam and French Indo-China	5	13	–	–	–	–	–	27,063	20	6,645	10	278	1,759	–	31,501
British Malaysia	6	1	1	1	–	–	–	–	–	–	–	–	–	–	–
India	7	122	159	108	51	289	461	3,584,617	376	1,281,361	183	3,348	57,765	13,899	90,912
Ceylon	8	1	2	2	–	–	4	25,821	9	13,440	4	2	2,879	26	–
Persia	9	13	6	7	1	24	25	91,989	17	11,833	10	500	3,399	1,296	9,365
Turkish Empire (excepting Syria)	10	27	10	37	7	36	36	262,425	28	94,952	22	385	9,550	2,279	9,995
Syria (including Palestine)	11	25	4	62	11	12	19	143,695	30	93,996	18	699	8,736	1,691	24,498
Dutch East Indies	12	8	2	17	3	51	91	96,039	31	19,674	31	1,076	5,529	–	855
Philippine Islands	13	14	2	1	9	13	65	94,465	18	28,616	10	205	4,691	–	26,712

Micronesia	16	–	–	–	–	–	–	4,500	1	–	–	–	–	–	–
Polynesia (excepting Hawaiian Islands)	17	–	–	–	–	–	–	–	3	–	–	–	–	–	–
North–east Africa (Egypt to Somaliland)	18	17	2	53	6	46	1	145,679	21	76,406	11	736	15,684	414	28,393
Noth–west Africa (Tripoli to Morocco)	19	5	1	2	–	–	–	91,505	13	120	3	15	120	–	2,839
Western Africa (Senegal to Nigeria)	20	19	3	12	–	8	1	113,046	45	48,578	8	103	804	19	9,862
South–west Africa (Kamerun to German South–west Africa)	21	26	5	25	–	12	1	356,865	57	28,239	23	218	2,466	92	6,268
South Africa (British Union with Basutoland and Swaziland)	22	6	2	8	–	10	10	8,909	6	4,870	6	145	1,384	147	2,571
Southern Central Africa (Five British Protectorates)	23	15	–	11	–	15	3	85,446	37	39,680	15	85	1,054	3	2,439
East Africa (British, German, Portuguese)	24	19	1	28	–	38	10	216,806	32	16,346	16	532	4,895	712	4,281
Madagascar and Mauritius	25	2	–	2	1	2	4	29,426	3	11,998	2	22	814	–	–
Argentine Republic	26	2	–	–	–	–	–	3,175	3	–	1	–	–	–	–
Chile	27	3	–	2	–	–	–	1,825	3	1,825	1	14	–	–	9,311
Uruguay	28	–	–	–	–	–	–	–	–	–	–	–	–	–	–
Paraguay	29	–	–	–	–	–	–	–	5	–	–	–	–	–	–
Brazil	30	–	–	3	–	–	–	720	4	720	1	8	–	–	–
Bolivia	31	2	–	3	–	–	–	5,000	1	1,800	–	–	–	–	–
Peru	32	–	–	–	–	–	–	–	2	–	–	–	–	–	–
Central America and Panama	33	3	1	–	–	–	–	615	3	615	1	12	109	–	3,342
Mexico	34	5	4	–	–	–	2	84,602	8	15,633	3	–	3,633	–	2,360
Lesser Antilles	35	–	–	–	–	–	–	–	–	–	–	–	–	–	–
Porto Rico	36	3	3	–	–	–	–	53,459	9	41,459	3	131	733	–	–
Haiti and Santo Domingo	37	1	1	–	–	–	–	–	–	–	–	–	–	–	–
Jamaica	38	–	–	–	–	–	–	–	–	–	–	–	–	–	–
United States, including Alaska (Indians and Eskimos)	39	10	2	8	1	2	2	18,749	14	11,772	11	59	172	65	–
United States, excepting Hawaiian Islands (Asiatic Immigrants)	40	1	–	–	–	–	–	–	–	–	–	–	–	–	–
Hawaiian Islands (Hawaiians and Asiatic Immigrants)	41	–	–	–	–	–	–	–	2	–	–	–	–	–	–

a Since many Societies do not collect data under this head, this total is incomplete.
b North American Indians.
* Table taken from World Statistics of Christian Missions, 1916.

カナダと合衆国のプロテスタント宣教諸協会による医療宣教団

The Foreign Missions Year Book of North America, 1919は、カナダの諸協会が非キリスト教世界に四十三名の男性医師、二十五名の女性医師、三十二の病院と六十八の診療所を有し、その一年に五十一万二千八百八十八人を治療したと報告している。

合衆国内に本部を有する諸協会はラテン・アメリカでの活動に二十名の男性医師と六名の女性医師を信任しており、十五の病院と二十五の診療所を保有し六万五千六百五十八人を治療した。非キリスト教世界では三百六十名の男性医師と百六十五名の女性医師を信任しており、二百八十五の病院と五百四十二の診療所を保有し、三百四十五万二千九十八人を治療した。

以上から、カナダと合衆国の総計では、四百二十三名の男性医師、百八十六名の女性医師、三百三十二の病院、六百三十五の診療所で一年に四百三万六百四十四人を治療している。

看護婦養成学校

入手可能な最新のデータによれば、Missionary Societies of Canada and of the United States は下記の看護婦養成学校を運営している。

		Students	
	Schools	Men	Women
TOTALS	32	152	388
Korea	3	3	45
China	19	133	180
Philippine Islands	4	6	93
India	5	10	64
Mexico	1	0	6

注：これらに加えて、看護婦としての完全な訓練を目的としない多くの看護婦養成学級が存在している。

付録C

The World Missionary Conference における The Medical Conference の所見（Edinburgh, 1910）

医師代議員、[1] 医療宣教団およびそのほか宣教活動の医学的諸側面に関心を有する実地医療者からなる分科会は、「『宣教団本国基地』に関する委員会」[2] に対して、下記の諸事項を指摘しておきたい。[3]

（1）すべての外国宣教協会に連接して、明確な医学部局が存在するべきこと。この部局は宣教師と夫人・家族の身体的活力と健康の保全に関するあらゆる問題を扱うべきこと。それは honorary Medical Board の監督下におかれ、医療宣教師とそのほかの実地医療者から構成され、少なくともその幾人かは外国宣教の経験者であるべきこと。できれば有給の医学幹事を置き、[4] 彼が Medical Board の一般的指導の下に、これらのあらゆる問題を扱うべきこと。小規模な協会の場合には、いくつかの協会をひとつの Medical Board とひとりの医学幹事が代表することがあっても良いであろう。

（2）また、死亡や引退の原因を含む、外国宣教師たちの健康に関連する諸統計の、本国宣教基地あるいはその医学的代表者による収集と系統的記録の必要性が緊急のものとなっていること。

これらの、あるいはその他の資料から導かれる推論は、以下のような諸問題に重要な結果をもたらすであろう。

①　一時帰国や休暇の頻度と期間。

②　一定期間ごとの健康管理規則の制定や改定の必要性。

③　病気や怪我や死亡に対する宣教師の生命保険。

④　外国における健康保持のための、宣教師に対する初歩的医学教育の必要性。

この声明の後半部は、以下の事実によって強調される。すなわち、Association of Medical Officers of Missionary Societies の援助の下で行われた最近の研究によれば、一八九〇年以降に死亡した宣教師の死亡原因の六十パーセント以上は、可能な多くの予防措置に反することによって生じた、いわゆる予防可能な疾患によるものであった。

このような情報はまた、さまざまな国における主要疾患と宣教師たちの直面しなければならない健康上のリスク、またそのような状況と闘う上での最善の方法を明らかにするであろう。

以下の報告書を提出するのは、それに含まれている情報の重要性と、それが宣教諸協会にもたらしうる有用性のためである。

報告書

本国基地（医療部局）による外国宣教師の健康等に関連する諸統計の系統的収集・記録の必要性について

Basil G. Price, M.D., M.R.C.P.,[5] D. P. H.[6]

Hon. Sec. Association of Medical Officers of Missionary Societies, London Missionary Society 医師

要約

1　本国宣教基地による、外国宣教師の健康等に関する諸統計の収集と系統的記録の必要性について
2　最も重要な資料
3　情報の実際的利用
　a　より統一的な規定集
　b　一時帰国
　c　特に健康の自衛に関連する、周知されるべき重要情報
4　宣教師間における死亡原因の報告からの抜粋
結論

いかなる主題の研究においても、統計の持つ価値を明らかにするために論議する必要はおそらくないであろうし、委員会も、Commission I に宛てられたニューヨークの James S. Dennis 博士による Mission Statistics についての価値ある業績と、

そこに示された証言には同意するであろう。しかし外国宣教師の健康に関連する諸統計には緊急の必要性があるにもかかわらず、いまだ一般に知らされ系統的に収集されるに至っていない。

1　本国宣教基地による、外国宣教師の健康等に関する諸統計の収集と系統的記録の必要性について

過去六年間、すなわちその創設以来の Association of Medical Officers of Missionary Societies の議事録と活動とを再検討すると、外国宣教師の身体的福祉に密接に関係する多くの諸問題に関する判断や決定が、利用可能な諸統計の不足や収集の不十分さのために、しばしば延期されてきたという事実が浮上してくる。

この、意見の基礎になるべき材料の欠如は、それを収集することを試みる努力を欠いていたことによるものではない。それはむしろ、大規模な Missionary Society が、ひとつを例外として十分な医学部局を組織してこなかった、あるいはその長期の歴史を通じて、外国宣教師に関する人口動態的統計の収集を十分に重要な、注目に値する主題とみなしてこなかったという事実に由来している。

現在広がりつつある視野が、この主題に関する変化を徐々に生み出しつつあるとはいえ、協会のメンバーたちにはいまだに、そこから予期される寿命やそのほかのあらゆる詳細が導かれる、通常の寿命に関して保険会社の政策決定の基本的土台となるこの主題への、取り組みを軽視する遺風が残っている。

したがって、「外国宣教師の健康に関するあらゆる事実と数字の系統的収集の緊急の必要性」が強調されなければならない。

この義務は Home Medical Base の活動に当然必要な事柄であって、諸協会の医学幹事の監督の下に、あるいは小規模な協会では医学幹事によって、先導され実施されなければならない。

二十年近く前に統計を収集した Harry Guinness 博士の場合のように、時として、この目的に向かって個別的な努力が行われたことはある。それは保険会社に宣教師の保険契約を受け入れさせるにあたっての相当な奉仕となった。しかしこのような記録は個人的事業であって、しばしば知られもせず利用もされず、Secretary Medical Department の確固として熟慮された方針とはなっていない。

このような記録の最近における一般的収集の唯一の試み（一九〇九―一九一〇）は、すでに触れたAssociation of Medical Officersの委任のもとに行われた。この報告書のなかの一定の事実と数字は近く紹介されるであろう。

確かに、ひとつの協会が自己の宣教師に関係する大量の統計的資料を収集しはした。しかしひとつの部局の援助の下で統計作業が協調的になされるようになったのは最近のことであって、医学的助言者たちによる指導に不可欠な、過去に関する事実に迫ることは容易ではない。

2　最も重要な資料

a　あらゆる宣教師に関して登録すべきこと

1　死亡あるいは引退の年齢

2　死亡あるいは引退の公式の理由

3　仕事の分野と地位（医療宣教師か、教職者か、信徒か、開拓者か……）

4　予期せざる事故や引退や死亡の場合にあっては、推定原因。予防可能であったか、地域的気候や、活動や、現地人との交渉に煩わされていたかどうか。

5　外国における奉仕の実質的期間

6　健康・保健上の初歩的医学教育を受けていたかどうか。風土や国による不健康な環境の下での健康保全のための系統的措置が実施されていたかどうか。

b　毎年本国に返送される、あるいは帰国に際して定期的に返送されるHealth Sheetsによって確認されるべきこと

1　毎年ごとの病欠

2　発病（特に風土病）、事故、手術の記録。病気の原因や性質。

3　各年度の休日と、それが実際に利用されたかどうか。

c　各宣教基地の風土的・衛生的状態、水や食物供給の性格、住居の状態と照合すること。

3　情報の実際的利用

このような統計の単なる蓄積は、実際的に利用されなければ、単なる労力の浪費に終わるということに、注意を促しておく必要があるだろう。

対応する資料の収集は、他の領域においては一つ以上の政府委員会の諮問に基づいて行われるということを想起しておきたい。医学上の諸事項に関するこのような諮問は等しく重要なものである。

すでに示唆されたように、徐々に蓄積されつつある信頼に足る情報は、下記のような有用な諸結果をもたらすであろうと考えられる。

a　宣教師志願者の採用および宣教師の待遇の標準に関する「すべての協会によるより統一的な規定集」の発行

b　一時帰国。一時帰国と健康の関係が確立され、さまざまな国々でより統一的な諸規定が導入されるであろう。場合によっては、健康状態の改善、文明化と衛生の進歩、より早く安全な旅行手段と言う観点からの修正が、諸協会の出費の面で見るべき経済効果を導き出すかもしれない。

その他の国々では、より短期で頻回の一時帰国が必要となるだろう。

軍人や行政官の一時帰国との間での、有効な比較検討がなされうるであろう。

年次休暇や定期的一時帰国の必要性、それらの健康保持との関係が、確立されるであろう。

c　情報は下記の諸事項を明らかにするであろう

1　さまざまな諸国における主要な疾患と、宣教師が直面しなければならない、またそれに対して大いに自己防御すべき、健康上のリスク。

2　自然や、事故や感染の起こり方や、そのような疾患と闘う最善の方法について、すべての宣教師を教育することの必要性。

3　場合により、また国により、防御法としてより近代的な予防接種法を採用する必要性。

4　病気の予防法や健康保持の最善の方法としての、保健規則集の時期を追っての発行の必要性。喜ばしいことに、相互的協力と共通の奉仕の一例として、小さなハンドブック、宣教師のための“*Health Regulations*”が、Association of Medical Officers of Missionary Societies によって刊行され、所属する各宣教師に配布する目的で、いくつかの大規模なイギリスの宣教諸協会に若干の修正を経て採用され、他の協会でも検討されつつある。

5　外国における奉仕のいかなる時期が最も健康上の危険をはらむか、新人宣教師の場合、奉仕の最初の任期はより短く設定されるべきかどうか、という問題についての、われわれの知見への価値ある追加。

6　多くの活動分野での、いかなる比率においても、宣教師の生命保険を引き受ける保険会社との契約を確実により有利にすることを通じて、宣教師と協会双方に生じる間接的な利益。将来において生ずるべき、所属の宣教師の健康障害、予期せざる引退、事故や死亡に対する協会による保険の発達。

4　宣教師間における死亡原因の報告からの抜粋。結論。

以下の結果は Association of Medical Officers による公式の諮問からえられたものであり、すでに言及されている通り、価値あるものであり、それによっても本報告の堅実さが示されている。

「宣教師の全死因の記録」は、ほとんどすべての大規模協会、宣教活動が行われている世界各地の居住者から得られたものである。この記録は一八九〇年から一九〇八年までに生じた死亡例が扱われており、したがって現在ではすでに存在しないような環境や状態は反映されていない。

男女五百六十一名の宣教師の死因が記載されている。三百四十九名は病死であり、今日「予防可能な疾患」と言われているものである。すなわち、これらに対しては健康の防御と予防の方法が適用されうるものであって、結果的に生命を救うことができる。

マラリア、腸チフス、コレラ、黒水熱、赤痢、結核、発疹チフス、天然痘は、その発生頻度において最も重要である。

最近の十八年間（一八九〇―一九〇八）に死亡した宣教師については、六十パーセント以上が、多くの防御法があり、かつしばしば適切に適用されるべき病気によって死亡している。

彼らのほとんどは、自らを傷害するものに対して無知であり、どのように自らの健康を保全するべきかについて啓蒙されていなかった。

このようなことは確実に阻止されなければならない生命の浪費であるだけでなく、支出された資金の浪費でもある。

この言明は、このような統計から導かれる多くの興味深い諸事実のひとつにすぎない。一連の政策をかつてに比してより確実で堅固な基礎の上に確立するために、将来 Home Department のこの部局がより強調され、組織され、研究されるようになることを、希望するに過ぎることはない。[7]

注

（1）medical delegates
（2）Commission on "The Home Base of Missions"
（3）desire to represent
（4）medical officer
（5）Membership of the Royal College of Physicians
（6）Doctor of Public Health
（7）World Missionary Conferenca-1919-Volime VI, The Home Base, pages 286–290.（原注）

付録D

医療活動に関する宣教地域からの重要勧告集

「中国医療宣教協会の勧告」
（一九一三年一月十三日～十七日、北京における協会三年次集会にて採択）

中国医療宣教協会（The Medical Missionary Association of China：以下ＭＭＡＣ）は、継続委員会（Continuation Committee：以下ＣＣ）と本国宣教連盟（Home Missionary Societies、以下ＨＭＳ）を代表するMott医師に対して、以下の事実とその示唆するところに注意を喚起する。

1　医療宣教団は、経路を開拓し福音の影響力を拡張するための、一時的な方便とみなされるべきではない。むしろ一九〇七年の上海会議を通過した決議の通り、キリスト教会の宣教事業の不可分で協調的で恒常的な一部分と見なされるべきである。

2　現在中国には五百以上の医療宣教団が存在する。しかしそこには、それらの持っている力を利用し分配するにあたっての、ＨＭＳ相互のあいだの共通の政策が欠けている。一方ＭＭＡＣは、医療宣教政策に関して代表者を通じての当協会との協議なしにＨＭＳの側からなされる、いかなる個別の決定をも、非難せざるを得ない。

3　現在の危機に際しての、中国における医療宣教活動のもっとも重要な特徴は、青年男女クリスチャンを訓練する活動である。それは彼らが周到に訓練された医療宣教師として位置を与えられ、われわれによって始められた活動を持続させ、その国の公的奉仕において影響力ある地位を占めることができるようになるためである。

4　したがってＭＭＡＣは、いまここでのわれわれの目的を最もよく推進するためには、われわれの持つエネルギーの多くをＭＭＡＣの認可する重要拠点に集中し、そこに医学校と特別な設備を持つ病院の、実効的な連合を作り上げることが必要である。われわれはさらに、このような医学校群が既存の宣教団の諸教育機関と関係を持ち協力し合うことを強く勧告する。

5 MMACは、それぞれの病院が完全な訓練を受けたふたりの医療宣教師の責任のもとにおかれることが望ましいとの、一九〇七年の決議を再確認する。しかし危機的な現状と医学教育の緊急性にかんがみ、大規模な、あるいは孤立した病院以外では、ひとりの外国人医師か、ひとりあるいはそれ以上の十分に訓練された中国人医師の責任のもとにおかれるべきと考える。

6 MMACは、より重要性の低いステーションにおける活動は、可能な場合にはどこでも、訓練された中国人の責任の下におかれるべきであると勧告する。場合によっては、能力と経験を有する宣教師はこれらのステーションから教育拠点に移され、医学校や大規模病院の活動を分担するべきである。またこれらの拠点の人員の充足と完全な設備とは、全国各地で新しい医療活動を開始することに優先されるべきことを勧告する。

7 十分に訓練された多くの男女が適切な病院も設備もない広大な地域に分散されている。これは、MMACの見るところ、努力と金銭の浪費であって、この路線においてはいかなる効果的な医療宣教も不可能である。われわれの活動はすでに中国において、キリスト教の名において行われるすべての内科的・外科的活動が最高水準のものであらなければならない段階に達しており、だからこそわれわれは、経済的関心と効率性において、小規模で設備の乏しい病院は、可能な限り、十分に設備された施設と連合すべきことを勧告する。

8 中国における最近の運動は、民衆の側から彼ら自身の手による教育改革を実行しようという当然の願望を発達させた。われわれはこのことを理解すべきであり、われわれの学校群が徐々にかつ進行的に、中国人自身によって人員配置され支援されていくようにすることで、われわれの活動における外国的要素をできるだけ目立たないようにさせるべきである。

9 MMACは、医学校の効果的な活動のための最小限の人員として、この分野に専従する十人を考えている。すなわち、一時帰国や語学学習などを考慮に入れるならば、少なくとも十五人の十分に訓練された外国人・中国人教師が必要である。

10 MMACは、十分な講義室と実験設備、顕微鏡・模型・病理標本そのほかの、可能な限り潤沢な備品が提供されるよう勧告する。また臨床経験としては、最終二学年の学生それぞれに三床程度のベッドが、最小限のものと考えられる。

11 MMACは、下記に示される連合医学校の人員と設備が効果的に充足されるまで、中国において新しい医学校を開設しないよう強く勧告する。すなわち北から数えて、奉天（瀋陽）、北京、済南、成都、漢口、南京、杭州、福州、広東である。

12 われわれの医学校の最優秀の卒業生をわれわれの医療宣教サービスに確保するためには、これまで通常とされてきたよりもずっと大きな俸給を提供する必要があるであろうことを指摘しておきたい。

13 われわれの医学校において指導を行い、また卒業生に医学文献を提供するために、MMACはHMSに対して、このような書籍を翻訳し刊行する活動に多くの時間の捧げてくれる適任者たちと、この目的のための基金とをアレンジするよう促したい。

14 MMACの見解においては、われわれが完全に訓練された看護婦を獲得するまで、われわれの病院における看護はけっして満足なものにならないであろう。可能な限り、訓練を受けた外国人看護婦がそれぞれの大規模病院に関与するべきである。このことは、医学校の活動に関与する諸病院においては必須と考えられなければならない。

15 MMACは下記の諸決議を通過させた。

決議。われわれ、会議に参加したMMACのメンバーは以下のように告知する。

（1）医学校と病院設立に際しての、われわれの唯一の目的は、中国人民の霊魂と肉体に癒しの恵みをもたらすことであり、教育と知性ある青年男女に内科・外科の行き届いた教育を提供して、十分に訓練された医師として、彼らの祖国の最高の奉仕者とならしめることである。

（2）われわれには恒久的な外国人施設を創設する意図はなく、われわれの目的とし希望とするところは、これらの医学校が漸進的に、かつ究極的には、中国人自身によって人員と財政とを充足され、管理されるようになることである。

（3）われわれの希望とすることは、われわれの教育活動が教育省の管理する路線にあって、医学教育において共和国政府を援助し、あらゆる手段で協力しあって、この偉大な国に強力で行き届いた設備を持つ医療職を確立することである。

16 結論として、MMACメンバーは、この最初に与えられた機会を利用して深い失望を表明する。一九一〇年のエディンバラ会議においては、かくも大きな神の祝福をあたえられた医療宣教が、検討課題のリストにおいて無視された。MMACは将来のいかなる会議においても、医療宣教団が適切な代表を持つべきことを強く要求する。

17

MMACは、以下のように勧告する。さまざまなセンターでMott医師の出席のもとに開催される会議に、これらの勧告をもたらすべきふたつの地域的代表団を任命すること。そのメンバーは北京におけるMMACの会議の出席者でなければならない。またMott医師の開催する上海の全体会議において、北京における会議を代表する五人からなる委員会が任命されるべきである。以上の決議の写しは、継続委員会（CC）、この分野に関わるすべての本国Mission Boards、諸委員会と管理機構に送付されなければならない。

「韓国（朝鮮）で開催されたContinuation Committee Conference, March 25-28, 1913 の所見」

「医療活動は福音の本質的一部分である」

「現存するあらゆる病院には、韓国人であれ外国人であれ、スタッフとして二名の医師を置かなければならない。新しい病院を開設するという提案を歓迎するに当たっても、このことに適切な考慮が払われる必要がある。あらゆる病院に少なくともひとりの外国人看護婦を置くべきである」

「教育の一端を担うために適当な期間医師の職務を免ずること、また維持のための基金を献ずることによって、すべての宣教団はSeverence HospitalのUnion Medical Schoolに適切な支援を行うべきである」

「将来長期間にわたって、韓国における医療活動は本国基地諸国からの相当な財政的支援を必要とするであろう。Mission Boardが特別な医療基金を持つための計画を採用するよう勧告する」

「国立医学校に福音を植え付け、それをYMCAの学生支部として維持していくための持続的努力を払うべきである」

「韓国におけるChurch of Christの医療活動は、少なくともこの国においてあらゆる医療活動の精神がキリストの精神となるまで、必要であろう」

「インドで開催された Continuation Committee Conference, December 18-21, 1912 の所見」

1　現在、その人間的側面の強調が直接的な福音宣教の価値を貶めることにならないように、医療宣教活動の真の目的と展望について、本国の多くの指導者の側に差し迫った再検討の必要が生じている。

2　最近の周到な推定に従えば、インドではいまだ少なくとも一億人の人々が、最も簡易な医療的援助にさえ到達しえていない。

3　あらゆる良好に組織された宣教団病院には、医療スタッフが病院での活動によって得た機会を最大限に利用できるようにするよう支援することができるよう、インド人あるいはヨーロッパ人の福音宣教師が置かれるべきである。病院においても遠隔地の巡回活動においても、それぞれの宣教地域で、福音宣教と医療活動の力の最も密接で相互的な協力を促進するための、あらゆる努力が払われなければならない。

4　医療宣教団はこの地におけるキリストの使信の不可分で本質的な一部分であり、広大な農村地域や未開拓の原野のような多くのところでの、現在利用可能かつ最も効果的な福音宣教機関である。福音の使信を、年齢やそのほかの環境のために教育活動の到達できない、すべての階層の無数の人々との生き生きとした接触の間にもたらすために、隔離された住居の中の女性たちに届けるために、またとりわけ大衆運動との関連で村々を広範に福音化するために、医療宣教団以上に強力な機関はないという経験が確立されている。

5　いまだに、医療による解放にも霊的な援助にも到達していないインドの女性大衆をミニストリーするという観点から、本 Conference は本国教会に、女性医療宣教師の強力な増強の必要性を心から強調しておきたい。

6　いかなるレベルのものであっても、インド医療宣教のすべての働き手の教育には、系統的な霊的訓練が含まれていなければならない。彼らの中に真の福音的精神と、さらには活動の霊的側面における医療宣教師との密接な協調性が呼び覚まされるようにするよう、あらゆる努力を払わなければならない。

本 Conference は、医療宣教奉仕への申し出の最近の減少を、最大の関心事とみなしている。このことは、しばしば繰り返されている死活的な原則を、大いに実行不能なものにしかねない。相当な規模のあらゆる病院には、二人の宣教医師とひとりの教育ある看護婦が常駐することが必須である。現在、医療宣教師の不足は非常に深刻であり、多くの宣教病院が、責任ある医師の一時帰国や病気による不在のために、長期・短期の空白化に陥っており、その間に広範な福音化のための数え切れない緊急の機会が失われつつある。

本 Conference は、本国当局者が、医療宣教活動のために準備中である全員に対して、眼科と一般外科手術、熱帯に特異的な諸疾患の治療についての特別な訓練を受けることができるようにする必要があると信じる。

キリスト教共同体（とりわけミッション・スクールと孤児院）の若い世代の間での、無数の結核症例の隔離と効果的な治療の問題は、宣教地の責任ある当局者の側の真剣な検討を要求している。このこととの関連では、現在行われている、インド人キリスト教徒共同体のメンバーに特別な治療をするための、インドの各地への結核療養所の開設のための努力は、最大の感謝を持って受け止められるに値するものである。あらゆる階級のインド人キリスト教徒の利益を追求するこのような施設は、さまざまな宣教団の支援を大いに必要としている。

付録E

中国におけるキリスト教的健康教育

By Dr. W. W. Peter, Secretary of the National Committee of the Young Men's Christian Association in China

中国の宣教指導者たちの多くの間で、中国における現在の状況は、全国的な規模の展望と世界的な規模の可能性を持つ、新たな機会を提供しているという意識が高まっている。中国人たちが健康教育の推進に取り組むための、時は熟しているように見える。

一九一六年以来、この分野ではChina Medical Missionary Association、Young Men's Christian Association、National Medical Associationの三者を代表するJoint Council on Public Health Educationの活動があった。後者の組織は西洋的教育を受けた中国人医師たちで構成され、一九一五年に彼ら自身の組織したものである。一九一九年にはChristian Educational Association of ChinaがJoint Councilへの参加を決議している。

Councilの本部は上海にある。議長はNational Medical AssociationのPresidentであるWu Lien Teh博士、ほかの二名のExecutive Committee構成員はChina Medical Missionary AssociationのExecutive SecretaryであるRobert C. Beebe博士と、National Committee of the Young Men's Christian AssociationのGeneral SecretaryであるDavid Yui氏である。W. W. Peter博士とS. M. Woo博士がExecutive Secretaryとなっている。

一九一九年まで、Councilの活動資金は、外国人・中国人の医師たちとYoung Men's Christian Associationによって提供されていた。

一九一七年一月二十七日、China Medical Missionary Associationの二年次集会で下記の決議が採択された。

China Medical Missionは、China Medical Missionary Associationが、現在中国で活動中の諸宣教協会に対して、健康教育の全国的規模のキャンペーンを指導するために、China Medical Missionary Associationの指揮下に必要な資格を持った人員を派遣するか割り当てるよう、また必要な財政的支援を提供するよう、呼びかけることを決議する。

一九一八年一月十七日、第二十五回 Annual Session of the Foreign Missions Conference of North America は、下記の行動を採択した。

一九一七年一月二十七日に採択された、宣教諸協会に対して中国における全国的規模での公衆衛生教育キャンペーンを呼びかける China Medical Missionary Association の決議に鑑み、Foreign Mission Conference は提案されたキャンペーンに対する深い関心を表明し、働きかけることのできる限りの諸宣教局に対して、この運動への共感ある考慮を推奨する。

すでに多くの宣教諸協会がこの活動への支持を約束してくれている。多くが提案を検討中であるが、下記の諸協会はすでに活動を保証し、下記の総額を毎年、三年にわたって約束してくれている。

Free Methodist	一〇〇ドル
Evangelical Associations	六〇〇ドル
American Baptist（North）	一、〇〇〇ドル
Presbyterian（North）	一、〇〇〇ドル
Methodist（North）	一、〇〇〇ドル
Methodist（South, Woman、s Council）	二、四〇〇ドル
International Committee Y. M. C. A.	五、〇〇〇ドル

中国では五つの活動方法が発達を開始しつつある。

上海の本部では、全国に渡って、宣教団やその他の人々が現在奉仕中であるところの、五百以上の否定的要素を取り扱っている。「中国の都市衛生」「ハエが人々を殺している」「ペスト」「感染症」「天然痘」「中国における健康教育活動」といった主題について、英語と中国語の講義が用意されている。

健康を主題とする文献の需要は、長年のものであった。大きな反結核物語のカレンダーの、四十三万部を印刷するために六トン半の用紙が使われ、中国のあらゆる省と、いくつかの外国でも販売された。F. J. Tooker 博士による "Hygiene by Picture and Story" は、何回も再版されたが、すでに品切れになっている。Chinese Executive Secretary は医師や教師向けのこの分野の新しい文献を検討中である。国内の異なった部分で、十八の新聞が発行され用いられている。

小型で持ち運べる健康展覧会は、医療宣教団や教師たちがどこででも小規模な健康キャンペーンを通常の活動と結合させて行うことができるように、準備されつつある。

大規模な健康キャンペーンも数多く行われてきた。長沙では一週間に三十六回の会合が開かれ、三万人の人々が出席した。結核療養所を立ち上げる土地と建物のために、二万ドルが集まった。広東では天然痘に対する種痘接種の数の最高記録が、一日九十二例から八百例以上に上昇した。

キリスト教会がなぜこのような健康教育にかかわらなければならないのかという疑問が生じるのは、もっともなことである。キリスト教会から中国には医療活動の維持・更新のために年間百二十五万ドルが送られており、これには建物や新しい装備のような事業資金は含まれない。疾患予防や健康教育の大きな政策が疑いなく完了されるまでの間、これらの病院の多くが、人々の陥ってしまった病気を治療するための、見えない絶壁の底辺における一次的な救助基地となる。いまだ中国には、人々に警告し、長年にわたって存在してきた人命の浪費を防止する障壁を建てさせるような、絶壁の頂上を占める適切な機関が存在しない。付け加えて言えば、キリスト教会自体も、宣教団や本国宣教局が大きな信頼を置く中国人キリスト教徒男女の間で、中国人教会員や指導者たちの毎年の大きな損失に直面している。上海の China Continuation Committee の記録は、いくつかの予防可能な疾患で予期せざる死を遂げた男女の名前で満たされている。

現在は、他国からの人員と資金が最も必要とされる、このような健康運動の初期段階である。American Red Cross Society、United States Public Health Service、China Medical Board of the Rockefeller Foundation、International Health Board of the Rockefeller Foundation のような、より一般的な性格のその他の諸機関も存在し、中国におけるある種の諸問題に自ら関心を寄せてはいるが、中国の諸医療宣教団の見解は、キリスト教会が Foreign Mission Boards を通じて健康教育の事業に参加すべきとするものである。彼らは西洋的教育を受けた最初の中国人指導者であるS. M. Woo博士の活動を保証するために、二年に渡る年間三千メキシコ・ドル(1)という最初の約束寄付金によって、募金活動を先導している。博士の働きは申し分のないものだったので、二年の終わりには再契約が行われた。

この運動は、中国人の指導性によってすでに固有のものとして始められ、支援されてきていた。中国人医師たちは二年間、三千ドルの貢献をした。これもまた、Woo博士の支援のためのものである。このことは、中国人と外国人の協力の実例であるのみならず、教派を異にする外国人の間の関係性の実例でもある。

このような特別な奉仕を提供することによって、東方の非キリスト教徒の人々は、キリスト教の射程が、人々の生活にかかわるこれらの社会問題を含むものであることを知ることができるであろう。この、中国における新しい形の宣教活動の展望には、きわめて輝かしいものがある。

注

(1)　当時中国で信用の高かったメキシコ銀貨(『輿地紀行1』)。

MEDICAL MISSIONARY SOCIETIES

On the mission fields are the following Medical Missionary Societies:

THE CHINA MEDICAL MISSIONARY ASSOCIATION

Executive Secretary: Robert C. Beebe, M.D., 5 Quinsan Gardens, Shanghai.

THE NURSES' ASSOCIATION OF CHINA

General Secretary: Miss L.A. Batty, 5 Quinsan Gardens, Shanghai.

MEDICAL MISSIONARY ASSOCIATION OF INDIA

Secretary: A. Lankester, M.D., Hyderabad, Deccan.

Missionary nurses are members of this Medical Missionary Association.

付録G

LEGAL REGULATIONS REGARDING THE PRACTICE OF MEDICINE IN VARIOUS MISSION LANDS

These regulations are abstracted from "Laws regulating the Practice of Medicine in the United States and Elsewhere." Jury 15th, 1919, published by the American Medical Association.

In many instances the restrictions will seem almost prohibitive for our American physicians, but practical adjustments with government officials can usually be made that will allow sufficient freedom in his practice to one who is engaged in missionary work. The laws apply primarily to one engaged in practice as a means of livelihood.

AFRICA

East and West Coasts

No regulations.Government's efforts exerted toward stopping witch doctors and native medicine men.

South Africa—Cape Colony

Medical practice under the control of the Colonial Medical Council.

Admission to register is given on a diploma of 5 years' study.

Foreign diplomas not honored unless equal rights are given in such countries to holders of British Registrable Degree.

(A) Madagascar, (B) Natal. (C) Rhodesia, (D) Transvalia, and (E) Orange River Colony are governed by the same rules.

CEYLON

Registration is required to practise and any one not so qualified who proposes to practise or hold himself as ready to treat patients is liable to prosecution.

Register is in charge of the Ceylon Medical College.

No foreign degrees of qualification are acceptable unless the foreign state or country recognizes the certificate of Ceylon.

CHINA

No legal restrictions or regulations govern the practise of medicine in China.

FIJI ISLANDS

Now provides medical education for natives.

Medical practise now controlled by government and registration is required. Any one entitled to practise in the United Kingdom or British Colonies may claim admission.

INDIA

A foreigu physician to obtain a license must pass examinations. He must have graduated from a medical college recognized by the General Medical Council. The government welcomes the work of American Medical Missionaries.

JAPAN

Foreign physicians must secure license from Minister of the Interior.

Examination in Japanese.

Four years of medical study required.

Physician required to keep all records of all patients for ten years.

LATIN AMERICA

Argentine Republic

Physicians from foreign countries required to pass full series of examinations.

Examinations in the Spanish language.

Diplomas from colleges in the United States must be legalized by the Department of State in Washington, D.C., and must be vised by the Argentine Minister.

Examinations held March, Juiy, December.

Bahama Islands

Registration is required and penalties are provided for practicing without first being registered.

No examination is required where applicant presents satisfactory credentials of graduation from a medical school legally incorporated in the country wherein it is located.

Other physicians may be registered as "Unqualified practitioners," but a list of such is posted annually in the official Gazette.

Bermuda

Registration after an examination is required of all applicants before the right to practise is conferred.

Bolivia

Foreign candidates take examinations in Spanish.

Same license registers him in the following states. (a) Argentine, (b) Peru, (c) Paraguay, (d) Ecuador, (e) Colombia, (f) Chile.

Brazil

Unless foreign physician has been a professor in a University Medical School or is the author of an important medical book, requirements to practise are almost prohibitive.

Must undergo examinations in Portuguese in all branches of medical corriculum.

British Guiana

Has a thorough medical organization.

Only medical men who are already registered in the United Kingdom are admitted to the register.

Costa Rica

Foreign physician must be a graduate of an allopathic college.

Must deposit a certaim sum of money.

Must take an examination in Spanish.

Preliminary education required is that demanded for a reputable medical school in United States.

Cuba

Foreign physician must present his degree to the Department in charge of Public Industries.

Degree must be registered by the University of Havana.

Must take an examination in Spanish. Thesis also required.

Dominican Republic and Guatemala

The foreign physician must apply to the Superior Medical Council for permission to practise.

Examination in Spanish must be taken.

Haiti and Honduras

Six-year course required.

Examination.

Mexico

Examinations required. Must submit a thesis.

Nicaragua

No examination required for foreign doctor.

Diploma presented must have signatures acknowledged before notary, and certified by secretaty of state. this must be certified by the diplomatic officer in the United States.

Panama and San Salvador

Registration to practise medicine under the control of the National Board of Health.

Examination required. Also assigned thesis.

Porto Rico

For foreign physicians the Board of Medical Examiners issues a certificate of registration to one having received a diploma from a college.

Must pass the examination given, either oral or written, in English or in Spanish. There are three forms of certificates given: (a) Doctor of Medicine, (b) Licentiate of Medicine, (c) Midwife.

Venezuela

Foreigners must present diploma, and have license to practise medicine in one of the states of the United States, or from the city from which he comes.

Take final examinations in Portuguese.

Yucatan

Foreign physicians must present a diploma from a recognized medical school and pass an examination of the Board of Medical Examiners at Merida.

Examination oral, given in Spanish or through an interpreter.

Applicant required to diagnose and prescribe for a certain number of patients in a hospital.

PHILIPPINE ISLANDS

For foreign physicians the Board of Medical Examiners issues a certificate of registration to one having received a diploma from a college.

Must pass the examination given, either oral or written, in English or in Spanish. There are three forms of certificate given: (a) Doctor of Medicine, (b) Licentiate of Medicine, (c) Midwife.

SIAM

There are no legal restrictions to the practise of medicine.

Opportunities are not good for private practise.

TURKEY

Foreign physician must present diploma and license to practise in one of the states of the United States.

Documents must be legalized by the Turkish Consul in the United States.

Strict oral examination.

付録II

BIBLIOGRAPHY

BARNES, IRENE H. Between Life and Death. Marshall, London, 1901.

BARTON, JAMES L. The Medical Missionary. Am. B. C. F. M., Boston.

BLAIKIE, W. G. The Personal Life of Livingstone. Revell, N. Y., 1880.

BRYSON, MRS. John Kenneth Mackenzie. Revell, N. Y.

CAPEN, EDWARD WARREN, Ph.D. Sociological Progress in Mission Lands. The author, Hartford, Conn.

CHRISTIE, DUGALD. Thirty Years in Moukden. McBride, Nast & Co., N. Y., 1914.

DE GRUCHE, KINGSTON. Dr. Apricot of Heaven of Heaven Below. Revell, N. Y., 1911.

DIMMITT, DELIA. A Story of Madeira. Meth. Book Concern, N. Y., 1896.

EDDY, G. S. India Awakening. Missionary Education Movement, 1911–12.

EDWARDS, MARTIN R. The Work of the Medical Missionary. Student Volunteer Movement.

GLOVER, RICHARD, Herbert Stanley Jenkins, M.D., F.R.C.S. The Carey Press, London, 1914.

GRACEY, MRS. J. T. Eminent Missionary Women. Eaton & Mains, N. Y., 1898.

GRIFFIS, W. E. Hepburn of Japan. Westminster Press, Philadelphia, 1913.

HALSEY, ABRAM WOODRUFF. Go and Tell John. Presbyterian Church in the U. S. A. 1919.

HALSEY, ABRAM WOODRUFF. Presbyterian Medical Missions. Murray & Evenden, London, 1912.

HODGKIN, HENRY T. The Way of the Good Physician. United Council for Miss. Educ., London, 1916.

HUME-GRIFFITH, MRS. M. Behind the Veil in Persia and Turkish Arabia. Lippincott, Philadelphia, 1999.

JACKSON, JOHN. Lepers: Thirty-six Years Among Them. Marshall, London, 1910.

JACKSON, JOHN. Mary Reed, Missionaty to Lepers. Revell, N. Y., 1900.

JEFFERYS, WM. HAMILTON. Practical Ideals in Medical Mission Work. Dom. & For. Miss. Society of the Prot. Epis. Church, 1999.

KELLY, HOWARD A. Walter Reed and Yellow Fever. Medical Standard Book Co., Baltimore, 1912.

KERR, J. G. Medical Missions. Pres. Board of Pub., Philadelphia, 1895.

KERR, ROBERT. Morocco After Twenty-Five Years. Murray & Evenden, London, 1912.

KILBORN, O. L. Heal the Sick. Miss. Soc. Meth. Church, Toronto, 1910.

LOCKHART, WM. A Medical Missionary in China. Hurst, London, 1861.

LOFTIS, ZENAS SANFORD. A Message from Batang. Revell, N. Y., 1911.

LOWE, JOHN. Medical Missions—Their Place and Power. Oliphant, Edinburgh, 1895.

MACKAY, GEORGE L. From Far Formosa. Revell, N. Y., 1900.

MANSON, SIR PATRICK. Tropical Diseases. Cassell, N. Y., 1898.

McDILL, JOHN R. Tropical Surgery. Kimpton, Glasgow, 1918.

McLEAN, ARCHIBALD. Epoch Makers of Medical Missions, Revell, N. Y., 1912.

MOORSHEAD, R. FLETCHER. The Appeal of Medical Missions. Revell, N. Y., 1913.

MUNSON, ARLEY. Jungle Days: Experiences of an American Woman Doctor in India. Appleton & Co., N. Y., 1913.

OSGOOD, ELLIOT I. Breaking Down Chinese Walls. Revell, N. Y., 1908.

PEILL, REV. J. The Beloved Physician of Tsang Chou: LifeWork and Letters of Dr. Arthur D. Peill. Headley Bros., London, 1908.

PENNELL, A. M. Pennell of the Afghan Frontier. Dutton, N. Y., 1914.

PENROSE VALERIA F. Opportunities in the Path of the Great Physician. Westminster Press, Philadelphia, 1902.

PERKINS, EDWARD C. A Glimpse of the Heart of China. Revell, N. Y., 1911.

RAMSEY, W. M., Kt. Luke, the Physician, Geo. H. Doran Co., N. Y., 1908.

SPEER, ROBERT E. The Foreign Doctor: Joseph Plumb Cochran. Revell, N. Y., 1911.
TACHELL, W. ARTHUR. Healing and Saving: The Life Story of Philip Rees. Charles H. Kelley, London, 1914.
USSHER, CLARENCE D. & KNAPP,GRACE H. An American Physician in Turkey. Houghton, Boston, 1917.
WANLESS, W. J. The Medical Mission. Westminster Press, Philadelphia, 1908.
WILLIAMSON, J. RUTTER. The Healing of the Nations. Student Vol. Movement, 1899.
WORCESTER, ELWOOD C. Religion and Medicine, Grosset & Dunlop, N. Y., 1910.

PERIODICALS, REPORTS, ETC.

AMERICAN JOURNAL OF NURSING.
BOARD OF MISSIONARY PREPARATION, Third Report.
CHINA MISSION YEAR BOOKS.
CONTINUATION COMMITTEE CONFERENCES IN ASIA.
INTERNATIONAL REVIEW OF MISSIONS.
REPORTS OF STUDENT VOLUNTEER CONVENTIONS, 1902, 1906, 1910, 1914, 1920.
STUDENT VOLUNTEER MOVEMENT BULLETIN.
MEDICINE IN CHINA—REPORT OF ROCKEFELLER COMMISSION.
THE MISSIONARY REVIEW OF THE WORLD.

LIST OF MEDICAL PERIODICALS, PUBLISHED IN ENGLISH IN MISSON LANDS, OR BEARING ON PROBLEMS OF MISSION LANDS

AFRICA:

1. “South Africa Medical Record,” published monthly since 1903 in Cape Town, South Africa, by W. Darby-Hartley.
2. “Medical Journal of South Africa,” published monthly in Johannesburg, Transvaal Colony, East Central Africa, price I pound, one shilling; annually.

CHINA:

3. “The China Medical Journal,” a bi-monthly published by the China Medical Missionary Association, since 1887 in Shanghai, China, Dr. Robert C. Beebe, Manager. Price $5.00 Shanghai currency.
4. “The China Maritime Customs Medical Reports,” published annually sine 1877. Lately published in “The China Medical Journal.”

INDIA:

5. “The India Journal of Medical Research,” a monthly edited by the Director-General of the India Medical Service. Published in Calcutta, Bengal, India, since 1913. Per copy price is 2 rupees.
6. “The Indian Medical Gazette,” published monthly in Calcutta, Bengal, India, since 1866. The price is 14 rupees a year, with 2 rupees extra for postage outside of India.
7. “The Indian Medical Record,” published in Calcutta, Bengal, Indea, since 1890.
8. “The Hospital Assistant,” published monthly in Kolhapur, Bombay, India, since 1906.
9. “Medical Missions in India.” The organ of the India Medical Missionary Association. Editor is Rev. J. M. MacPhail, M.D., Bamdah, India, Secretary, A. Lancaster, M.D., Hyderabad, Deccan, India.

PHILIPPINE ISLANDS:

10. “Philippine Journal of Science,” Section B. This is a scientific journal with ten numbers annually, published in Manila since 1996. Section B is devoted to medical science. The other sections to natural sciences, etc.

JAPAN

11. "Sei-i-kwai Medical Journal," published monthly in Tokyo, Japan, since 1882.

GENERAL:

12. "The Journal of Tropical Medicine and Hygiene," a bi-monthly published in London since 1898. Price 21 shillings a year.
13. "Annals of Tropical Medicine and Parasitology." This is issued by the Liverpool School of Tropical Medicine. Liverpool, England. Price I pound, 2 shillings, 6 pence per year.

MEXICO:

14. There are five current journals on medicine and allied subjects, published in this country, according to the index of the Surgeon General's office, but none of these is in English.

SOUTH AMERICA:

15. There are fifty-nine journals listed in the Surgeon General's index, published in various countries of South America. Many of these are not now current, and none is published in English.

TURKEY:

16. There is one current medical journal published in Constantinople, Tuekey, in French.

解説　本書の特色と意義

神田健次

学院の創立者W・R・ランバス博士の『医療宣教——二重の任務』(Medical Missions: The Twofold Task, New York 1920) は、既刊の『キリストに従う道——ミッションの動態』(山内一郎訳、関西学院大学出版会、二〇〇四年)と共にランバス博士の主著と言えるが、ここでは本書の特色と意義について叙述したい。

まず本書の第一の特色は、医療宣教が必要とされていた当時の世界の国々の状況がリアルに描写されている点である。特に「第一章　必要性」において、「医療宣教団は、人類が最も深い悲惨のうちに置かれ、人々が全く無視されて苦しみ、死んで行くところで、個々の人々、共同体、人種の立場に立って働いているのである」と描かれている。さらに具体的に、医療的援助を最も必要とする状況に置かれている人々の地域として、シリア、アラビア、ペルシャ、インド、タイ、ビルマ、中国、韓国、太平洋・インド洋諸島、アフリカの大部分、メキシコの熱帯地域、中央アメリカ、南アメリカ内陸部などがあげられている。これらの地域の大部分は、「コレラ、天然痘、ペスト、レプラ(ハンセン病)、マラリア、赤痢、眠り病や黄熱病の猛威の元にある。同時に、資格ある医師たちの配置は不均衡であり、病者には知的なケアが不足しており、病気の予防手段も欠けている。この地球上の居住可能な部分で、より以上の衛生と予防医療を必要としている場所、知的な努力がより大きく豊かな結果をもたらすことであろう場所は、ほかにはない」と、医療宣教の切実な必要性が叙述されているのである。

第二の特色は、以上の必要性との関連で医療宣教の基本的な使命、その二重の任務について描写されている点である。医療宣教における二重の任務とは、第一に病で苦しむ者に仕えて医療の専門家として病の治療に専念することであり、そして第二に宣教師としてキリストの福音を提示するという、二つの任務に他ならない。第一の任務については、「医療宣教の領域には、個々人の苦痛を和らげ病気を治療するための、あらゆる適正で可能な方法が含まれる。家庭や病院での病者の世話、国家や共同体の健康を守ること」、あるいは、「医師は最初に、病める人間を癒すためにすべての努力を傾ける。次には、彼は個々の人々の疾患を予防し、疫病の流行を抑制し、最終的にはそれらを、彼の住み活動する共同体の中からのみならず全世界から一掃するために、近代医科学を適用するためのより広い領域に飛び込んでいかざるを得ない」と描写されている。さらに、より高次の段階において、医療宣教師は、「罪と道徳的退廃から純粋で実効的な奉仕の生へと向かう、人類の救済へと動き始めた霊的な力の代表者となっている。ここに、彼の建設者としての働きが始まる」と、第二の任務について述べられ、医療宣教の最大の目標のひとつは、「悩める罪びとたちに向かってキリストを指し示すことである。この目標を取り下げることは、高い召命を世俗的な職業、単なる慈善、純粋で単純な科学としての癒しの技法に貶めることである」とまで叙述されている。

また第三の特色として、医療宣教に従事するためには、その志願者が実際にはどのようなプロセスが必要であり、いかなる資質や準備が要請されるかについて、具体的にかつ詳細に描かれている点である。そこでは、まず最も重要な要素として、神への人格的な関与としての召命について論じられ、またどのような資質が要求されるのかについて、「身体的資質」や「知的な適性」があげられ、「年齢」としても「身体的・知的準備が整っている」年齢が要求されている。また、「気質」として「緊急時における沈着さと自己抑制」や「忍耐力」、「謙虚さと温和な友好性」、そして「ユーモアのセンス」や「快活な精神」があげられている。しかしながら最も重要な資質としては、「宣教師志願者の霊的な適性」や「祈りに満ちた精神」が強調されている。さらに、いかなる「準備」が必要とされるかについては、「できる限り、医学を始める以前にカレッジの完全な課程を習得しておくべき」であり、その後の「医学的な準備については、完全すぎるということはありえない」ことが力説される。周到な準備をもってしても避けられない、宣教地での「直面する諸問題」にも言及され、「言語を習得すること」や「現地人のものの見方を学ぶこと」、「慣習や宗教の障壁」の中で、献身的で忍耐ある奉仕によって表明される「共感のことばだけが、誤りなく人間の心に語りかけるのである」と語られる。そして最後に、「宣教地における身体的能力」の保全、医療宣教師の健康管理の重要性が強調されているのである。

さらに第四の特色は、女性の医療宣教師や看護婦の積極的な働きと役割について、「第六章　女性のための女性の働き」という特別に章を設けて論述されている点である。女性の独自の役割として、例えば、中国、インド、イスラーム圏諸国のような多くの国々においては、「男性医師は多くの場合女性患者のベッドサイドにはおよそ近づけない」ことに、特に留意しておかなければならない点が語られ、宣教地における女性医師や看護婦の必要性と役割の大きさについて強調されているのである。宣教地における「苦しむ女性たち、子どもたちへのキリスト教の憐れみの宣教」が、とりわけ女性医療宣教師や看護婦によって推進され、そのような働きが、「非キリスト教世界の女性たち、子どもたちの闇を打ち破ろうとし始めている」のである。そして「夜明けの、最も輝かしい光線がキリスト教徒の女性医師たちや看護婦たちの働きのなかから、その苦しむ他人種の姉妹たちに向かって、輝き出ようとしている」と力説されている。このような「苦難する人々に仕えることを通じて、人間性の悲嘆を深く知ってその重荷を負われた方に仕える」働きは、特に第一次大戦の間に、医療の実践家たちが払底してしまったため、その需要は今や緊急かつ深刻であり、「必要性と知恵の命ずるところは、直ちに準備を開始することを要求している」と、呼びかけているのである。

最後の特色は、本書の随所において著者の信仰及び宣教思想が見られるという点である。著者のキリスト教理解（神学思想）や宣教思想については、記述の『キリストに従う道——ミッションの動態』において表明されているが、本書においても多彩なかたちで盛り込まれているのである。例えば、「第八章　力の秘密」においては、「キリスト教はその倫理的諸基準を現実のものにするための十分な原動力を備えた」宗教であり、そこに証示されたいのちの力は、「宇宙で最も有力な力、人格的で、生き生きとした、再生産的で、あらゆる人に関与する力」であり、その力は、「医師のうちに人格的に存在し、病院のうちに常に存在し、主自らの世界のうちに永遠に存在している。主の人格を受け入れ、主を現実のものにし、主を生き、肉体を病み、魂を病んで死に至ろうとする人々に主が仕えになったように仕えることは、神の現実性を見出すこと」であると語られる。そして、主の救済の計画はその構想において、「人の最も深く緊急の必要性に適用される。主のご計画は、主の教会の全会衆に命令する王の布告であり、全ての国民を教え、病を癒し、人生そのものを終えるときまで、主への信仰の証人となるべき」責務を与えるのである。このような著者の宣教思想は、著者独自の内容であり、しかも多くの引用から明らかなように、同時代の神学者やエキュメニカルな指導者との対話の中から生み出されたものと言えるであろう。

それでは、以上のような特色をもつ本書の歴史的・今日的意義は、どのようなものであろうか。第一の意義は、著者及び多くの医療宣教師の実践的経験を集約して、このような「医療宣教」という体系にまとめたことである。そのことは、医療宣教という困難な宣教の働きを担ってきた人々にとってのみならず、これから医療宣教師を志そうとする若い世代にとっても歴史的に意義があったことであり、実際に本書は教科書としての役割を負ったのである。さらに、明治初年以降、横浜のＪ・Ｃ・ヘボンや神戸のＪ・Ｃ・ベリーなど多くの医療宣教師が来日して近代医学の発展のために大きな貢献を果たしたが、その理論と実践について本格的な医療宣教の内容が初めて紹介されることになり、日本の状況における本書の翻訳出版の意義は小さくはないと思われる。本書の翻訳出版によって、日本における近代医療の歴史研究に新たな視野を与えると言える。特に、日本のＮＧＯのパイオニアとも言える日本キリスト教海外医療協力会（ＪＯＣＳ）やキリスト教主義の医療や福祉機関に、本書は寄与しうるのではないであろうか。また、日本における宣教師に関する歴史研究においても、寄与するところ少なくはないと思われるし、とりわけW・R・ランバス宣教師の宣教活動における理論と実践をめぐる研究にとっても、大きな意義があると言えるであろう。

第二の意義は、当時のアメリカのキリスト教界にとどまらず、世界のキリスト教界における位置づけの中で、本書は、初めてその広がりと展望が理解され、評価されるという点である。わけても、二十世紀以降の世界のキリスト教界は、「エキュメニカル」というキーワードで特徴づけられるが、その嚆矢となったのは一九一〇年にエディンバラで開催された世界宣教会議であり、著者は、その重要な第二分科会において副議長として貢献している。さらに、医療宣教の実践と理論的な反省については、エディンバラ宣教会議においても、医療宣教会議というかたちで会期中に開催され、その重要な会議に著者も積極的に参与し、貢献している。医療宣教会議の報告書では、「われわれは、癒しのミニストリー（healing ministry）を、人間に対する神の啓示の手段として用いるキリストの例証と命令によって導かれている」ので、「医療宣教は、キリスト教会の宣教活動の統合的・本質的な部分として認められるべきである」（World Missionary Conference 1910 を参照）と明記され、公的に世界のキリスト教界に位置づけられたのである。「付録C　The World Missionary Conference における The Medical Conference の所見」、及びエディンバラ世界会議以降の継続委員会が中国、インド、韓国で開催された記録「付録D　医療活動に関する宣教地域からの重要勧告集」は、このことを物語っている。その意味で、草創期における世界のエキュメニカル運動の指導的役割を担った一人として、著者は本書の執筆を通して、世界のキリスト教界に大きく貢献したと言えるのである。

第三の意義は、エディンバラ世界宣教会議の医療宣教会議において提起され、また本書において展開されている「癒しのミニストリー」（healing ministry）が、現代の世界のエキュメニカル運動において重要な意味をもってきている点である。戦後直後に成立した世界教会協議会（ＷＣＣ）のキリスト教医療委員会（ＣＭＣ）が、一九六四年と六七年の二回にわたってチュービンゲンのドイツ医療宣教研究所で開催された協議で、「癒しのミニストリー」という用語に新たに注目された。近年では、キリスト教医療委員会によって「癒しと全体性――健康における教会の役割」という文書が一九九〇年にWCCの中央委員会において承認され、また二〇〇〇年にはドイツのハンブルグにおいて「健康、信仰と癒し」に関する協議会が開催されている。そして、「癒しのミニストリー」の主題は二〇〇五年にアテネで開催されたWCC世界宣教会議において主要な課題となり、「和解と癒しの共同体」としての教会のミニストリーが強調されたのである。世界のキリスト教界が、医療宣教によって提起された「癒しのミニストリー」の役割を、今日の医療面での働きのみならず、教会やキリスト教主義教育の局面においても、その重要性を共有してきているると言えるのである。尚、世界宣教会議に提出された主要な討議資料の一つ『教会の癒しの宣教』については、世界教会協議会世界宣教伝道委員会編『和解と癒し――21世紀における世界の宣教・伝道論』（神田健次監修、加藤誠訳、キリスト新聞社、二〇一〇年）を参照。

最後に関西学院との関わりにおいて、本書の意義について言及したい。これまで学院の創立者W・R・ランバス博士が、医療宣教師としての活動を中国やアフリカのコンゴなどで展開し、その理論と実践をまとめて本書を出版していることは、ほとんど知られることがなかったが、本書の翻訳出版により学院創立者が世界に貢献していた新たな側面に光が与えられた意義は重要であろう。本学が、国連との緊密な連携で国際的なボランティア活動のカリキュラム化や難民枠の受験など、多様な国際的プロジェクトを展開してきているが、そのようなブロードな展開が、創立者の医療宣教の働きと精神に根差していることを本書は証左していると思われる。また本学には、医学部は存在していないが、例えば、兵庫医科大学と科目履修関係で交流していること、あるいは理工学部だけでなく、人間福祉学部や総合政策学部等も、医療や健康、公共衛生などの問題に幅広く関わって研究と教育を推進してきているが、そのような文脈においても本書は何らかの接点をもっているという意味で、今日的意義があるであろう。さらに、神学部も創立百二十五周年記念を機に、人間福祉学部との協力関係の下で「ディアコニア・プログラム」を立ち上げて、様々に苦しみを抱える人々に仕える人材養成の展開を具体的に始めているが、このようなプロジェクトにとってもまさに本書は重要であると思われる。

以上、本書の積極的な歴史的及び今日的意義について述べてきたが、併せて本書の歴史的制約性・限界性についても言及しておく必要がある。著者が活躍した時代は、十九世紀後半から二十世紀初頭にかけて、いわゆる欧米主導のキリスト教宣教が活発に展開されていた時代であった。世界のキリスト教界においては、ようやく多様なキリスト教の諸教派が歩み寄って一致と協力を推進しようとしていたエキュメニカル運動の草創期とも呼べる時期であった。そのような世界の状況において、著者は指導的な役割を果たし、異なった文化や宗教に対しても当時としては進歩的な理解をもっていたと言えるが、しかし時代的な制約や限界を負っていたことも事実である。特に非キリスト教世界の文化や宗教の価値観などに関して、幾分問題のある表現が本書には散見されるのであり、そのような歴史的制約性・限界性も心に留める必要があるであろう。

最後に、本書の訳語の問題について言及しておきたい。まず、基本的な用語として mission と evangelism の訳語については、前者を「宣教」、後者を「伝道」と訳し、前者が後者を包摂するよりブロードな意味をもっていると規定したい。また、ministry については、狭義では「牧師、司祭」、広義では「奉仕、務め」などを意味しているが、後者の意味で「ミニストリー」とそのまま訳している。類似した用語として、service については、文脈によって多様な用法が可能であるが、基本的には「奉仕」という訳語を、また、mastery については、「練達」という訳語をあてている。さらに、第一章のキーワードとも言える need、needs については、著者の意図からすれば、欠乏や貧困などの意味合いも含む広がりをもっているが、日本語として無理のない場合には「必要（性）」の訳語をあてている。

著者の聖書引用に関しては、一貫して欽定訳聖書（The King James Version : KJV）が用いられている。そして、他宗教の呼称として、特に今日では「イスラーム」やそれを信じる「ムスリム」と訳すべきであるが、当時の呼び方として「モハメッド教（徒）」や「モスレム」という訳語をあてている。

あとがき

この度、関西学院の創立者W・R・ランバス博士の主著の一つである『医療宣教――二重の任務』（Medical Missions: The Twofold Task, New York 1920）が、堀忠氏によって翻訳され、学院一二五周年記念事業の一環として出版されることとなりました。何よりも、小児科医師であり、ランバス先生ゆかりの神戸栄光教会会員でもある訳者堀氏の御労苦に、心より感謝いたしたいと思います。

W・R・ランバス先生は、米国南メソヂスト監督教会の宣教師として、一八八六年に長年両親と共に宣教活動を推進してきた中国から日本の神戸に移り宣教活動に着手されました。わずか四年間ほどの滞在期間でしたが、新たに展開されつつあった鉄道網や瀬戸内海航路を存分に活用され、神戸栄光教会や関西学院など多くの教会や学校を設立されたことは、よく知られているところです。しかしながら、ランバス先生の中国における長年の宣教活動、さらに後年のアフリカのコンゴにおける活動の中心は、医療宣教でありました。ランバス先生の主著の中で、『キリストに従う道――ミッションの動態』（山内一郎訳、関西学院大学出版会、二〇〇四年）が神学思想を展開しているのに対して、本書は、ランバス先生の本来的使命とも言える「医療宣教」の理念と実践を総括的に叙述したものであり、しかも最晩年に書かれた遺言的性格をもつ一書とも言えます。

本書の目的は、「序文」にも記されているように、「医療宣教師とその活動を、彼の属する高い水準に据え直すことである」と述べられているように、ランバス先生自身の医療宣教活動をベースとしつつ、これまで多様なかたちで展開されてきた医療宣教の活動を検証し、総括したものと言えます。そして同時に、このような作業自体、「多くの若い男女に、神の臨在のうちに、失われた羊一匹を探し出し、救い出した、かの偉大な医師（イエス）の力によって生きる人生に向かって行く機会と喜びへの確信をもたらすために用いられるようにとの、心からなる祈りとともにある」と、当時の米国における医療宣教を志す若い次世代にとっての教科書として用いられることを意図しています。

本書の出版に際しては、多くの方々のご支援とご協力をいただきましたが、何よりも本書の翻訳出版を学院創立一二五周年記念事業として位置付けてくださった創立一二五周年記念事業委員会に心より感謝申し上げたいと思います。グルーベル院長には、本書に相応しい序文も寄せていただき、誠に有難うございました。また、保健館館長の久保田稔教授には、特に本書の医学用語を中心に丁寧に校閲していただき、厚く御礼申し上げます。

さらに、翻訳上の協力者として、古い英語表現についてはジェフリー・メンセンディーク氏（神学部准教授）、インド関係については村瀬義史氏（総合政策学部准教授）、中国関係については徐亦猛氏（福岡女学院大学准教授）、韓国関係については洪珉基氏（神学研究科研究員）、イスラーム関係についてはオムリ・ブージット氏（神学部非常勤講師）、南米関係は野田和人・エルザ夫妻（神戸栄光教会牧師）にそれぞれ、ご協力いただいた方々に心より感謝申し上げます。

最後に、関西学院大学出版会の田中直哉常任理事ならびに実務一切を担当して下さった戸坂美果氏に、御礼申し上げます。

二〇一六年二月

監修者　山内　一郎
　　　　神田　健次

略　歴

［著　者］

ウォルター・ラッセル・ランバス（Walter Russel Lambuth）

中国での医療宣教を展開後、1886年、南メソヂスト監督教会日本宣教の総理として神戸に着任し、南美以神戸教会（現・神戸栄光教会）初代牧師に就任。89年に関西学院を創立するに伴い初代院長に就任。1910年、南メソヂスト監督教会監督に選任。

［訳　者］

堀　忠（ほり ただし）

1953年生まれ。大阪市立大学医学部卒業後、小児科医師として勤務。関西学院大学神学研究科博士課程前期課程修了。神戸栄光教会会員。

［監修者］

山内一郎（やまうち いちろう）

1935年生まれ。関西学院大学神学部長、関西学院院長、理事長を歴任し、現在、関西学院大学名誉教授。著書：『輝く自由――関西学院の教育的使命』（関西学院大学出版会2009）、訳書：W. R. ランバス『キリストに従う道――ミッションの動態』（関西学院大学出版会2004年）他。

神田健次（かんだ けんじ）

1948年生まれ。関西学院大学神学部長、関西学院史編纂室長、キリスト教と文化研究センター長を歴任し、現在、関西学院大学神学部教授。著書：『W. R. ランバスの使命と関西学院の鉱脈』（関西学院大学出版会2015）他。

医療宣教
二重の任務

2016年3月31日 初版第一刷発行

著　者　ウォルター・R・ランバス
訳　者　堀　忠
監修者　山内一郎／神田健次

発　行　学校法人関西学院
〒662-8501
兵庫県西宮市上ケ原一番町1-155

発　売　関西学院大学出版会
電　話　0798-53-7002

印　刷　株式会社遊文舎

©2016 KWANSEI GAKUIN

Printed in Japan by Kwansei Gakuin University Press
ISBN 978-4-86283-215-3

乱丁・落丁本はお取り替えいたします。
本書の全部または一部を無断で複写・複製することを禁じます。